杭州市哲学社会科学重点研究基地杭州城市国际化研究中心项目(课题编号:2019JD27)资助

U0743868

数字经济时代的服务业与城市国际化

汪欢欢 著

浙江工商大学出版社
ZHEJIANG GONGSHANG UNIVERSITY PRESS
·杭州·

图书在版编目(CIP)数据

数字经济时代的服务业与城市国际化 / 汪欢欢著.
— 杭州：浙江工商大学出版社，2021.1(2021.12 重印)
ISBN 978-7-5178-4120-3

Ⅰ. ①数… Ⅱ. ①汪… Ⅲ. ①服务业—关系—城市发
展—国际化—研究—中国 Ⅳ. ①F726.9②F299.21

中国版本图书馆 CIP 数据核字(2020)第 178326 号

数字经济时代的服务业与城市国际化
SHUZI JINGJI SHIDAI DE FUWUYE YU CHENGSHI GUOJIHUA
汪欢欢 著

责任编辑	谭娟娟	
封面设计	林朦朦	
责任印制	包建辉	
出版发行	浙江工商大学出版社	
	（杭州市教工路 198 号　邮政编码 310012）	
	（E-mail:zjgsupress@163.com）	
	（网址:http://www.zjgsupress.com）	
	电话:0571 - 88904980,88831806(传真)	
排　　版	杭州朝曦图文设计有限公司	
印　　刷	广东虎彩云印刷有限公司绍兴分公司	
开　　本	710mm×1000mm　1/16	
印　　张	18	
字　　数	264 千	
版 印 次	2021 年 1 月第 1 版　2021 年 12 月第 2 次印刷	
书　　号	ISBN 978-7-5178-4120-3	
定　　价	58.00 元	

目录 Contents

第一章 导论

　　数字经济时代已然来临，产业演进与城市演化面临颠覆性变革。服务业在相当长一段时期的"虚"与"实"之争中颇被诟病，城市国际化在"百年未有之大变局"中充满挑战，二者关系也代表了中国城市经济的未来走向。本书聚焦数字经济时代的产业演进与城市演化，以"数字化"的第三次产业革命为时代背景，构建数字经济通过数字"服务业化"与服务业"数字化"，使当代条件下服务业内涵发生质变，以及三大类服务业分别通过普惠性、独特性、在地性匹配机制对城市国际化发生作用等方面的理论框架。在此基础上，以我国副省级以上城市为样本进行实证分析，研究数字经济影响下服务业发展与城市国际化的关联，并以杭州为具体案例分析其实践价值，研究共性问题。最后从创新、融合、协作、开放等4个层面对数字经济时代的产业端与城市端匹配提出政策思考。

第一节　研究缘起:数字经济时代的产业与城市

互联网诞生半个世纪以来,人类社会发生了革命性变化,移动互联网、人工智能、大数据、云计算等新一代信息技术不断扩散并作用到经济社会的方方面面,新的产业革命已然来临。 数字经济从最初用来客观衡量信息产业发展的态势,到逐渐成为引领全球经济发展的中坚力量,这一过程体现了信息技术的深度创新、融合与扩散。 数字经济不但改变了人类社会的沟通方式、生产方式、生活方式与组织方式,也提升了市场活动的生产效率与交易效率。 作为一种新的经济形态,数字经济正在成为传统经济转型升级的重要驱动力和全球新一轮产业竞争的制高点。 在数字经济的视阈下,传统产业边界被打破,知识劳动成为人类劳动的主导形式,这给了我们从本质上重新认识产业和城市的契机。

自20世纪五六十年代以来,全球经济开始经历一场结构性的变革,美国经济学家福克斯称其为"服务经济",即服务业的产值和就业贡献在经济社会发展中都占据主导地位。 据世界银行统计,1980—2004年期间,全球服务业增加值占GDP的比重由56％升至68％,高收入国家达到72％,中等收入国家达到53％,低收入国家为49％。 从服务业就业比重看,高收入国家为68.5％,上中等收入国家为56％,下中等收入国家为47.3％。 纽约、东京、巴黎、新加坡和香港等大都市服务业增加值的比重和服务业就业比重更是分别达到80％和60％以上。 全球"经济服务化"的特征已经非常明显,服务业在经济中占绝对优势。 但受2008年全球金融危机影响,美国等发达国家深受虚拟经济与实体经济相脱节之害,纷纷提出了"再工业化"路径,"虚"与"实"之争在相当一段时间内影响着全球经济的走向,在此期间似乎服务经济颇被诟病。 但从这十几年全球产业变革的趋势来看,2008年以来的"再工业化""工业4.0"等浪潮,并不是发达国家在简单地重拾外包出去的传统制造业,而是以廉价劳动力取胜的制造业正在发生根本变化,这条"再工业化"道路是依托高效率、智能化的新型装备走下去的，与制造业紧密相关的研发、设计、物流等生产性服务业成为制造业的主要业态，服务业的作用不减反增，并以其极强的渗透作用和倍增效应为传统生产方式带来革命性的改变。更重要的是，在数字经济的作用下，服务可贸易、服务更智能、用户更重要、质量可评价、组织扁平化正在成为服务业新的特征，但此"服务"已非彼"服务"，而是更加高质量、个性化、智能化与链接广的新"服务"。服务创新必然会成为经济增长的新引擎。

中国要在这场革命中继续保持之前的优势，就必须重视服务业的作用，尽管我国2019年的服务业比重已经达到53.9%，但仍然远远低于全球平均水平，很多学者称其为服务业的"中国悖论"（高传胜、汪德华、李善同，2008）。目前，世界正面临着"百年未有之大变局"，全球化进程更加跌宕起伏，这对我国加快服务业高质量发展提出了更加紧迫的要求：一方面，发达国家对我国的技术封锁正在变本加厉，如果不能加快形成以特大城市为核心的服务经济格局来支撑引领制造业的转型升级，产生自己的关键技术与核心技术，推动先进制造业与现代服务业的"两业"融合，就不能改变产业发展受制于人的局面；另一方面，党的十九大报告指出，我国社会的主要矛盾已经转化为人民日益增长的美好生活需要和不平衡不充分的发展之间的矛盾，高质量的服务业供给可以解决满足人民美好生活需要的重点、难点与痛点问题，用数字经济的力量去创造新供给、满足新需求，将是增强经济韧性、有效应对冲击、实现以"国内大循环"为主体的新发展格局的重要突破口。

进一步引出了数字经济时代的城市话题。与工业时代相比，当代城市面临的发展条件也在悄然发生变化。现代大工业因运费因子影响，多以便宜稳妥的海运作为进出口货物运输方式，因此我国的工业经济最先在离出海港口近、地势平坦的沿海城市发端。而从服务业的产业特性看，与工业相比，它对区位条件、物流成本的要求较低，更依赖于资金技术、人才储备、制度变革、信息化程度、城市宜居环境等因素。同时，随着全球化、信息化的加快发展，各种经济资源在全球加速流动，城市打破国家界限通过相互作用进入世界城市网络，所有与外部发生联系的城市均是网络中的一个节点。 与传统的"中心地"城市相比,这种网络节点城市对交通等因素的依赖程度相对较弱。 而且伴随着第二次现代化的到来,人类社会开始从工业时代向知识时代、从工业文明向知识文明转变。 第二次现代化的主要动力是全球化、制度创新、知识创新和人力资本,这导致新一轮产业转移正在摆脱传统的按照资源要素成本差异进行的梯度转移方式。 因此,数字经济时代产业的载体——城市,正在摆脱过去发展条件的若干束缚,使一些过去没有机会站在全球化前沿的城市有了融入世界经济的机会,而得益于数字技术及一系列技术变革的影响,城市感知、联系及应对内外变化的能力也得以提升,城市运转模式与工业化时代也有了巨大区别,更加智慧、聪明、温情的城市成为与产业端相匹配的最佳选择。尽管当前全球化正在面临深度调整,但并不意味着我们将回到自给自足的时代。 城市国际化在这样的时代中也具备了新的使命,即国际化的策略路径将和过去有很大区别,中国城市若能牢牢把握这轮数字全球化与产业链供应链变化蕴藏的新机会,由从发达国家"分一杯羹"的传统思路转变为做大全球化"蛋糕"的新型战略,在变局中开辟国际化新格局,将可能产生新的世界城市样板。

由此,随着发展基础、发展条件、发展环境等方面的不断变化,以数字经济时代为背景,以服务业为切入视角来探讨城市国际化道路问题,无论是在理论层面还是在实践层面都值得进行新的深入研究。 基于对这个问题的兴趣,本书对此进行了初步尝试,以中国城市为研究对象,对数字经济时代服务业是如何影响城市国际化这一问题进行深入探讨,力图论证以数字技术为引领,多技术群相互支撑的链式变革带来的服务型社会综合创新使中国城市有机会在产业发展、国际分工、社会治理等方面树立新的国际标准,旨在为推动中国城市以新的方式实现国际化,进而形成本土化优势与国际化能级共同提升的创新型城市国际化道路提供理论与实践参考。

第二节　相关概念界定

一、数字经济

"数字经济"其实很早就存在了，只不过在早期仅仅是"数字化转型"，而并未形成"经济规模"。自 20 世纪 80 年代诞生了 PC 之后，基于 PC 和单机软件的全球第一次大规模信息化浪潮，催生了第一波"数字化转型"；20 世纪 90 年代互联网浪潮掀起了全球第二次大规模信息化浪潮，催生了第二波"数字化转型"。今天，我们处于全球第三次大规模信息化浪潮之中，以移动互联网、云计算、大数据、人工智能、物联网和区块链等为代表的企业级信息技术，催生了第三波"数字化转型"。据互联网数据中心（Internet Data Center，IDC）预测，目前，数字化转型已进入加速期，全球进入数字经济时代。到 2021 年，至少 50％的全球 GDP 将会是数字化产生的，中国数字经济的比重将超过 55％。数字化产品、数字化服务、数字化运营、数字化生态将推动各行业持续创新转型，实现稳步增长。

"数字经济"概念最早是由新经济学家唐·泰普斯科特（Don Tapscott）于 1996 年在《数字经济》一书中正式提出，他详细论述了互联网对社会经济的影响。1997 年，日本通产省开始使用"数字经济"一词。1998 年起，美国商务部以"数字经济"为主题发布了多项年度研究成果。2015 年 3 月，我国政府工作报告提出"互联网＋"行动计划，这可以看作我国数字经济的雏形。2016 年，在杭州举行的二十国集团领导人第十一次（G20）峰会上，与会国领导人共同发起《二十国集团数字经济发展与合作倡议》（以下简称《倡议》）。《倡议》指出，"数字经济是以使用数字化的知识和信息作为关键生产要素，以现代信息网络作为重要载体，以信息通信技术的有效使用作为效率提升和经济结构优化的重要推动力的一系列经济活动"。2017 年 3 月，我国政府工作报告正式提出要加快促进数字经济发展；同年10月，"数字经济"被写入党的十九大报告。 正如杨占生、杨颜僮（2001）指出："由工业革命的经济学完成向信息革命的经济学的转化成为可能。"①

具体到数字经济的构成，中国信息通信研究院（2017）将数字经济分为数字经济基础部分（包括电子信息制造业、信息通信业及软件服务业等）和数字经济融合部分（将数字技术应用到制造业、服务业等传统行业）。 这种分类方法得到许多学者和研究机构的认同。

从数字经济规模来看，中国已成为仅次于美国的全球第二大数字经济体。 据中国信息化百人会2018年年度报告，2017年中国数字经济规模达到22.6万亿元，成为新兴国家中上升势头迅猛和发展潜力巨大的代表。在2020年7月召开的第19届中国互联网大会上，有数据显示，到2019年底，中国数字经济规模已达35.8万亿元，稳居世界第二位，移动互联网用户规模达13.19亿，占全球网民总规模的32.17％。

二、城市国际化

国际化（internationalization）是在科学技术推动下，伴随着人类社会不断进步而出现的发展特征和方式，表现为在国际交往日益深入的情况下，世界各国相互影响，具有共性的先进事物逐渐被普及推广成通行标准的状态或趋势。 当今世界，国际化作为一种发展方式，渗透在社会、经济、政治、文化等各个宏观、微观领域。 可以说，国际化是现代化进程步入一定阶段而产生的新现象和新要求。 国际化在经济领域的表现尤为瞩目，经济全球化已成为当今世界发展的主旋律。

国际化对于一个区域或城市而言，是现阶段经济全球化和信息化背景下推进现代化进程而出现的新的时代特征。 从20世纪80年代开始，不少学者开始关注和聚焦一类特殊的城市，即世界城市（也叫全球城市，Global city），并对其展开了深入研究。 所谓世界城市，是指对全世界或大多数国家发生经济、政治、文化影响的国际大都市，如纽约、东京、伦

---

① 杨占生,杨颜僮.模式变易:数字经济运行[M].北京:中国经济出版社,2001:41.

敦等。 而世界城市的形成是一个逐步发展的过程，其本身具有动态性，在全球化与信息化交互作用的进程中，越来越多的城市加入其中，间接或直接参与全球经济，在连接国际经济与国内经济中的地位和作用逐步提高，成长为国际化城市，并成为世界城市网络的节点之一。 而这一过程实质上就是城市发展的国际化进程。

由上，城市国际化是指城市积极参与国际分工与协作、城市生活日益融入国际经济政治生活的过程和程度，是国际社会公认的迅速提升城市经营水准和城市综合竞争力的重要途径。 也就是说，城市国际化是城市在全球化浪潮中，致力于成为国际化城市乃至世界城市的晋升路径或发展道路。

三、服务与服务业

(一)服 务

重农主义者认为，只有农业部门才能真正创造国民财富，由此区分了"生产性"和"非生产性"的概念，服务行业自然是"非生产性"行业。重商主义者的注意力都放在了外贸和海运这些最有利可图的经济活动上，现在来看，交通运输、贸易等属于服务业部门，因此有人可能认为重商主义者的理论是服务业理论的源头，这实际上是一种误解。 重商主义者判断经济活动有利可图的依据是它们能否获取黄金，而与是商品还是服务无关。 以亚当·斯密（1776）为代表的古典经济学家建立了"生产导向"的分析框架，以生产性的多少来对经济活动进行分类，"有一种劳动，加在物上，能增加物的价值；另一种劳动，却不能够。 前者因可生产价值，可称为生产性劳动，后者可称为非生产性劳动"[①]。 "制造业工人的劳动，可以固定并且实现在特殊商品或可卖商品上，可以经历一些时候，不会随生随灭。 ……反之，家仆的劳动，却不固定亦不实现在特殊物品或可卖品上。 家仆的劳动，随生随灭，要把它的价值保持起来，供日后雇用等

---

① 亚当·斯密.国民财富的性质和原因的研究（上卷）[M].北京:商务印书馆,1983: 303-304.

量劳动之用，是很困难的。"①很显然，生产具有价值的物质商品成为斯密的生产劳动定义的落脚点，在他看来，服务是非生产性的。 同时，斯密非常强调资本积累的概念，他认为服务业雇用的劳动不能被积累，不能形成资本存量，因此服务业是属于非生产性的，其结果是这些劳动必须用收入来支付。

马克思从资本主义生产的角度对服务进行了一个经典概括："服务这个名词，一般地说，不过是指这种劳动所提供的特殊使用价值，就像其他一切商品也提供自己的特殊使用价值一样；但是这种劳动的特殊使用价值在这里取得了'服务'这个特殊名称，是因为劳动不是作为物，而是作为提供服务的，可是，这一点并不使它例如同某种机器（如钟表）有什么区别。"②"任何时候，除了以商品形式存在的消费品以外，还包括一定量的以服务形式存在的消费品。"③在这样的论述中，马克思首先肯定服务提供使用价值，可以投入市场进行交换；并指出，服务不是以提供某种物质产品的形式存在的，而是以活劳动的形式存在的，服务劳动本身必须被视为服务的价值；且隐含着作为区分服务与典型的商品生产的标准，不是产品的物质性或非物质性，而是其内在的经济关系，即服务劳动所表现出来的与社会各方面的关系。 这也正是马克思劳动价值论的科学之处，它揭示的商品、价值、社会必要劳动等范畴，不是自然生产范畴，而是体现商品生产关系的经济范畴，"商品形式和它借以得到表现的价值形式，是同劳动产品的物理性质以及由此产生的物的关系完全无关的"④。

彼得·希尔（Hill，1977）将服务定义为："某一个人或经济单位所有商品状态的变化，这一变化是由其他经济单位进行经济活动引起的，并须事先得到同意。"⑤这种定义将服务视为一个过程，并要识别这一过程

① 亚当·斯密.国民财富的性质和原因的研究（上卷）[M].北京:商务印书馆,1983:
305.
② 马克思.剩余价值理论（第一册）[M].北京:人民出版社,1975:435.
③ 马克思.剩余价值理论（第一册）[M]. 北京:人民出版社 1975:160.
④ 马克思恩格斯全集（第25卷）[M]. 北京:人民出版社 1972:87.
⑤ HILL T P. On goods and services [J]. Review of income and wealth，1977，23(4):
315-338.

涉及的经济单位。时至今日，该观点得到很多文献的广泛认同。随着 IT 技术的发展与广泛运用，以往服务的无形性和生产与消费的不可分离性都已被突破，某些服务可以通过技术手段进行存储，服务与实物变得不可分割，异地消费服务成为可能，对服务的界定再次成为理论上的一个难题。因而他又于 20 世纪 90 年代（Hill，1999）提出，服务与非物质商品实际上是无法区分的，商品也可以是无形的。[①] 然而他将服务和商品混在一起，与服务是独立的活动这种见解相比实际上是一种退步，通过服务活动形成的使用价值用于交换自然就成为商品，这与它是否具有物质形态是没有关系的。

我国学术界对服务的关注，始于服务的生产性与非生产性问题，以及服务的价值创造问题。而对于服务范畴的界定，比较有代表性的有以下几种：20 世纪 90 年代初李江帆教授在《第三产业经济学》一书中提到的服务产品概念，即非实物形态的劳动成果，他认为服务产品与实物产品共同构成社会产品。[②] 黄少军（2000）则从服务产权特性的角度对服务进行了定义："服务是一个经济主体受让另一个经济主体的经济要素的使用权，并对其使用所获得的运动形态的使用价值。"[③] 黄维兵（2003）从一些经济学家的观点出发，把服务定义为："服务是一个经济主体使另一个经济主体增加价值，并主要是以活动形式表现的使用价值。"[④]

尽管对服务概念进行清晰的定义很困难，但绝大多数研究还是接受了 Mills（1977）和 Shostack（1977）提出的服务的基本特征：（1）服务本身是无形的；（2）服务的生产和消费在某种程度上是同时发生的；（3）服务更像是一种过程或活动，而不是一种物体；（4）服务的生产通常会要求生产者和消费者之间的合作；（5）服务的概念包含了多种活动，也

① HILL P. Tangibles，intangibles and services：a new taxonomy for the classification of output [J]. Canadian Journal of Economics，1999，32(2)：426-446.
② 李江帆.第三产业经济学[M].广州：广东人民出版社，1990：111-113.
③ 黄少军.服务业与经济增长[M].北京：经济科学出版社，2000：98.
④ 黄维兵.现代服务经济理论与中国服务业发展[M].成都：西南财经大学出版社，2003：17.

就是说，服务是异质性的。^① 基于上述特征，本书认为，服务是人类劳动的一种形式，是劳动者运用劳动工具，作用于劳动对象，消耗了一定的脑力和体力，创造出使用价值并形成一定形式的商品的过程。只不过这种一定形式的商品与物质形态的商品相比，它本质是无形的、非物质的，但这个过程可能与物质产品有关而最终物化于相关联的物质产品中，也可能与物质产品无关而仅仅是流动状态的活动。

（二）服务业

服务与服务劳动概念早已存在，而服务业作为一个完整概念被提出并被系统研究，则是基于 20 世纪服务业的快速崛起才发生的。

在西方经济学中，服务业首先是以"第三产业"的表述方式出现。英国经济学家埃伦·费希尔（Allan. G. B. Fisher, 1935）在《安全与进步的冲突》一书中率先提出这个概念。他提出，第一产业为农业和矿产业，第二产业是指以多种方式对自然资源进行转化的加工业，那些提供各种"服务"活动的产业则是第三产业。费希尔对第三产业的认识与当代经济学的理解相比显得有点局限，因为他认为第三产业与物质产品生产完全不相关，因此交通、商业等部门都没被他纳入第三产业。柯林·克拉克（C. Clark）在费希尔的基础上，对第三产业理论进行了修正完善。他提出，第一产业主要指生产规模收益递减的属于自然资源的农业、渔业和林业；第二产业指那些将原材料通过某些过程加工成生产资料和生活资料的工业；第三产业为包括建筑业、公用事业、贸易行业、独立手工业和交通业在内的服务业。后来他在 1942 年出版的《1960 年的经济学》中采用了新的分类法，把采掘业、建筑业及能源的生产归为第二产业，将所有剩余的经济活动都划为第三产业。无论是费希尔还是克拉克，他们都认为，服务业内部具有高度的同质性，是可以和农业、制造业并列的一种大的产业类型，因此可以称其为第三产业。

通过对服务业多个具体产业和在多个国家的发展历程的具体分析，

---

① 夏杰长，李勇坚，刘奕. 迎接服务经济时代来临——中国服务业发展趋势、动力与路径研究[M]. 北京：经济管理出版社，2010:2.

Greenfield（1966）、Singelmann（1978）、Williams（1977）等西方学者对服务业的概念有了新的发现，他们认为，服务业并不是一个可以被简单归为同一大类的同质性产业。与此同时，在西方学术界，第三产业（tertiary industry）的称呼逐步消失，甚至也很少用服务业（service industry）来统称，而是用服务业集合（services industry）来统称服务业，其潜在意义在于，服务业只是差异极大的各种服务活动在称呼上的集合，而不能像农业或制造业那样被看作同质性产业。因此，服务业的概念是生产或提供各种服务的经济部门或企业的异质性集合。"第三产业"向"服务业"的转变表明人们意识到服务业的重要性，开始从一个更为积极主动的立场对其开展研究。

那么服务业到底包含哪些行业，在国际上也有较多的版本。其中，于 1948 年编制的《全部经济活动的国际标准产业分类》（ISIC），经过1958 年、1968 年、1989 年和 2006 年的 4 次修订，成为国际公认的对生产性经济活动进行分类的标准之一，编码 G-U 类则属于服务业（见表 1-1）。

表 1-1　ISIC Rev. 4 产业门类

编码	门类
A	农、林和渔业
B	采矿及采石业
C	制造业
D	电、煤气、蒸气和空调的供应
E	供水、废物管理和整治、污水处理活动
F	建筑业
G	批发和零售业，汽车和摩托车的维修
H	运输和储存
I	食宿服务活动
J	信息和通信
K	金融和保险活动
L	房地产活动
M	专业、科学和技术活动

编码	门类
N	行政和辅助活动
O	公共管理和国防,基本社会保障
P	教育
Q	人体健康和社会工作活动
R	艺术、娱乐和文娱活动
S	其他服务活动
T	家庭作为雇主的活动,家庭自用、未加区分的物品的生产和服务活动
U	国际组织和机构的活动

资料来源:李娴.国际标准产业分类的更新及启示[J].调研世界,2011(10):51-55.

我国一直采用"第三产业"这一概念,直到"十五"规划中,首次将第三产业改为"服务业"。根据 2017 年发布的《国民经济行业分类》(GB/T 4754—2017),服务业共包括 15 个行业,将 GB/T 4754—2017 和 ISIC Rev.4 服务业门类进行比较发现,虽然两种门类设置有所不同,但基本上能实现转换,保证了与国际标准的有效对接和满足了国际比较的需要(见表 1-2)。本书中对中国城市服务业的范围界定即采取 GB/T 4754—2017 的行业范围,以保证统计数据的可获取性。同时,由于我国在统计上仍沿用第一、二、三产业的称谓,本书的服务业与统计上的第三产业等同,不做严格区分。虽然本书进行统计描述时提到的第三产业即本文的服务业,但在主体内容上还是沿用服务业的概念,以更具科学性。

表 1-2　GB/T 4754—2017 和 ISIC Rev.4 门类比较

GB/T 4754—2017	ISIC Rev.4 门类
F.批发和零售业	G.批发和零售业,汽车和摩托车的维修
G.交通运输、仓储和邮政业	H.运输和储存
H.住宿和餐饮业	I.食宿服务活动
I.信息传输、软件和信息技术服务业	J.信息和通信

GB/T 4754—2017	ISIC Rev. 4 门类
J.金融业	K.金融和保险活动
K.房地产业	L.房地产活动
L.租赁和商务服务业	M.专业、科学和技术活动
	N.行政和辅助活动
M.科学研究和技术服务业	M.专业、科学和技术活动
N.水利、环境和公共设施管理业	S.其他服务活动
O.居民服务、修理和其他服务业	T.家庭作为雇主的活动,家庭自用、未加区分的物品的生产和服务活动
	G.汽车和摩托车的修理
P.教育	P.教育
Q.卫生和社会工作	Q.人体健康和社会工作活动
R.文化、体育和娱乐业	R.艺术、娱乐和文娱活动
S.公共管理、社会保障和社会组织	O.公共管理和国防,基本社会保障
T.国际组织	U.国际组织和机构的活动

（三）服务业的分类

基于把服务看作异质性群体,不同的学者从不同的角度提出了对服务业的分类方法,比较具有代表性的有以下几类。

1. 斯蒂格勒和格林弗雷德关于生产性与消费性服务业的划分

作为在新制度经济学和管制经济学领域有突出贡献的著名经济学家斯蒂格勒在《服务业中的就业趋势》（Stigler,1956）一书中,首次将服务业划分为生产性服务业和消费性服务业。 他写道:"面向工商业和面向消费者的服务业之间并不构成实质性的区别鸿沟,而是形成了产业演化上的连续性的阵列。 在阵列一端的服务包括如建筑工程师的咨询服务的产业；在阵列中间,独立的律师从商业和非商业的用户身上获取均等报酬；

而在阵列另一端，教师服务以非商业的资本形态服务于个人消费者。"①
格林弗雷德在《人力与生产性服务业的增长》一书中沿用了斯蒂格勒的思
路，并将生产性服务业界定为那些由企业、政府和非营利性组织为生产者
提供的服务，而不是为消费者提供的服务（Greenfield，1966）。 由此，
他将服务业划分为生产性和非生产性的，而且提出现代经济的一个发展趋
势是生产性服务业将在经济中占据越来越多的份额。

2.辛格曼按功能进行的四分法

辛格曼（Singelmann）于1978年出版的《从农业到服务业》一书中系
统地提出不同类型的服务业对应了不同的经济行为和社会特征这一理论，
他将服务业分为4个类型：分配性服务业（交通运输和存储、通信、批发
贸易、零售业）、生产者服务业（银行、信贷等其他金融、保险、房地
产、工程和建筑服务、会计、其他商务服务、法律服务业）、社会服务业
（医疗和健康服务、医院、教育、福利和宗教服务、非营利性组织、邮
政、政府、其他社会专业服务业）和个人服务业（家庭服务、宾馆、餐
饮、维修服务、洗涤、理发和美容、娱乐和休闲、其他个人服务业等），
辛格曼的分类对后来的研究产生了深远影响。

3.格鲁伯和沃克按需求性质的分类

1993年，美国经济学家格鲁伯和沃克在《服务业的增长：原因及影
响》一书中，提出可以按需求性质将服务划分为生产者服务、消费者服务
和政府（社会）服务。 其中，生产者服务（研发、设计、技术咨询、会
计、法律、工程和建筑服务、广告、交通、物流、批发、信息服务、金融
保险等）在更大程度上作为一种中间需求，消费者服务（饮食、房地产、
娱乐休闲、文化艺术、教育医疗）是最终需求，政府（社会）服务（政府
服务、公立医院、义务教育、社会福利部门等）则既包括中间需求也包括
最终需求。

学术界对服务业的归类争议仍然很大，很多产业（如金融业、房地产

---

① STIGLER G J. Trend in employment in the service industries [M]. New Jersey：
Princeton University Press，1956：138.

业等）实际上既满足最终需求又满足中间需求，但这不在本文的研究范畴内。例如，国家统计局于 2019 年出台的《生产性服务业统计分类（2019）》和《生活性服务业统计分类（2019）》中，确定生产性服务业分类的范围包括为生产活动提供的研发设计与其他技术服务，货物运输、通用航空生产、仓储和邮政快递服务，信息服务，金融服务，节能与环保服务，生产性租赁服务，商务服务，人力资源管理与职业教育培训服务，批发与贸易经纪代理服务，生产性支持服务；生活性服务业包括居民和家庭服务、健康服务、养老服务、旅游游览和娱乐服务、体育服务、文化服务、居民零售和互联网销售服务、居民出行服务、住宿餐饮服务、教育培训服务、居民住房服务、其他生活性服务等。

为了便于研究不同类型服务业的作用机理，本书主要结合辛格曼与格鲁伯和沃克的分类方法，对应 GB/T 4754—2017 行业范围，将我国服务业划分为生产性服务业、消费性服务业和社会性服务业。将"G. 交通运输、仓储和邮政业，J. 金融业，I. 信息传输、软件和信息技术服务业，L. 租赁和商务服务业，M. 科学研究和技术服务业"等五大行业划为生产性服务业；将"F. 批发和零售业，H. 住宿和餐饮业，K. 房地产业，R. 文化、体育和娱乐业，O. 居民服务、修理和其他服务业"等五大行业划为消费性服务业；"N. 水利、环境和公共设施管理业，P. 教育，Q. 卫生和社会工作，S. 公共管理、社会保障和社会组织，T. 国际组织"等五大行业划为社会性服务业。

第三节　国内外研究现状述评

一、城市国际化理论与实践的研究现状

城市国际化的研究起因于"世界城市"的出现。以弗里德曼（Friedmann, 1986）、泰勒（Taylor, 2002）、萨森（Sassen, 1991）为代表的国外学者提出了如世界城市体系理论、世界城市网络理论、世界城

市理论等代表性的理论，这一系列理论研究使得城市研究从局限在"国家城市体系内"的传统研究范式，逐步扩展为"世界城市体系内"的国际化研究范式。 这些理论共识及围绕这些共识所开展的实践活动，在相当程度上构成了第一代世界城市的核心内涵（屠启宇，2018）。 经过近30年的发展，对城市国际化的研究开始由全球顶尖的那些城市拓展至受全球化影响的所有城市。 格雷格·克拉克（2018）认为，越来越多的城市正在经历全球化，而且全球化的时间历程和经济路径比以往更丰富多样。 葛天任（2018）提出，世界城市网络体系具有动态交互的网络化特征，为一些新兴城市的发展提供了机会。

世界城市理论在发展中国家，尤其是在我国城市面向全球化时代、开启国际化征程时期扮演了重要角色，这在城市化数据与国际化评价方面可以得到充分的佐证（宁越敏，1991；蔡来兴，1995；顾朝林、孙樱，1999；周振华，2004）。 同时，国内学者开始结合我国实践与特色来研究中国的城市国际化战略，提出城市国际化具有多种路径（王姝，2008），关注城市国际化与本土化的融合（张丽，2017）及基于特色优势融入世界城市网络参与国际化竞争（周蜀秦，2010），等等。 屠启宇（2018）更是提出世界城市从实践到理念的迭代正在展开，正在进入以挖掘和发扬自身特点为核心，以厚植腹地为依托，谋求在世界城市之林中差异化崛起的"世界城市2.0"新范式。 近年来，研究者将更多的目光投向城市国际化水平的评价指标体系与量化测度研究方面（叶贵勋，2000；倪鹏飞，2009；叶珊珊，2010；易斌，2013）。

二、城市国际化进程中的服务业作用与地位的相关研究

服务业是城市转型或城市国际化的关键环节。 Daniels（1993）和Godfrey（1995）对20世纪60年代纽约的发展危机进行了研究，结果发现，正是金融和商务服务业的发展，把纽约带入了一个新的时代。Daniels（1993）进一步指出，在20世纪80年代，伦敦、法兰克福、洛杉矶、悉尼、东京、新加坡和香港都大体上经历了相同的发展过程。 Orum（2004）基于美国大城市发展的研究发现，长期以来一直是美国经济重要

增长区域的中西部工业化城市出现了明显的衰落，而西海岸的西雅图、旧金山、洛杉矶等城市凭借高技术产业及旅游、文化教育等发达的服务业实现了崛起。 在世界城市理论的一系列研究中（Sassen，2001；Taylor，2002），服务业尤其是生产性服务业的发达与否更是决定城市在世界城市网络中地位与级别的重要标志。 国内部分学者的研究也表明，现代服务业是提升城市全球能级水平的重要支撑产业（洪银兴，2003；周振华，2005）。

以专业服务业为代表的生产性服务业的重要作用是城市国际化领域的研究热点。 Sassen（2001）认为，随着生产者服务及金融业的迅速发展，生产的专门化和空间集聚是形成世界城市的主要原因。 GaWC[①]（1999）认为，世界城市需拥有高级生产者服务部门，因为高级生产者服务部门积聚了现代知识与技能，从而能代表它所在城市在全球活动的能力。 Hansen（1990）对美国大都市区生产性服务业的发展情况进行研究后指出，随着信息化水平的不断提高，生产性服务部门的扩张对深化劳动分工和提高劳动生产率起着重要作用。 随着全球化的发展，生产性服务业的进出口贸易也成为城市经济的重要组成部分。 Catin（1995）通过分析大都市及国际化城市的经济发展历程，指出服务产品出口是城市发展的典型表现，同时实证表明，生产性服务业区域间销售比例为20%—50%。

满足人的精神需求和增强城市国际吸引力的服务业研究陆续展开。生产性服务业之于城市国际化，其主要作用在于增强城市竞争力和控制力。 但诸大建（2019）的最新研究表明，世界城市的竞争力应该有两个维度，即经济竞争力维度和可持续发展竞争力维度，前者是城市经济功能的全球控制力，后者是城市地点质量（quality of place）的全球吸引力，而这个全球吸引力地点质量表现为世界城市应该有高水平的社会环境和公共服务。 这恰好是服务业的另外一面——消费性服务业和社会性服务业所具有的功能。 佐金等（2016）从微观尺度专门研究了世界城市中的地方商街。 Sassen（2019）补充研究低薪工种（如低级别的文秘工作者到低

---

① GaWC，全称 Globalization and World Cities。

收入的家务劳动者）也是无形但重要的世界城市的"基础设施"。 这些研究弥补了异质性的服务业行业对城市国际化的不同作用的研究空白，但基于中国城市的不同情况，这些异质性的服务业究竟可以形成什么样的特色化国际化道路，还值得进一步细化研究。

三、数字经济时代服务业的研究进展

一是对服务业创新维度的系统研究。 学术界从 20 世纪 70 年代开始研究某些服务部门的创新问题（如 Hardouin & Desai 及 Low 分别在 1973 年和 1978 年论述了金融服务创新问题），80 年代有学者着手研究服务创新的一般问题。 随后，在完成了一系列服务创新数据调查的基础上，90 年代涌现了大量的服务创新理论和实证研究成果。 服务创新研究经过 30 多年的发展，逐渐形成了比较完整的理论体系，尤其是随着制造业与服务业所表现出来得越来越明显的趋同趋势，学者们主张把制造业创新与服务业创新的特征结合起来，分析与制造业和服务业都相关的创新因素，寻求它们之间的共性与差异。 例如，Gallouj & Weinstein（1997）、Preissl（1998）及 Hipp & Grupp（2005）这些学者都认为，服务业创新与制造业创新通过镶嵌过程交织在一起，而非技术因素和信息中介服务在这个过程中起着重要作用。 因此，服务创新在新观念、与顾客的新接触、新的传递系统和新的技术选择方面就呈现出一种多维度的结果，而技术只是服务创新的一个维度。 可见，从一个多维度的视角看，服务业的创新能力要大大强于人们的想象，服务业是打破产业边界、推动经济活动整体创新的重要载体。

二是随着互联网技术的飞跃发展，以及数字化、智能化时代的到来，众多学者对服务业甚至整个产业形态的演变趋势开展研究。 Sampler（1998）认为，信息时代需要重新定义产业结构。 Triple 及 Barry Bosworth（2004）指出，信息技术革命就是一个服务业的故事。 Wigand et al.（2005）研究了信息技术标准对产业结构的影响。 江小涓（2017、2019）认为，网络技术的发展正在从规模经济、范围经济、长尾效应等 3 个方面改变服务业的性质，引起了广泛的资源重组与聚合；并指出，网络

时代服务全球化进程必将加速，不可逆转。曾世宏等（2019）则从互联网普及角度分析了其影响产业结构服务化进程的两条路径，并进行了数理模型推导。进一步地，裴长洪等（2018）提出，尽管数字信息产业属于服务业范畴，但是鉴于数字信息产业在促进经济增长方面的巨大作用，产业经济学原有的 3 类产业划分面临挑战，数字信息产业很有可能成为未来的第四产业。

四、相关研究评价

国内外研究表明，城市国际化进程与服务业的发展密不可分，甚至可以说发达的服务业是城市国际化的必要条件，正如周振华（2008）所明确指出的，"崛起中的世界城市，不管其原来的产业基础如何，势必要转向高度经济服务化的产业基础；否则，就无法适应全球经济发展的要求，从而也难以成为一个世界城市"。但 2008 年全球金融危机爆发及其持续余波，使世界城市面临了"虚"与"实"的困扰，人们对服务业究竟占据多大比重是适宜的存在质疑，其间硅谷、班加罗尔、特拉维夫、深圳等一批创新城市快速崛起，伦敦、纽约在金融危机后纷纷拥抱创新。是否存在世界城市理想的产业结构与发展模式？城市国际化意味着必须"去工业化"吗？对于如何回答这些问题，仍然具有以下研究空间：（1）随着世界城市及城市国际化实践与理论的演进，对服务业重要作用的研究已经从生产性服务业扩展至异质性的服务业全体行业，消费性服务业和社会性服务业成为城市提高国际化吸引力、推动城市所在地生活国际化的重要抓手。这部分服务业如何发挥作用，作用机理是什么，是否存在中国部分城市依托这部分行业的主导作用实现国际化的特色化道路，现有研究仍然不足，值得进一步研究。（2）数字经济时代服务业的内涵与外延有了重大突破，平台经济、共享经济等新兴产业形态的出现，服务业性质的改变等问题，这些与城市国际化由竞争走向协作的导向不谋而"合"。大部分城市在国际化进程中，并不能成为登顶的"世界城市"，但可以成为世界城市网络中的"节点城市""平台城市"。目前，对于"合"的表现及发生机制还存在研究空间。（3）数字经济时代服务业理论的研究进展，为城市国际化道路的"虚"与"实"提供了可供参考的解决方案，但这个解决方案还有待进一步总结与提炼：数字经济时代的服务业与城市国际化的发展模式之间的内在机制是如何形成和有效互动的，将会形成什么样的类型模式，这是本书要努力解决的问题。

基于此，本书的价值可能在于以下两方面。

第一，理论界对于城市国际化、服务业的内涵与外延、生产性服务业与城市国际化的关系、数字经济时代的服务业理论演进等都进行了较为深入的研究，但将服务业的发展与中国的城市国际化道路结合起来进行系统研究的较少，这为本书的研究提供了空间。一是在数字经济时代，城市国际化及服务业都面临着新的发展环境或新的发展际遇，从理论上将二者置于新背景下的研究较少，本书将在数字经济的背景下对二者的理论内涵及关系进行充实与拓展，尝试对相关理论进行有益补充。二是在中国大多数城市尚未完成工业化的当下，如何抓住数字经济带来的产业变革机遇，发挥服务业的作用去实现工业化与城市国际化的有机统一，这是一个新的理论框架，对于系统地看待新时期的城市国际化道路具有一定的理论价值。

第二，本书探讨的内容本质上属于城市国际化道路问题，这对于当代背景下的城市国际化发展具有一定的现实意义，因为全球化遭遇挫折，"虚"与"实"的问题、"去工业化"的问题、欧美城市的"再工业化"产业回流问题等，都对当下城市的国际化道路选择带来一定困惑。本书以数字经济时代的服务业作为切入点来看待城市国际化，旨在为当下中国城市在国际化道路上遇到的问题提供一些具有操作性的解决方案。

第四节　基本思路与主要内容

首先，本书聚焦数字经济时代的产业演进与城市演化，分析数字经济时代服务业的理论演变、城市国际化的发展趋势，以"数字化"的第三次产业革命为时代背景，构建数字经济通过数字"服务业化"与服务业"数字化"使当代条件下服务业内涵发生质变，三大类服务业分别通过普惠性、独特性、在地性匹配机制对城市国际化发生作用的理论框架，进而提出中国城市国际化由跟随型向创新型迈进，并可能呈现全面登顶型、平台门户型、特色专业型及节点融入型等 4 种类型模式。 其次，在此基础上，本书以我国副省级以上城市为样本进行实证分析，研究数字经济影响下服务业发展与城市国际化的关联，并以杭州为具体案例分析其实践价值、研究共性问题。 最后，从创新、融合、协作、开放等 4 个层面对数字经济时代的产业端与城市端匹配提出政策思考。

围绕上述思路，本文共分为 8 章，主要内容安排如下。

第一章 导论。 本章首先阐述了研究的缘起，主要是基于对数字经济时代的产业与城市如何演变的思考，并以此作为本文的研究背景，提出以数字经济时代的服务业影响作为切入点来研究城市国际化道路的命题。为了较为准确地对服务业与城市国际化开展研究，本章对数字经济、城市国际化、服务业的概念及相关分类体系进行了界定，并对国内外研究现状进行了综述及评价，从而为本书研究视角的确立奠定基础。

第二章 服务业理论演进：从工业化进程到数字经济时代。 本章按照服务业理论演进的时序从 4 个方面进行了梳理与总结：一是制造业主导的工业化模式理论；二是工业化进程中的经典产业结构演进规律；三是经济发展视角下服务业地位演变的相关理论；四是数字经济时代的服务业创新理论。

第三章 城市国际化：世界城市网络中的城市发展趋势。 本章以世界城市与世界城市网络为理论支撑，对城市国际化的内涵和一般规律进行分析，提出当前城市国际化具有功能增强、内核支撑、特色突显、区域联动的发展趋势。

第四章 数字经济时代服务业对城市国际化的驱动影响。 本章首先考察了服务业与城市国际化的一般关系，并以"数字化"的第三次产业革命作为时代背景，考察了数字"服务业化"与服务业"数字化"两大嬗变，从而构建了数字经济时代服务业通过普惠性、独特性、在地性匹配机制对城市国际化发生作用的理论框架，进而提出中国城市国际化由跟随型向创新型迈进，并可能呈现全面登顶型、平台门户型、特色专业型及节点融入型等 4 种类型模式。

第五章　数字经济时代服务业驱动城市国际化的内在机理。 本章主要研究服务业对城市国际化的匹配机制是如何发生作用的。 基于服务的异质性，本章分层次详细论述了三大类服务业的不同影响机理，尤其对在数字经济影响下产生的服务业新业态的作用机理进行了研究。

第六章　副省级以上城市服务业发展与城市国际化的现实分析。 本章以副省级以上城市作为研究对象，建立了两大评价体系（一是数字经济与服务业融合发展水平评价体系；二是城市国际化水平评价体系），以期通过它们对副省级以上城市的现实发展水平做出评价。 在此基础上，将两大维度结合起来分析相关性与协调度，并运用计量方法对数字经济时代服务业驱动城市国际化的实践类型进行划分，以对本书提出的理论观点进行验证。

第七章　数字经济背景下以服务业推进城市国际化的杭州实践。 本章的主要任务是进行案例分析，以近几年崛起的新一线城市杭州为例，对杭州的国际化战略及成效、杭州的数字经济与服务业融合发展之路进行研究，进而提出数字经济背景下杭州以服务业推进城市国际化的实践价值在于：既能为城市产业与新技术新经济的融合发展贡献新经验、为城市在跌宕起伏的全球化中高质量突围探索新方案，又能为中国城市国际化进程中的共性问题提供新思考。

第八章　数字经济赋能服务业，推动城市国际化向更高层次迈进。本章从创新、融合、协作、开放等 4 个层次对数字经济时代下的服务业与城市国际化的关系提出政策思考。

第二章

服务业理论演进：从工业化进程到数字经济时代

在经济学理论研究的历史长河中，服务业的地位与作用、服务业与制造业的关系、服务业的效率提升与服务创新等关键问题在不断的争论与探讨中得以逐渐清晰。从制造业主导的工业化模式到服务经济与后工业社会，再到数字经济时代的服务创新理论，实际上已经不是单纯的服务业或者制造业故事，而是产业系统融合创新问题，尤其是在数字经济时代，服务业对整个经济发展的影响在质和量上都将产生重要变化。本章从 4 个方面对服务业理论演进的时序进行梳理与总结，旨在对"数字化"革命下服务业的质变与服务型社会的形成提供理论铺垫。

第一节　制造业主导的工业化模式理论溯源

基于"制造业是经济增长发动机"这一在经济理论中源远流长、根深蒂固的观点，制造业主导的工业化模式得以形成。这主要来源于荷兰经济学家梵登于 1949 年提出的一条经验规律——"梵登定律"（Verdoorn law），即由于制造业具有规模报酬递增的特征，制造业劳动生产率的提高与制造业产出增长之间高度正相关。后来英国剑桥学派著名经济学家卡尔多（1966、1967）将"梵登定律"延伸为现代经济增长的 3 条规律："一是由于规模报酬递增，制造业劳动生产率增长与制造业产出增长高度正相关（即"梵登定律"）；二是 GDP 增长与制造业产出增长高度正相关，这不仅是因为制造业产出在定义上就是总产出的组成部分，更是因为制造业的生产特征与经济增长之间存在因果上的联系；三是整个经济中的劳动生产率增长与非制造业部门的就业增长率之间存在负相关关系，因为大多数非制造业活动受制于收益递减，特别是以土地为基础的活动及许多服务业部门的活动。"[①]这 3 条规律又被称为"卡尔多定律"或"梵登-卡尔多定律"，在经济学中影响深远。

而对于发展中国家或地区的工业化阶段，规模报酬递增显得更加重要，因为持续的资本积累和投入并由此导致的工业化是推动落后国家发展的关键。罗森斯坦·罗丹于 1943 年提出"大推进"（Big push）理论。该理论从 4 个方面阐述了工业化能够获得规模报酬递增的利益：一是大量的"过剩农业人口"为工业化提供了无限弹性的劳动力供给，使制造业因较低的工资成本而获取了某种外在经济利益；二是"货币性外在经济"问题，即为了降低单项投资无法迎合市场需求的风险，必须考虑相互关联的多项目投资决策，这样可以从众多投资项目体系中了解市场需求，这是有

---

① 魏作磊.服务业将成为新一轮中国经济增长的发动机[J].华南理工大学学报（社会科学版）,2007(2):31-36.

计划地建设一个大规模的工业体系最重要的依据所在，目的是使获取递增收益的投资规模最小化；三是在消费品工业建立之前，必须大规模筹集大量的社会预摊性资本即基础设施，而这种社会预摊性资本是不可分割的；四是强调"技术的外在效应"，农村剩余劳动力的转移建立在对劳动力进行教育和培训的基础上，可由政府投资建立一个完整的工业体系，各个部门的企业都对劳动力开展教育培训，那么每个企业的教育培训投资都将产生外部效应，其他企业获得的外部效应就能转变为本企业的内部收益。可见，罗丹既因为制造业的规模报酬递增特点而赞成推进工业化，同时又提出可由政府与私人合作投资几个互补性的工业部门以推动民族工业实质性的增长。赫希曼（Hirschman，1958）以"关联效应"理论为基础提出了不平衡增长的工业化战略。他认为，发展中国家最虚弱之处不仅仅在于缺乏资金，还在于各工业部门之间缺乏联系。工业部门中某些关键部门（如资本品部门）能广泛地联系和带动上下游产业，形成关联效应，因此发展中国家政府应将稀缺的资本集中投资于这些关键部门，以这些主导部门的优先发展带动其他部门的发展。这就要求对工业部门的"前向联系"与"后向联系"的程度进行分析，做出优先投资的选择，以保证不平衡增长工业化战略的实现，进而带动整个国民经济的发展。弗兰西斯·皮鲁克斯（F. Perroux，1955）提出的增长点理论是对不平衡增长战略思路的进一步发展。他认为，应当在工业部门中确定具有强大推动力的部门，从而带来生产率的提高并获得有效的资本积累，再通过各种联系带动其他工业部门乃至整个经济增长。同时，集中于某一地区的特殊工业结构会十分有利于国家经济增长，即所谓的增长点。上述理论的基本出发点都是基于制造业的规模报酬递增特点，强调通过各种方式来积累资本用于工业化进程。

另外，一个影响深远的理论是刘易斯（1954）的二元经济理论。他认为，工业化过程是传统农业部门的缩小及以现代工业为主的现代经济部门的扩张过程，这是因为农业的劳动生产率较低，工业的劳动生产率较高，剩余劳动力从传统农业部门向现代工业部门转移，全社会劳动生产率将得以提高。

此外，贸易条件论也对工业化有着重要影响。普雷维什（Raul Prehisch）和辛格（Hans Singer）均于 1950 年提出了关于欠发达国家或地区初级产品贸易条件呈恶化的长期趋势理论。他们的理论依据是：初级产品的需求收入弹性低于工业品，因此在国际商品交换中，初级产品与工业品相比价格有长期下降的趋势，主要出口初级产品的发展中国家与主要生产并出口工业品的发达国家相比，贸易条件将逐渐恶化。因此，为了摆脱贫困，发展中国家必须实施进口替代战略，大力发展自己的制造业以替代从发达国家进口工业品。贸易条件恶化假定的逻辑就是，为了改变单纯出口初级产品尤其是农产品的不利地位，发展中国家的出路只有工业化。

上述理论从各个方面对发展中国家或地区实行工业化战略，尤其是以工业部门为主导的工业化模式的必要性进行深入阐述，但这些理论中更多是在探讨人类社会从农业社会向工业社会过渡时期，农业部门与工业部门的产业关系，这些理论对工业尤其是制造业的增长发动机优势大部分是与农业或者传统服务业进行比较而言的，这些结论在当时大体是成立的。但是把探讨农业部门与工业部门间产业关系的这些理论基础，沿用至当代尤其是数字经济纵深发展的当下来探讨工业部门与服务业部门的关系，则需要加入新的因素进行补充考察。

第二节　工业化进程中的产业结构演进规律

一、配第-克拉克定律

配第-克拉克定律主要揭示在经济发展过程中劳动力在三次产业中结构变化的经验性假说。这个假说首先由威廉·配第（1690）提出，后来柯林·克拉克（1940）在配第研究成果的基础上，进一步分析了经济发展和劳动力在产业间的分布和变化趋势。配第基于工商农业三者之间的收入差异，认为工业收益比农业多，而商业收益又比工业多，这种收益差距会促使劳动力由低收益部门向高收益部门转移。 克拉克则在其著作《经济发展的条件》中，进一步描述了三大产业的内涵，即第一产业以农业为主，第二产业是制造业，其他经济活动均归入第三产业，并通过收集和整理二十几个国家人均收入和劳动力分布的时间资料，得出结论：随着人均国民收入的持续提高，劳动力将从第一产业向第二产业移动，并最终流向第三产业。 克拉克同样认为，因为不同产业间存在收入差异，所以劳动力趋向于流向收入相对较高的产业，并将持续一定经济时期。

配第最初的结论来源于早期地理大发现带来的发达海上贸易所引出的推断，与工业化发展带来的社会演进并无紧密联系。 随后克拉克的研究视角有所扩大，考察周期覆盖了完整的第二次工业革命，但其劳动力分布指标变动是以人均收入的不断提高为依据的，是从最终需求角度进行的分析，没有考虑到分工与专业化产生的日益重要的中间需求，以及分工带来的国家内部不同区域的产业结构演进的特殊性与多样性。

二、库兹涅茨法则

在克拉克研究的基础上，西蒙·库兹涅茨在《现代经济增长》（1966）和《各国的经济增长——总产值和生产结构》（1971）等著作中，进一步搜集和整理了欧美主要国家长期的经济统计数据，从劳动力分布和国民收入两方面对产业结构与经济发展的关系进行了分析。 库兹涅茨对部分国家和地区中的农业、工业和服务业 3 个主要部门在总产值和总就业中份额进行了横截面考察。 结果表明（见表 2-1 和表 2-2），不同部门的劳动力分布和产值份额随人均国民生产总值的增加而呈现出规律性的变化：农业（包括林业、渔业和狩猎业）部门产值在国民收入中的比重和劳动力在全部劳动力中的比重与人均国民生产总值呈负相关关系，处于不断下降之中，且前者的下降程度超过后者；工业部门产值占国民收入的比重不断上升，而劳动力比重大致保持不变；服务业的劳动力占全部劳动力的比重几乎都是上升的，但其产值占国民收入的比重基本不变或者略有上升。 用库兹涅茨的话来讲，就是表现为产值结构的"工业化"与劳动力结构的部分"工业化"和部分"服务化"[①]。

表 2-1 处于不同发展阶段的国家和地区的产业结构

组别								
1958 年	I	II	III	IV	V	VI	VII	VIII
国家数	6	6	6	15	6	6	6	6
人均 GDP（美元）	51.8	82.6	138.0	221.0	360.0	540.0	864	1382.0
1958 年主要部门份额（%）								
A（农业）	53.6	44.6	37.9	32.3	22.5	17.4	11.8	9.2
I（工业）	18.5	22.4	24.6	29.4	35.2	39.5	52.9	50.2
S（服务业）	27.9	33.0	37.5	38.5	42.3	43.1	35.3	40.6

注：图中罗马数字表示在 1958 年处于不同发展阶段的国家和地区的分类，如第 VIII 组代表当时最发达的 6 个国家和地区，所反映的产业结构是这些国家和地区的平均值。

资料来源：西蒙·库兹涅茨.各国的经济增长——总产值和生产结构[M].北京：商务印书馆，1985：111.

表 2-2 处于不同发展阶段的国家和地区的劳动力结构

组别								
1958 年	I	II	III	IV	V	VI	VII	VIII
国家数	5	6	6	18	6	6	6	6
人均 GDP（美元）	72.3	107	147	218	382	588	999	1501
1960 年主要部门份额（%）								
A（农业）	79.7	63.9	66.2	59.6	37.8	21.8	18.9	11.6
I（工业）	9.9	15.2	16.0	20.1	30.2	40.9	47.2	48.1
S（服务业）	10.4	20.9	17.8	20.3	32.0	37.3	33.9	40.3

资料来源：西蒙·库兹涅茨.各国的经济增长——总产值和生产结构[M].北京：商务印书馆，1985：207.

针对以上结论，库兹涅茨分别从不同部门产品的收入弹性、规模报酬及技术进步给予了详细解释。 库兹涅茨法则与配第-克拉克定律的区别在

[①] 西蒙·库兹涅茨.各国的经济增长——总产值和生产结构[M].北京：商务印书馆，1985：331.

于，库兹涅茨更为详细地分析了技术进步的影响。 对农业而言，收入需求弹性低，技术进步比工业困难，且由于投资受报酬递减影响，农业实现的国民收入份额趋于减少，加之受农业劳动生产率提高的影响，都必然导致农业劳动力比重下降；对工业而言，收入需求弹性高，技术进步快，投资因技术进步而报酬递增，使得工业生产规模和效率都能较快提升，在国民收入中的比重不断提高，但同时技术进步也使工业部门资本有机构成提高，对部门内部劳动力产生"挤出"效应，与工业规模增加的就业需求扩张抵消，工业就业比重趋于稳定；对服务业而言，其部门劳动力相对比重上升，是因为服务部门中的许多行业进入门槛较低，且劳动力水平提升较快，而其在国民收入中相对比重难以显著上升的原因是虽然服务部门具有高收入弹性，但产业内部竞争激烈，其商品价格相对于工业商品来说处于劣势，因此难有显著性的提升。

库茨涅兹的研究限于 20 世纪 60 年代之前，此时第三次工业革命刚刚开始不久，故其研究期限与克拉克的考察期间相差无几，但他在承认最终需求水平变化影响生产结构变化时，也强调了供给性因素的重要作用，如技术变革、资源要素比例变化等，这是对产业结构演进影响因素分析的重大进步。 但库兹涅茨所处的时代使他只能看到前两次工业革命形成的工业化道路的特点，而对第三次产业革命在技术、生产方式、产业发展方面的快速变化是无法预见的，尤其是没有预见到服务业的迅猛发展，正如他讲道："总产值和按人口平均的产值之所以没有出现增长减速的趋势，这是因为有比平均增长率更高的增长率的新部门（工业）的加入给整个经济的增长率所带来的支撑作用。"[①]在他看来，制造业才是带来经济增长的主要贡献者，实际上认为服务业对经济增长的贡献及其自身的劳动生产率较低的问题在后来的时代已越来越多地被质疑，Triplett & Bosworth（2003）的研究表明，1995 年后美国 22 个服务行业中有 15 个行业的劳动生产率加速提高，是 1973—1995 年间年均增长率的 2 倍，而且服务业劳

---

① 西蒙·库兹涅茨.各国的经济增长——总产值和生产结构[M].北京:商务印书馆，1985:325.

动生产率的提高速度与整体经济平均水平相当。 同时，越来越多的研究表明，信息技术、创新和组织形式、劳动力质量、研发等是服务业生产率提高的主要原因。[①] 这些因素已经超出了库兹涅茨的分析范畴，而在某种程度上来看，这些因素正是现代经济增长的源泉所在。

三、钱纳里"标准产业结构"模型

钱纳里和赛尔奎因借助多国模型，研究了各国在经济增长过程中产业结构的变动规律。 他们认为，在经济发展过程中，产业结构的变动趋势具有很高的一致性，由此提出了产业结构的三阶段动态发展模型，即初级产品生产阶段、工业化阶段、发达经济阶段。 初级产品生产阶段以农业为主，全要素生产率提高得极为缓慢。 工业化阶段中，制造业开始超过农业，对经济增长产生主要贡献，此时人均收入水平约为 400 美元（1970 年美元）。 到发达经济阶段，制造业在国民收入和就业中的比重开始下降，"社会基础设施"[②]对经济增长的贡献超过制造业，此时人均收入水平约为 4000 美元（1970 年美元）。 而在这 3 个阶段中，"服务业"[③]的增长贡献率始终是最大的。 他们所指的"社会基础设施"在目前是有相当一部分被列入了服务业的范畴，同时，他们所指的发达经济阶段并不完全等同于我们现在广义所指的工业化后服务业超过制造业占据主导地位的阶段，而是特指"社会基础设施"贡献超过制造业的阶段。 因此，可以认为，钱纳里所指的"社会基础设施"与"服务业"加总的广义服务业增长速度大大超越制造业部门的增长速度，从而使得前者在经济增长中的贡献也开始大大超过后者，其间尤以"社会基础设施"类服务业的增长为甚，

---

① 王耀中,张阳,王治.西方服务业发展研究新进展[J].经济学动态,2008(12):106-111.

② 包括建筑、水电煤等公用事业以及交通通讯业,详见霍利斯·钱纳里.工业化和经济增长的比较研究[M].吴奇,等,译.上海:上海三联书店,1989:64

③ 包括房地产、贸易和其他服务业,详见霍利斯·钱纳里.工业化和经济增长的比较研究[M].吴奇,等,译.上海:上海三联书店,1989:64.

这些特征的总和共同形成了发达经济阶段。[①]

国内一些学者据此思路,对现代年份的数据进行了追加、处理和推算,拓展了标准产业结构模型,作为对经济发展过程中比较宽泛的阶段特征的概括性总结,如表 2-3 所示。

表 2-3　经济结构转变过程的时期划分

阶段	时期	人均国民生产总值(美元)				
		1964	1970	1982	2001	2003
初级产品生产	1	100—200	140—280	364—728	668—1336	692—1383
工业化	2	200—400	280—560	728—1456	1336—2671	1383—2765
	3	400—800	560—1120	1456—2912	2671—5342	2765—5530
	4	800—1500	1120—2100	2912—5460	5342—10 017	5530—10 370
发达经济	5	1500—2400	2100—3360	5460—8736	10 017—16 027	5530—10 370
	6	2400—3600	3360—5040	8736—13 104	16027—24 041	16 591—21 782

资料来源:郑凯捷.分工与产业结构发展——从制造经济到服务经济[M].上海:复旦大学出版社,2008:32.

钱纳里主要从 3 个方面说明了结构变动的原因,"需求说,以恩格尔定律所做的概括为基础;贸易说,以随着资本和劳动技能的积累而产生的比较优势的变化为基础;技术说,涉及加工产品对原料的替代以及生产率增长速度差异的影响"[②]。在工业化一般特征的分析中,钱纳里专门指出中间需求在工业化发展中的重要地位,这也是前人研究中被忽视的地方。

钱纳里等在库兹涅茨研究的基础上,进一步强调了制造业对经济增长的作用,并认为制造业占主导地位是工业化阶段结构转变的一般特点,而工业化对于一国经济持续增长至关重要。他们认为,这主要是因为制造业的如下特点使其对一国经济增长如此重要:"一是工业品的需求收入弹

[①] 郑凯捷.分工与产业结构发展——从制造经济到服务经济[M].上海:复旦大学出版社,2008:31.
[②] 霍利斯·钱纳里.工业化和经济增长的比较研究[M].吴奇,等,译.上海:上海三联书店,1989:59.

性高；二是工业品的可贸易程度高；三是按照比较优势建立的工业部门，允许劳动和资本向生产价值较大的部门重新配置，并且从专业化和规模经济中挖掘潜在收益；四是制造业增长是技术变化的主要原因之一。"[①]钱纳里等的研究成果对理论界及世界各国工业化进程产生了广泛影响，成为"二战"后后发国家或地区实行工业化、制定相应政策的主要理论依据。

其实在钱纳里等的研究中，也描述了以房地产、贸易和其他服务业构成的"服务业"在经济发展的各个阶段中一直都占主要地位，发达经济阶段的来临主要是以那些"社会基础设施"超过制造业贡献为更重要特征。从这个意义来看，服务业并不是完全依附于制造业而存在的，而是可以相对独立地来实现对经济增长贡献的。但是，大多数研究者不仅并未理解其中服务业的真正含义，更没有对他们研究中指出的产业结构变化存在差异性和多样性引起高度重视，如他们说道："然而，不同国家的结构转变决没有一个统一的模式，因为结构转变要受一个国家的资源禀赋、初始条件以及它所选择的发展政策的影响。"[②]他们认为，与工业化的初始条件（资源禀赋条件）相联系的贸易战略和政策的区别，是各国的结构转变和工业化所处阶段之所以不同的主要原因。也就是说，因为这些因素，各国的结构转变可以呈现出不同于"标准产业结构"模型的多样性。

四、罗斯托"经济成长阶段论"

美国经济学家罗斯托于 1960 年在《经济成长的阶段》提出了"经济成长阶段论"。该理论把一个国家实现工业化分为 5 个必经的基本阶段（见表 2-4），包括传统社会阶段、起飞准备条件阶段、起飞阶段、走向成熟阶段和大规模消费阶段。

---

① 霍利斯·钱纳里.工业化和经济增长的比较研究[M].吴奇，等，译.上海：上海三联书店，1989：483.
② 霍利斯·钱纳里.工业化和经济增长的比较研究[M].吴奇，等，译.上海：上海三联书店，1989：56.

表 2-4　罗斯托经济成长的阶段划分模型

经济成长阶段	典型特征	社会类型	主导部门
传统社会	等级制度严格	农业社会	以农业、畜牧业为主
起飞准备条件	过渡、社会行为转变	工业社会前期	农业、制造业并存
起飞阶段	生产进步、投资率>10%	工业社会中期	制造业主导
走向成熟	投资率>20%，配置优化	工业社会后期	制造业与服务业共同发展
大规模消费	以消费为主,福利时代	服务社会	以服务业为主

在罗斯托的理论中，最重要的是产生"起飞"的概念，即突破不发达经济的停滞状态，摆脱贫困及人口不断增加困境的转变过程。罗斯托认为，一个国家或经济体最重要的发展阶段就是"起飞"，一旦跨过了传统社会阶段开始起飞，经济就可以持续增长。而"起飞"的条件有 3 个：第一，具有较高的积累率，这是因为他认为大多数发展中国家和地区开始发展时最大的阻力就是资本积累，为此他根据哈罗德-多马模型论证得出，资本积累率要达到 10% 以上，同时，增长还必须以利润不断重新投资作为前提。第二，建立主导部门，主导部门就是那些自身能快速发展又能带动其他部门乃至整个经济增长的主要部门。罗斯托认为，经济增长总是首先发生在主导部门，这个部门最快、最大限度地利用新的资源、吸收新的技术成果、形成新的生产函数，从而降低成本和增加利润；它的产出具有较高的需求收入弹性，因而具有持续较高的增长率；它的迅速扩张将增加对其他部门产品或服务的需求，产生广泛的直接或间接带动效应，进而波及整个经济增长过程。不同经济成长阶段中的主导部门表现为不同的产业部门。而当新的主导部门产生时，它在经济中所占比重虽然小，但并不是简单地靠它自身的产出来带动经济增长，而是要依靠它的回顾效应和旁侧效应来带动。基于资本积累的需求与制造业的特性，罗斯托同样认为经济起飞阶段也就是我们通常认为的工业化阶段，其中制造业是当之无愧的主导部门。第三，制度与政治上的变革，使之能适应经济起飞的要求，并从制度上保障经济起飞的顺利实现。

罗斯托的"经济成长阶段论"仅针对资本主义国家，特别是英国的经济发展历程做了划分和设想，他的模型与发达国家整体经济发展趋势是相吻合的，但他并未能解释发展中国家如何确定本国的主导产业和战略选择的问题。同时，就经济个体而言，经济、政治、社会都有着不同的内容，是不是均要经历这样的阶段，每个阶段的主导部门是否都要按照上述顺序实行更迭，他则没有给出答案。

上述四大理论都是以国家为基本研究单元来考察产业结构变动规律的，这样的规律在全局范围看来是适用的，但对于全局中的局部区域或城市是否适用就有待考究了。同时，在当时的背景下诞生的这些理论极其重视制造业之于经济增长的作用，而对服务业的作用没有足够重视，且认为服务业与制造业之间相对较为独立，没有反映二者之间对于经济增长的协同互动作用。

第三节　经济发展视角下服务业地位演变

一、服务业"成本病"理论之争

新古典经济学家 Baumol 于 1967 年发表了经典论文《非均衡增长的宏观经济学：一个关于城市危机的解剖》，构造了两部门非均衡增长模型，提出了著名的"成本病"模型。该模型将经济部门分为技术进步的制造业部门和技术停滞的服务业部门，技术停滞的服务业部门的劳动生产率停滞不前是由生产过程的性质造成的。他提出下面的例子："乐队五重奏半小时的表演要求 2.5 小时的人工费用，而任何试图提高生产率的打算都会受到在场观众的批判。"[①]技术停滞部门的基本特征是，由于生产过程本身就是最终产品，这种工作过程基本上没有引入资本和新技术的空间，劳动生产率也就没有提高的可能。但在技术进步的制造部门，劳动只是

---

① BAUMOL W J. Macroeconomics of unbalanced growth: the anatomy of an urban crisis [J]. The American Economic Review, 1967,57(3):415-426.

一种可多可少的要素投入，在该部门中引入资本和新技术就会带来实际工资的增长，进而"溢出"到技术停滞部门。因此，服务业部门的成本将变得越来越高，产出的相对价格水平呈指数增长，由此得到"非均衡增长"的宏观经济模型。如果两个部门的产出比重不变，则劳动力将不断地向技术停滞部门转移，经济增长将逐渐停滞。富克斯（Fuchs，1968）就美国1929—1965年间的数据从实证角度提出了服务业增长与经济发展的关系，认为即使最终需求扩大和专业化水平提升能解释服务业就业人数的增长，但最主要的原因还是其劳动生产率的相对滞后。该结论与鲍莫尔的观点相同，因此被称为鲍莫尔-富克斯假说。

该理论在20世纪70年代受到重视，那时几乎每一个发达国家都出现了服务业产值占国民收入和服务业就业人数占总就业人数的比重提高、但经济增长率放慢的现象。但后期该理论受到越来越多的质疑与批评，尤其是生产性服务业的崛起打破了这种迷思。Oulton（2001）首先拓展了仅考虑最终需求的Baumol模型，他认为在完全竞争市场的假定下引入作为中间投入的生产性服务业，即使这些生产性服务行业的生产率是停滞的，但作为中间投入通过制造业的传导作用也将提高整体生产率；何况部分生产性服务部门的增长率还是正的，更将推动整体生产率的提高。[1]Pugno（2006）进一步修正和拓展了Baumol模型，认为服务业消费额的增加会体现在人力资本素质的提高上，这主要是指教育、医疗、文化服务等那些主要服务于人的社会服务，对提高人力资本素质发挥着重要作用，人力资本的积累与强化会引起服务部门的扩张，将推动经济内生化增长。[2]

同时，学者们也渐渐开始反对用劳动生产率来衡量服务业贡献，主要

[1] OULTON N. Must the growth rate decline? Baumol's unbalanced growth revisited [J]. Oxford Economic Papers，2001，53(4)：605-627.
[2] PUGNO M. The service paradox and endogenous economic growth[J]. Structural Change and Economic Dynamics，2006，17(1)：99-115.

原因是：首先，服务业部门存在不可测度性。 这主要由以 Griliches（1994）[①]为代表的统计学家提出，Biema & Greenw（1997）、Triplett（1999）、Gallouj & Savona（2009）等学者都支持 Griliches 的观点，他们指出，在服务业自身生产和输送的过程中产出非实物化产品决定了其难以被量化计算，同时由于实际测算过程中很多经济活动被漏掉及创新水平被低估而导致测算出来的服务业生产率通常偏低，而且服务业缺乏适当的价格指数使得产出和生产率的提高难以被估算。 其次，服务质量无法测度也会导致生产率被低估。 让·盖雷（2000）认为，美国服务业为顾客提供了更多的直接的面对面服务，但传统的产出度量方法，如对零售商品销售量、医院病人数量等，都没有为计算提供的直接服务量，这样计算的结果就是美国总的劳动效率相对较低。 他提出几个案例，其中包括"在超市业，对于购买同样的商品，如果可以按我们的要求包装、送到家或者送到我们的汽车旁边，那么其产出还是一样的吗？"[②]他认为超市雇用更多的人员并不说明效率更低，而是说明分析产出要把与交易商品相关的服务结合起来，而不仅仅是商品数量本身。 因此，对服务业效率的评估应采用更加复杂的方法，主要考虑传统方法忽视的变量，如服务的复杂性、强度和结果。 由此看来，"随着经济复杂程度的不断提高，生产率概念渐行渐远"[③]。 Bosworth，Massini & Nakayama（2005）强调产品质量在日本经济发展中的重要作用，他通过对外观、专利、研发设计等知识产出活动进行测算，指出官方统计中服务业生产率偏低，主要是因为在测算过程中忽视了知识产出活动带来的产品质量提高对经济增长的作用。[④]

① GRILICHES Z. Productivity，R&D，and the data constraint[J]. The American Economic Review，1994，84(1)：1-23.
② 让·盖雷,法伊兹·加卢.服务业的生产率、创新与知识——新经济与社会经济方位[M].李辉,王朝阳,姜爱华,译.上海:格致出版社,上海人民出版社,2012:45.
③ 同上,2012:53.
④ BOSWORTH D，MASSINI S，NAKAYAMA M. Quality change and productivity improvement in the Japanese economy[J]. Japan and the World Economy，2005，17(1)：1-23.

二、服务主导的服务经济与后工业社会理论

维克托·R.富克斯于 1968 年出版的《服务经济学》一书第一次明确地将服务经济学作为研究对象，提出了服务经济理论。富克斯利用详尽的统计资料对美国 1929—1965 年间服务业的发展特点进行了深入探讨，对服务业的研究主要集中在服务业就业、产出和生产率 3 个方面。他从就业比例的改变提出美国是"世界上第一个实现'服务经济'的国家，即第一个一半以上就业人口不从事食品、衣着、房屋、汽车或其他实物生产的国家"[①]。而在产出方面，服务业在产出比重上的增长都是不明显的，这点与库兹涅茨的结论相同。正如前文中提到，他认为，产出比重增长不明显的原因主要是服务业劳动生产率增长缓慢。他在书中还讨论了向服务部门转型的多个经济结果及诸多社会特征，比如服务提供者和消费者的关系、失业、工资、工会等，他是服务主导型社会的理论先行者。

丹尼尔·贝尔于 1973 年出版了《后工业社会的来临——对社会预测的一项探索》一书，该著作将经济学与社会学方法协调为一个整体，成为"后工业社会"理论代表之作。贝尔将人类社会分为前工业社会、工业社会和后工业社会 3 个阶段，他认为，"如果工业社会是以商品数量来定义社会质量的话，后工业社会就是以服务和舒适——健康、教育、休闲和艺术——来定义社会质量的"[②]。也就是说，在后工业社会，生产与消费将以服务产品为主而不是以物质产品为主。在此基础上，贝尔提出从如下层次来理解后工业社会："经济方面：从产品生产经济转变为服务性经济；职业分布：专业和技术人员阶级处于主导地位；中轴原理：理论知识处于中心地位，它是社会革新与制定政策的源泉；未来的方向：控制技术发展，对技术进行鉴定；制定决策：创造新的'智能技术'。"[③]这描述

---

① 维克托·R.富克斯.服务经济学[M].许微云，万慧芳，孙光德，译.北京：商务印书馆，1987：1.
② 丹尼尔·贝尔.后工业社会的来临——对社会预测的一项探索[M].高銛，王宏周，魏章玲，等，译.北京：新华出版社，1997：127.
③ 同上，1997：14.

出后工业社会的几个特征：第一，后工业社会是以服务业为主导的社会，就业主要集中在服务业领域，但他认为对后工业社会具有决定性意义的是那些直接将服务提供给公众的服务业，而不只是与产业相关的部门，正如他所说，"如果我们把服务业分类为个人性质的（零售商店、洗衣店、汽车修理、美容店），企业性质的（银行业和金融业、房地产、保险业），运输、通信和公用事业，以及保健、教育和管理，最后这个类别的增长对于后工业社会是具有决定性意义的"[①]。　第二，知识、科学与技术占主导地位，生产主要基于人机协作。　因此，资本或劳动向某一领域集中不再是后工业社会的核心问题，后工业社会中更重要的是科学、技术和基于信息和理论知识的智力资源问题。　第三，技术和专业服务人员的地位不断提升，包括以下职业：教育工作者，医生等医疗健康从业人员，技师、工程师和科学家，以及法律、财经、文化、管理和信息等领域的专业服务人员，他们中大多数都拥有大学学历或同等资质，贝尔认为他们是"后工业社会的核心"。　第四，后工业社会中人与人之间的关系将比在工业社会中重要得多，后工业社会的一个基本事实是人与人之间对话，而不是人与机器互动，社会正从一个"经济化模式"（economizing mode）转向"社会化模式"（sociologizing mode），也就是转向更多强调集体概念的方向，如公共利益、社会公正和合理的收入分配等，消费模式也随之发生改变，从经济化模式下大规模消费工业品向社会化模式下共同消费服务转变。

三、实物产品生产主导的新工业主义理论

20 世纪 70 年代末，美国等国家出现的"滞胀"现象使得一些学者开始质疑贝尔的后工业社会理论的可持续性，新工业主义开始成为服务业研究领域的新主张。　其中主要包括两种理论：第一种是自我服务的新工业理论，第二种是新工业社会理论。　自我服务的新工业理论主要由乔纳森·格沙尼（1983）提出，他认为社会的主要发展趋势不是像贝尔所说的

---

① 丹尼尔·贝尔.后工业社会的来临——对社会预测的一项探索[M].高铦,王宏周,
魏章玲,等,译.北京:新华出版社,1997:15.

向后工业社会发展，而是向自我服务社会（self-service society）演进，服务需求可以通过物质商品和家庭自己的劳动来实现；同时，他指出，服务业就业中很大一部分是与制造业相关的就业，这些服务业的发展并不意味着是服务型社会的崛起带来的，而是因为商品生产方式与传统制造相比发生了变化，在商品和服务两分法中，这些服务属于商品这一层次。 新工业社会理论者既反对后工业社会的概念，也不同意格沙尼的自我服务的新工业理论，他们主要强调生产方式的变化，即生产变得更加服务密集化（Noyelle，1983）。 另外，还强调服务业技术的变化，即服务业的产业化（Theodore，1972，1976）。

新工业主义和服务经济理论或后工业社会理论争论的焦点在于未来社会主要是生产服务还是生产商品，新工业主义实际将服务经济或后工业社会看作工业经济的组成部分，只不过现代工业的生产过程由于技术进步等原因不再以体力劳动作为主要的劳动投入方式，而且服务业的产业化使得服务业在那些研究者眼中成为工业的新形式。 这一视角具有较大的局限性，单从服务业产业化来看，服务业永远不可能完全产业化，人与人之间的直接对话始终是消费者和用户需求的重要内容。 但是，新工业主义者看到了经济社会发展所带来的社会分工演进及企业组织和管理模式的变化，这是理论上的一大进步。

四、作为中间投入的服务增长理论

越来越多的经济学家意识到服务部门的发展会带来社会经济的整体增长，尤其是从分工与专业化的角度来看，服务业作为中间投入，对其他部门（如制造业）的发展有着极大的正外部性，这与 Baumol 模型仅考虑最终服务有了很大区别。 Shelp（1984）指出，"农业、采掘业和制造业是经济发展的砖块（bricks），而服务业则是把它们黏合起来的灰泥

（mortar）"[①]。 Riddle（1986）构造了一个"经济部门相互作用模型"
（见图 2-1），以此描述服务在社会分工中的独特作用，即服务不是"边
缘化的或奢侈的经济活动"，而是处在经济核心地带的活动。 他认为，
"服务业是促进其他部门增长的过程产业。 ……服务业是经济的黏合
剂，是便于一切经济交易的产业，是刺激商品生产的推动力"[②]。

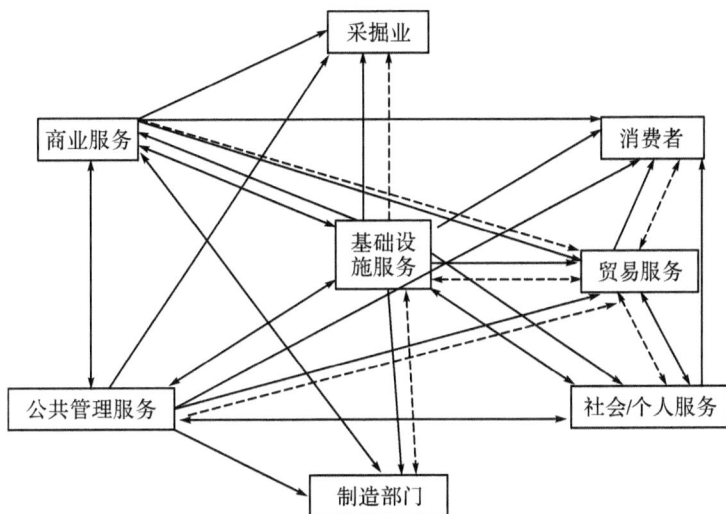

图 2-1　Riddle 的经济部门相互作用模型

注：实线表示服务流，虚线表示商品流。

资料来源：Riddle(1986,p.27)。

在这一时期的研究中，生产性服务业在经济发展中的地位受到广泛关
注。 其投入要素和产出中包含大量的人力资本和知识资本，知识技术密
集型特征突出，对经济增长的作用十分显著。 格鲁伯和沃克（1989）通
过分析加拿大及部分 OECD 国家 1947—1984 年的数据，得出了这样的结
论：战后发达国家生产性服务业占本国名义 GDP 的份额均在 28%—33%

① SHELP R. The role of service technology in development,in Service industries and economic development:case studies in technology transfer[M]. California：Praeger Publishers，1984.
② RIDDLE D I. Service-led growth：the role of the service sector in world development [J]. The International Executive，1986，28(1)：21-28.

之间,在本国服务业中的比重达一半以上;而这些国家的实际经济增长几乎全部是来自生产性服务或中间投入服务。 进一步地,他们在费希尔(Fisher)提出的人力资本和知识资本概念的基础上,对生产性服务业的角色进行了重新诠释。 他们指出,由于生产性服务业把人力资本和知识资本引入迂回生产过程,推动生产过程中的人力资本和知识资本积累及专业化程度提高,生产性服务业成为技术进步和创新的载体。[1]

Shugan(1994)从分工视角详细论述了服务业增长的原因。 他认为服务业增长的一般解释是,服务产品具有较高的需求收入弹性,随着经济的发展和收入水平的提高,人们消费结构将逐步向服务消费转移,从而带来服务业的增长。 事实上,这一解释只适用于说明受最终需求影响的服务业类别的增长,并不能适用于生产性服务业,而生产性服务业却是现代经济中最具活力、增长最快的服务业部门。[2]

我国学者较多地接纳了这种研究思路。 陈宪、黄建锋(2004)认为,对于服务业增长带来社会整体经济增长真正起决定作用的应该是"社会分工"因素,生产性服务业的快速发展便是社会分工深化引致的结果。[3] 程大中(2004)提出,服务业在经济发展中的重要地位由其具有的"黏合剂"功能决定,正因为这一功能使服务业能推动经济竞争力提升、社会生产率提高进而引起经济增长,并且成为经济变革与经济全球化的催化剂。[4] 郑凯捷(2008)从分工的视角进行研究,认为对服务经济的研究担忧不应停留在"产业空心化"和"非工业主义"上,而应具有更大的意义:"并非只是对原有主导产业的颠覆,它更多地代表着一种全新的生产增长方式的形式:以高端的服务业链接、控制、引导制造生产,从而逐渐

---

[1] 郝伯特・G.格鲁伯,迈克尔・A.沃克.服务业的增长——原因与影响[M].上海:生活・读书・新知三联书店上海分店,1993.

[2] SHUGAN S M. Explanations for the growth of services[M]//RUST R T, OLIVER R L. Service quality: new directions in theory and practice. London: Sage Publications,1994.

[3] 陈宪,黄建锋.分工、互动与融合:服务业与制造业关系演进的实证研究[J].中国软科学,2004(10):65-71,79.

[4] 程大中.论服务业在国民经济中的"黏合剂"作用[J].财贸经济,2004(2):68-73.

实现从‘制造经济’向‘服务经济’转变。”[①]

　　基于分工与专业化视角将服务业作为中间投入进行研究，为研究服务业在当代的影响与作用开辟了新的视野，也使得服务业与制造业不再对立，而呈现互动、融合的发展态势。

第四节　数字经济时代的服务业创新

一、服务创新理论

　　可以看出，在传统理论中，服务业不仅创新落后而且基本上是工业技术"供给驱动"的行业，即服务业被看作创新有限和技术落后的行业。然而创新过程中发生着越来越广泛的变化，尤其是信息技术的发展使服务业创新开始受到重视。

　　（一）技术导向阶段

　　该阶段开始于 20 世纪 80 年代，起源于对制造业的创新研究。很多研究者认为，服务创新主要是技术创新，其基本观点就是服务业正在演变为技术和资本密集型产业。因此，对服务业的创新研究应该围绕信息技术应用这个核心问题展开。代表性的理论有 Barras（1986）的"逆向产品周期模型（RPC）"[②]。该模型提出，新型信息技术在服务领域的应用最初是为了提高后台部门的效率，此后将服务业有效地带入产业时代。按照该模型假设，新技术首先在技术供应商部门也就是制造业部门中被开发出来，随后被引入服务业而引起相应变化，即逆向产品周期的出现是在服务业中引入新技术的结果。在此基础上，逆向产品周期理论将服务创新

---

① 郑凯捷.分工与产业结构发展——从制造经济到服务经济[M].上海：复旦大学出版社，2008：15.

② BARRAS R. Towards a theory of innovation in services [J]. Research policy, 1986，15(4)：161-173.

活动划分为 3 个相互连续的阶段：渐进性的过程创新阶段、根本性的过程创新阶段、产品创新阶段。Gallouj（1998）从创新形式、创新结果、实现技术等方面对逆向产品周期各阶段的特征进行了描述，并给出了一些具体案例（见表 2-5）。对于逆向周期出现需要具备的条件，Barras（1986）认为，是"新技术波在资本品部门中的出现引发了成熟服务业中新的逆向产业周期的开始，而这个成熟的服务业正是来自前面的逆向产品周期"。"逆向产品周期模型"将技术发展纳入服务产业创新的某个特定阶段，并作为创新诱发因素，最后服务部门以它们自己的方式成为独立的创新者，该模型极具影响力。

表 2-5 逆向产品周期各阶段的描述

阶段	创新形式	创新结果	实现技术	案例
阶段 1	渐进性的过程创新	服务效率的改善（减少成本）	大型计算机	人员登记和工资记录的计算机化
阶段 2	根本性的过程创新	服务质量水平的提高	中型和微型计算机	ATM、在线的保险政策行情表、公共管理的计算机化
阶段 3	产品创新	产生新服务	计算机网络	家庭银行

（二）服务导向阶段

20 世纪 90 年代中期，研究者逐渐意识到，服务创新并不都是基于技术的，大量创新与信息技术无关但却改变了服务业的发展；尽管是基于信息技术的创新，也并不完全遵循着"逆向产品周期模型"描述的路子。因此，应该根据服务自身的特征建立新的创新理论体系，并以服务消费理论为基础，把服务产品作为创新的研究对象，探寻服务创新与制造业创新的差异，重点研究适用于服务创新的产业政策。

该阶段代表性研究成果有 Den（2000）提出的服务创新"四维度模型"（见图 2-2）。他认为，服务创新应关注生产与交付的 4 个不同构面，即新的服务概念、新的客户界面、新的服务交付系统及技术选择，具体的创新及创新过程的整体动力则是由协调这 4 个构面互动作业的组织能力塑造的；他提出，服务创新不仅是技术创新，还是在新观念、与顾客的新接触、新的传递系统和新的技术选择方面呈现出的一种多维度结果，技术只是服务创新的一个维度。① 基于此，他进一步分析了不同的创新类型，认为服务创新模式包含供应商主导型创新、服务业内部创新、客户引导型创新、经由服务的创新和范式创新。 前 4 种模式，用户或者最终消费者对创新过程施加的影响逐渐加深；而范式创新则是系统中的所有角色共同造就了一项创新或者被迫适应创新。

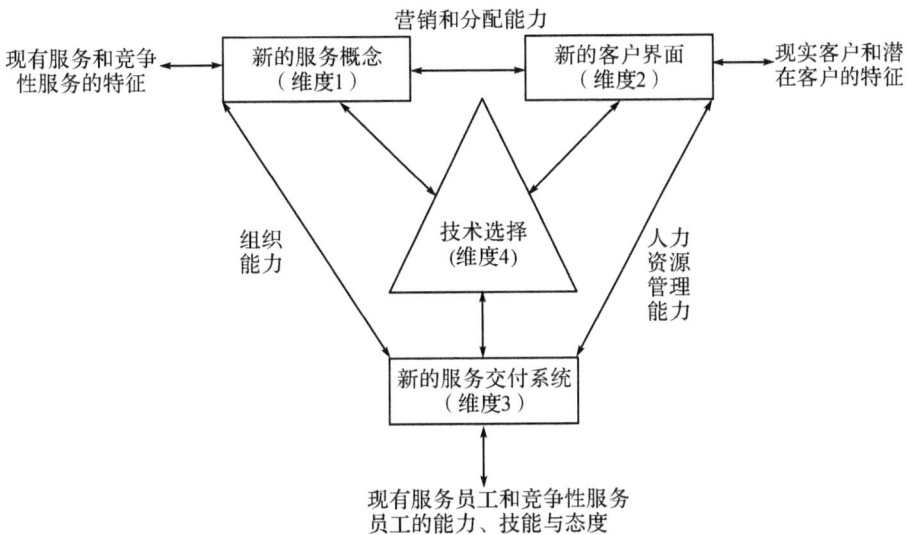

图 2-2　服务创新的四维度模型

与传统制造业创新不同，服务创新活动中生产者和消费者之间的相互作用非常重要，这种相互作用使得难以区分服务的产品创新和过程创新（Miles，1995），而这种与顾客的关系也就组成了服务创新的一个基本的和重要的特征因素。

（三）整合研究阶段

进入 21 世纪，随着产业融合趋势的加强，对服务创新的研究开始越来越关注创新网络和创新系统，研究者把产业演化理论与产业组织理论结

---

① DEN H P. Knowledge-intensive business services as co-producers of innovation[J]. International Journal Innovation Management，2000,4(4):491-528.

合起来，试图建立一个既有别于传统制造业创新，又能适用于制造业和服务业创新的理论体系。其间的学者认为，服务业创新与制造业创新通过镶嵌过程交织在一起，而非技术因素和信息中介服务在这个过程中起着重要的作用。

Moulaert（1998）首先对"整合方法"进行了阐述。[1] 该方法从产品与服务边界的日益模糊、融合与互动增强的背景出发，运用基于"服务—产品连续系统"概念的综合性方法，统一对产品和服务的创新进行综合研究。这种方法使得学者们有可能对发生在服务业和制造业中的创新进行统一分析，揭示创新活动具有的一般性质和规律。

该研究阶段中一个重要的概念是知识密集型商务服务（Knowledge Intensive Bussiness Services，KIBS）的出现。Miles（1995）第一次提到了 KIBS 的概念，并界定了它的 3 个特征：（1）私人企业或组织；（2）高度依赖于专业知识，也就是关于某一个具体（技术）学科或（技术）操作领域的知识或专业经验；（3）提供的中间产品和服务都是以知识为基础的。KIBS 企业作为知识的载体、生产者和传播者，在国家和地区的创新系统中扮演着关键角色（Hipp & Grupp，2005）。一方面，对 KIBS 来说，知识既是投入也是产出，其创新和绩效在很大程度上绕开了由产业经济学家们发展起来的传统工具；另一方面，KIBS 企业与客户公司一起成为知识和创新的缔造者，已发展成为非正式（私人）的"第二知识基础设施"或知识库，部分地补充和承担了传统上由来自更加机构化、正式（公共）的"第一知识基础设施"的部门所扮演的角色。

对上述 3 个阶段的研究实际上是一场思维方式变革运动，本质上都是对传统制造业创新研究范式的批判，并且提供了研究服务创新的 3 种思路。实质表明，服务业创新的作用不是仅对于服务业，而是作用于整个产业体系乃至经济发展。

---

[1] MOULAERT F. La production des services et sa geographie，numero special de la revue cahiers lillois d'economie et de sociologie[M]. Lille：Universite De Lille I，1998.

二、制造业服务化理论

随着对生产性服务业的深化研究及服务创新理论的不断拓展，服务业与制造业的关系也已经由对立到促进到融合。在此基础上，制造业服务化的理论得以发展。

Vandermerwe et al.（1988）最早提出制造业服务化（Servitization）概念①。他们指出，制造业服务化是制造企业从单纯提供制造产品或简单附加服务转向提供"产品—服务包"（包括产品、支持、服务、自我服务和知识），并认为服务将是制造企业价值增值的主要来源。White et al.（1999）和 Reiskin（2000）认为，制造业服务化的过程是制造商的角色由以"产品主导逻辑"的产品提供商向以"服务主导逻辑"的服务提供商动态转变的过程，通过顾客参与、服务要素的投入和供给，最终实现价值链中各利益相关者的价值增值。

Szalavetz 试图从两个方面解释制造业服务化：第一，服务要素对制造企业的重要程度超过了技术开发、人力资源、企业规模等传统因素；第二，以产品为核心的服务对满足消费者偏好的作用日益增强。② Toffel 认为，制造业服务化是一种新的经济范式。该范式包括 4 个特征：第一，企业向消费者销售的是产品的功能和服务，而不是产品；第二，消费者根据产品和服务的使用情况进行支付；第三，企业保留产品的产权，不再将产权进行转让；第四，消费者无须参与产品维修等环节。③ 周大鹏认为，制造业服务化是在制造业的投入和产出活动中，服务要素比重日益增加的一种经济趋势：在微观层面上，制造业服务化是企业实现产品差异化、满足消费者需求、赢得市场竞争的经营策略；在中观层面上，制造业服务化是

---

① VANDERMERWE S，RADA J. Servitization of business：adding value by adding services [J]. European Management Journal，1988，6（4）：314-324.

② SZALAVETZ A. Tertiaization of manufactring industry in the new economy：Experience of Hungarian company [R]. Hungarian Academy of Science working papers，2003.

③ TOFFEL，M W. Contracting for servising[D]. California：Hass School of Business，University of California，Berkely，2002.

制造业向价值链两端延伸，实现产业升级的战略；在宏观层面上，制造业服务化是经济增长的新趋势，是知识经济发展的阶段性产物。[①]

学术界将这一概念衍生为基于服务的制造、服务增强型制造、服务导向型制造、产品服务系统和服务型制造（Service-orientated Manufacturing，SOM）等。制造业服务化有两个层面（罗建强，王嘉琳，2014）：（1）通过非相关性的战略转型，完全剥离原有制造业务，仅向客户提供纯服务的解决方案；（2）通过向服务型制造转型，依托制造和为产品提供高附加值的服务，服务在"产品—服务包"中占主导地位，如图2-3所示。

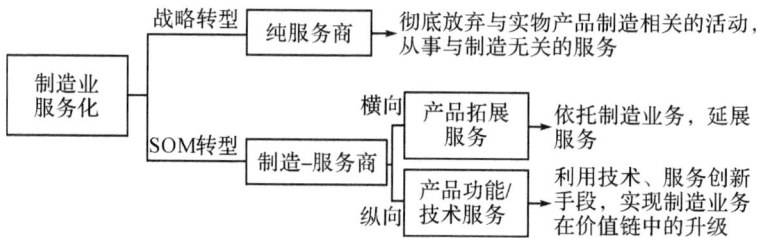

图 2-3 制造业服务化的分类

资料来源：罗建强，王嘉琳.服务型制造的研究现状探析与未来展望[J].工业技术经济，2014（6）：153-160.

从价值链"微笑曲线"来看，制造业服务化可以通过向上、中、下游的价值链延伸提升产品附加值。在产业链上游，制造业服务化更多地表现为高效的企业组织、充足的人力资本和完善的研发创新体系。在产业链中游，制造业服务化可以通过制造业态创新、规模经济、范围经济等促进企业核心竞争力的提升。在产业链下游，制造业服务化通过产品差异化策略、物流运输和售后服务等途径，促使企业由传统制造环节向价值链下游延伸。

随着数字经济的不断发展，有学者指出，制造业服务化是大数据时代下制造业发展的必然趋势（徐振鑫、莫长炜、陈其林，等，2016）。一方

[①] 周大鹏.制造业服务化研究、成因、机理与效应[D].上海：上海社会科学院，2010：36-48.

面，大数据影响消费者偏好，大量商品信息和服务信息的轻松获取，激发了消费者对多样化、个性化消费的渴望，在面对大量的产品和服务时，消费者必然会选择服务体验更好、自己更偏好的商品，而这种选择又进一步强化消费者的偏好，对商品的服务提出更个性化更高质量的要求，从而形成对服务需求的路径依赖，进而推动制造业的服务化。另一方面，大数据还对企业制造方式实现颠覆，企业不再是遵循固定生产模式进行生产，而是根据消费者偏好的变化进行柔性生产。[1]

可见，无论是服务创新理论，还是制造业服务化理论，实际上已经不是单纯的服务业或者制造业的故事，而是产业系统融合创新问题，尤其是在数字经济时代，服务业对整个经济发展的影响在质和量上都将产生重要变化。

---

[1] 徐振鑫,莫长炜,陈其林.制造业服务化:我国制造业升级的一个现实性选择[J].经济学家,2016(9):59-67.

第三章

城市国际化：世界城市网络中的城市发展趋势

城市国际化是全球化时代的迫切要求，是推进城市现代化进程的加速器，更是适用于大多数城市的战略选择。工业化时代的城市国际化一般体现为城市以交通枢纽为基点，通过贸易中心、经济中心积累财富，扩大辐射范围，形成金融中心，最后拥有全球控制能力的循环上升的演变过程。在信息技术革命及区域经济一体化的影响下，数字经济时代的城市国际化则具有功能增强、内核支撑、特色突显、区域联动的演变趋势。

第一节 世界城市与世界城市网络

一、理论渊源

凯迈格尼（Camagni，1993）提出的"城市网络阶层"（the hierarchy of city-networks）构想是最早的世界城市网络设想，他构建了包含 3 个层级的城市网络阶层（见图 3-1）。 第一层次：核心，如纽约、伦敦、东京等"超级信息中心"，它们是整个区域乃至全球层面的经济、文化、金融和信息中心，对跨国公司总部和其他重要部门具有强大的吸引力。 第二层次：节点，由专业化的国家城市组成的网络，这些城市目前尚不具备第一层次的世界城市那样的世界影响力，属于崛起中的世界城市，主要吸引区域总部及技术创新与生产部门。 每一个国家的城市都联系着一个国家或经济体，如北京、莫斯科、悉尼、里约热内卢等。 第三层次：次节点，由专业化的区域城市组成的网络，这些城市大多都表现出全球或国家信息的分解功能。[①]

丝奇雅·沙森（Saskia Sassen）于 2001 年正式提出了世界城市理论。她认为全球经济的地域分布及构成发生了变化，产生了一种空间分散但全球一体组织的经济活动。 沙森强调，资本流动的增加不仅带来了生产组织的地理区位及金融市场网络的变化，还要求形成确保这种新型的生产和金融组织进行管理和控制，以及提供相关的新生产形式；在此过程中，城市就成为国内外企业运作的跨国经济空间载体。 信息技术的发展为产生适应经济全球化要求的城市空间做出了贡献，使其既是跨国界网络，又是大量资源集聚的地理区位的枢轴。 她认为，金融等生产性服务部门的快速扩张，以及不断提高的专业化水平和集聚规模，是形成世界城市的最重

---

① CAMAGNI R P. From city hierarchy to city network：reflections about an emerging paradigm[M]. Berlin：Springer Berlin Heidelberg，1993：66-87.

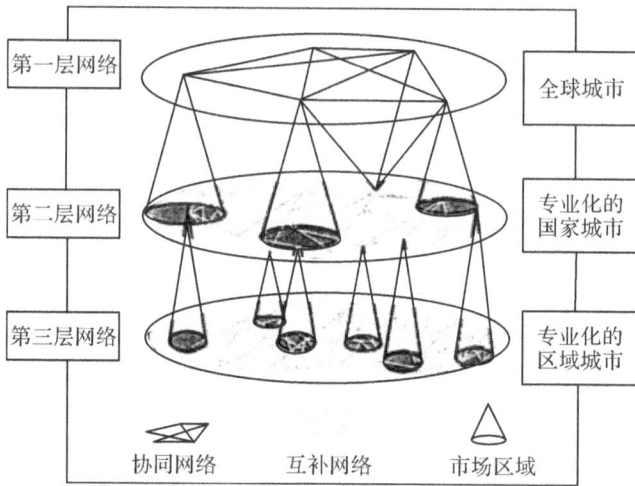

图 3-1 世界城市网络的阶层体系

要的原因。 但沙森的研究主要集中在纽约、伦敦、东京这 3 个顶级世界城市，没能够构建起世界范围内的世界城市等级位序。[①]

Taylor et al.（2002）的研究在世界城市研究方向从等级到网络的转变中是重要的，他们提出要按照城市间关系来确定城市等级而不是简单地比较它们的个体属性。 他们认为，世界城市网络可以解释成全球公司办公点及各办公点所在城市之间的各种流的混合体。 他们还从连接力、支配指挥力和通道等 3 个方面和世界城市连接、国际金融连接、支配中心、全球指挥中心、地区指挥中心、高连接通道、新兴市场通道等 7 个不同侧面对世界城市网络的作用力进行了测度。[②]

关于对世界城市的认识尽管有很多不同的理解，但也形成了一些共识，如世界城市一般是全球化经济的流量枢纽和控制节点；世界城市往往吸引着各类具有总部功能的跨国公司，是跨国公司在全球布局的重要战略点；世界城市具有高度发达的服务经济结构，尤其是能聚集大量的生产性

---

① SASSEN S. The global city：New York，London，Tokyo ［M］. New Jersey：Princeton University Press，2001.

② TAYLOR P J，CATALANO G，WALKER D R F. Exploratory analysis of the world city network［J］. Urban Studies，2002，39（13）：2377-2394.

服务机构，以此控制并连接着全球的经济运行；世界城市的运行规范与治理水平是高度国际化的；等等。而世界城市之间是高度结网的，这个网络既存在等级化又互相联系，且城市的能级与分工各不相同，该网络就是世界城市网络。

二、典型分类

随着世界城市与世界城市网络理论的诞生，对世界城市绩效的测度成为研究重点，研究机构纷纷构建系统科学的测度体系，用以评估世界城市的变化过程，进而帮助城市制定长期的发展战略。下面列举几种比较有代表意义的评价或分类。

(一)GaWC:世界城市名册

GaWC 成立于英国拉夫堡大学。GaWC 自 2000 年开始发布系统、权威的世界城市排名体系，排名主要依据"高级生产者服务业"参与全球合作的深度与广度，强调城市在全球合作网络中的重要性。该排名方法已经成为一个评判世界城市的公认标准。GaWC 以其独特的视角对城市进行 Alpha，Beta，Gamma，Sufficiency（＋/－）划分（即全球一、二、三、四线），在该排名方法评价下融入全球化的城市越来越多，2000 年只有 68 个一线和二线世界城市，2018 年一线和二线城市共达到 135 个（见表 3-1）。从该排名看，全球 55 个 Alpha 级别城市中，位于顶端的仍然是伦敦和纽约，中国有 6 个城市进入该级别，分别是香港、北京、上海、台北、广州、深圳；80 个 Beta 级别城市中，中国有 13 个；77 个 Gamma 级别城市中，中国有 6 个；Sufficiency（＋/－）级别城市共 162 个，中国有 18 个。这是最直接的以生产性服务业为评估依据的评价方式，足以显示生产性服务业之于世界城市的重要性。

表 3-1　2018 年 GaWC 世界城市名册中的中国城市

级别	入围城市数量	中国城市
Alpha	55 个	6 个：香港、北京、上海、台北、广州、深圳
Beta	80 个	13 个：成都、杭州、天津、南京、武汉、重庆、苏州、大连、厦门、长沙、沈阳、青岛、济南
Gamma	77 个	6 个：西安、郑州、昆明、合肥、太原、福州
High Sufficiency	24 个	2 个：高雄、宁波
Sufficiency	138 个	16 个：乌鲁木齐、哈尔滨、石家庄、长春、南昌、兰州、贵阳、海口、无锡、珠海、南宁、澳门、呼和浩特、西宁、潍坊、南通

(二)布鲁金斯学会：全球都市经济的 7 种类型

2016 年 9 月，美国知名智库之一的布鲁金斯学会发布了其对世界城市的研究成果，名为《重新界定"世界城市"——全球都市经济的七种类型》。该报告构建了由贸易集群、创新、人才、基础设施和治理等 5 个方面构成的区域竞争力框架，并就全球最大的 123 个大都市区提出了全新的世界城市类型划分，分别是：全球巨头、亚洲锚点、新兴门户、中国工厂、知识资本、美国中量级和国际中量级七大类型（见表 3-2）。

全球巨头是 6 个全球最大发达国家的指挥和控制中心，不仅是该国最强大的主要对外门户，而且是世界上最重要的财富、公司决策制定和国际交往的集聚区。亚洲锚点是 6 个面向亚太地区和俄罗斯的区域性商业、金融枢纽，中国北京、香港、上海名列其中。新兴门户是 28 个非洲、亚洲、东欧和拉丁美洲主要国家和地区新兴市场的大型商业中心、交通门户和部分政治中心，中国重庆、广州、杭州、济南、南京、宁波、深圳、天津、武汉、西安等 10 个城市被归为这一类。中国工厂专指 22 个中国的二、三线城市，这些城市显著依赖出口密集型制造业来推动经济增长，参与全球分工。知识资本是 19 个美国和欧洲的中等城市，是高产的知识创造中心，拥有顶尖的人力资源和精英研究型大学。美国中量级是 16 个美国中等规模都市区，主要为美国北部和东部的中型生产中心，以及经历快速人口增长的南方城市。国际中量级是 26 个澳大利亚、加拿大和欧洲的中等城市，这些城市参与全球的人才和投资流动，但金融危机后增长滞后。可见，该报告主要将中国城市归在亚洲锚点、新兴门户、中国工厂3种类型中。

表 3-2 123 个世界城市分类名录

分类名称	都市区	数量（中国城市数量）
Global Giants 全球巨头	London, Los Angeles, New York, Osaka-Kobe, Paris, and Tokyo	6
Asian Anchors 亚洲锚点	Beijing 北京, Hong Kong 香港, Moscow, Seoul-Incheon, Shanghai 上海, and Singapore	6(3)
Emerging Gateways 新兴门户	Ankara, Brasilia, Busan-Ulsan, Cape Town, Chongqing 重庆, Delhi, East Rand, Guangzhou 广州, Hangzhou 杭州, Istanbul, Jinan 济南, Johannesburg, Katowice-Ostrava, Mexico City, Monterrey, Mumbai, Nanjing 南京, Ningbo 宁波, Pretoria, Rio de Janeiro, Saint Petersburg, Santiago, Sao Paulo, Shenzhen 深圳, Tianjin 天津, Warsaw, Wuhan 武汉, and Xi'an 西安.	28(10)
Factory China 中国工厂	Changchun 长春, Changsha 长沙, Changzhou 常州, Chengdu 成都, Dalian 大连, Dongguan 东莞, Foshan 佛山, Fuzhou 福州, Haerbin 哈尔滨, Hefei 合肥, Nantong 南通, Qingdao 青岛, Shenyang 沈阳, Shijiazhuang 石家庄, Suzhou 苏州, Tangshan 唐山, Wenzhou 温州, Wuxi 无锡, Xuzhou 徐州, Yantai 烟台, Zhengzhou 郑州, and Zibo 淄博	22(22)
Knowledge Capitals 知识资本	Atlanta, Austin, Baltimore, Boston, Chicago, Dallas, Denver, Hartford, Houston, Minneapolis, Philadelphia, Portland, San Diego, San Francisco, San Jose, Seattle, Stockholm, Washington DC, and Zurich	19
American Middleweights 美国中量级	Charlotte, Cincinnati, Cleveland, Columbus, Detroit, Indianapolis, Kansas City, Miami, Orlando, Phoenix, Pittsburgh, Riverside, Sacramento, San Antonio, St. Louis, and Tampa	16
International Middle-weights 国际中量级	Brussels, Copenhagen-Malmö, Frankfurt, Hamburg, Karlsruhe, Köln-Düsseldorf, Milan, Munich, Nagoya, Rome, Rotterdam-Amsterdam, Stuttgart, Vienna-Bratislava, Athens, Barcelona, Berlin, Birmingham (UK), Kitakyushu-Fukuoka, Madrid, Melbourne, Montreal, Perth, Sydney, Tel Aviv, Toronto, and Vancouver	26

资料来源：JESUS L T, JOSEPH P. Redfinning global cities: the seven types of gloabal metro economies[R]. The Brookings Institution, 2016.

(三)科尼尔管理咨询公司:世界城市指数

科尼尔管理咨询公司（A. T. Kearney）是世界城市指数开发领域的先行者之一，2008 年以来，该公司发布了一系列世界城市指数。 该指数不仅关注企业集中度和人力资本的广度与深度，而且关注城市依托于报纸和互联网等媒体的国际交往能力和影响力，强调建立保持相互连接的交流网络与相关制度对城市发展的重要性。 该公司最新发布的《2019 年世界城市指数报告 》（2019 Global Cities Index，GCI ）围绕商业活动、人力资本、信息交流、文化体验和政治事务等 5 个维度构建了世界城市指数，公布了世界城市综合排名。 其中，排在前十位的城市分别是纽约、伦敦、巴黎、东京、香港、新加坡、洛杉矶、芝加哥、北京和华盛顿。 表 3-3 显示，2019 年，130 个城市中有 26 个中国城市上榜，而 2014 年时中国只有 7 个城市上榜，中国城市的全球化崛起进程表现突出。

表 3-3 科尼尔世界城市综合排名中的中国城市

2019	2018	2017	2016	2015	2014	2012	2012—2019	中国城市
5	5	5	5	5	5	5	—	香港
9	9	9	9	9	8	14	↑5	北京
19	19	19	20	21	18	21	↑2	上海
44	45	47	43	44	40	40	↓4	台北
71	71	71	71	71	66	60	↓11	广州
79	79	80	83	84	73	65	↓14	深圳
86	88	86	86	92	—	—	—	南京
88	87	91	94	102	—	—	—	天津
89	89	87	96	96	—	—	—	成都
91	117	116	115	113	—	—	—	杭州
95	115	112	109	105	—	—	—	苏州
104	102	100	107	104	—	—	—	武汉
105	114	115	113	114	84	66	↓39	重庆
108	106	107	108	110	—	—	—	大连

续　表

2019	2018	2017	2016	2015	2014	2012	2012—2019	中国城市
109	113	114	114	115	—	—	—	西安
110	110	109	110	112	—	—	—	青岛
113	124	—	—	—	—	—	—	长沙
114	118	117	117	117	—	—	—	哈尔滨
116	123	—	—	—	—	—	—	宁波
118	120	122	122	123	—	—	—	沈阳
119	128	121	121	122	—	—	—	郑州
124	130	—	—	—	—	—	—	无锡
125	131	—	—	—	—	—	—	佛山
127	132	—	—	—	—	—	—	烟台
128	133	127	124	124	—	—	—	东莞
130	134	—	—	—	—	—	—	唐山

资料来源：KEARNEY A T. 2019 Global Cities Report[R],2019.

（四）中国社科院：世界城市竞争力报告

中国社会科学院（财经院）与联合国人居署共同发布了《世界城市竞争力报告(2018—2019)·全球产业链：塑造群网化城市星球》。该报告测度了 50 万人口以上的全球 1007 个城市的经济竞争力和可持续竞争力。经济竞争力是指城市当前创造价值、获取经济租金的能力。可持续竞争力是指一个城市通过提升其经济、社会、环境和技术优势，更好、更持续地满足城市居民复杂而挑剔的社会福利的长期可持续的能力，由经济活力、环境质量、社会包容、科技创新、全球联系、政府管理、人力资本潜力和基础设施等 8 个指标来衡量。结论显示：2008 年金融危机以来，世界城市经济竞争力总体显著改善，整体水平不断提升，整体差距逐步缩小；世界城市可持续竞争力目前明显呈橄榄形分布，亚洲城市可持续竞争力持续提升。一个智慧化、全球化和群网化的城市星球在过去 40 年里开始形成。

经济竞争力 20 强城市分别为纽约、洛杉矶、新加坡、伦敦、深圳、圣何塞、慕尼黑、旧金山、东京、休斯敦、香港、达拉斯、上海、广州、首尔、都柏林、迈阿密、波士顿、北京和法兰克福。 中国深圳进入全球前10强，加上香港、上海、广州和北京，共有5个城市进入前20强，共18个城市进入前100强。

可持续竞争力20强城市分别为纽约、东京、伦敦、新加坡、洛杉矶、香港、波士顿、西雅图、休斯敦、多伦多、大阪、悉尼、旧金山、首尔、巴黎、芝加哥、阿姆斯特丹、温哥华、圣何塞和亚特兰大。 中国香港可持续竞争力进入全球前10强，北京和上海进入前30强，台北和深圳进入前50强，广州进入前100强。

上述两个竞争力评价结果显示，中国城市在提升经济竞争力参与全球竞争中表现亮眼，然而在涉及城市更加全面发展和满足居民福祉的可持续发展中表现并不够好，进入经济竞争力前100强的诸多城市并未进入可持续竞争力前100强，如苏州、武汉、天津、南京、成都、长沙、无锡、杭州等城市。

第二节　城市国际化的内涵与一般规律

一、城市国际化的内涵

(一)城市国际化是一个过程

国际化（internationalization）是在科学技术推动下伴随着人类社会不断进步而出现的发展特征和方式，表现为在国际交往日益深化的情况下，世界各国相互影响，具有共性的先进事物逐渐普及推广成为通行标准的状态或趋势。 当今世界，国际化作为一种发展方式，渗透在社会、经济、政治、文化等各个宏观、微观领域。 可以说，国际化是现代化进程步入一定阶段而产生的新现象和新要求。 国际化在经济领域的表现尤为瞩目，经济全球化成为当今世界发展的主旋律。

国际化对于一个区域或城市而言，是现阶段经济全球化和信息化背景下推进现代化进程而出现的新的时代特征。 前面也提到，从20世纪末开始，不少学者开始关注和聚焦一类特殊的城市，即世界城市，并对其展开了深入研究。

城市国际化是一种过程，相对于城市国际化这个过程而言，国际化城市则是城市发展的目标，世界城市或全球世界是目标的顶端，而这样一些能级与分工各不相同的城市构成的既等级化又互相联系的网络则是全球（世界）城市网络。

（二）城市国际化的重要意义

第一，城市国际化是全球化时代的迫切要求。城市国际化既是我国进一步改革开放与经济发展的需要与必然趋向，也是经济全球化发展的客观要求，全球化浪潮正在席卷世界的每一个角落，任何一个国家或城市要想发展都不能自立于这股潮流之外而独善其身。在经济全球化与世界城市化的进程中，城市不仅是每个国家面向世界的窗口，也是一个国家国际化水平与开放度的核心载体与象征。城市必须要尽快融入世界城市网络体系之中，提升城市国际化水平，才能有效汇聚全世界的资金、技术、人才、市场等各种经济要素，实现各种经济要素的最佳组合，从而在更广的平台上和更高的层次上参与全球竞争，分享全球经济、社会和科技发展的最新成果。

第二，城市国际化是推进现代化进程的加速器。现代化是工业化纵深演进实现人类文明进步的高级形态，是产业结构、城市结构、技术创新、社会生活等领域向"高级化"演变的过程。全面建设社会主义现代化国家是党的十九大做出的重大战略部署，分两个阶段进行：第一个阶段，从2020—2035年，在全面建成小康社会的基础上，再奋斗15年，基本实现社会主义现代化；第二个阶段，从2035年到21世纪中叶，在基本实现现代化的基础上，再奋斗15年，把我国建成富强民主文明和谐美丽的社会主义现代化强国。综观世界发达国家的现代化，都是在国际化城市的带动下发展起来的，如伦敦之于英国、纽约之于美国、东京之于日本，这些城市是集聚高质量人口、代表各国参与全球竞争的重要平台。国际化是工业化、城市化发展到一定阶段引领城市可持续发展的必然途径。在经济全球化的浪潮下，我国城市化也步入了高速发展的时期，在这一进程中，建设国际化高能级城市已经成为我国城市发展的必然趋势和经济社会发展的必然要求，也是推进我国实现社会主义现代化强国战略目标的重要支撑。从实践上看，城市国际化已经成为我国越来越多的城市进一步扩大开放、发展开放型经济的重要措施和保证，成为确定城市发展方向、调整城市功能和布局的重要目标和依据。

第三，城市国际化是适用于大多数城市的战略选择。位于世界城市网络顶端的世界城市毕竟是少数，对于大多数卷入全球化进程的一般城市而言，其在世界城市网络中处于普通节点地位，这样的城市数量非常庞大而且仍会增加。因此，对于大多数中国城市而言，找准自身定位，积极融入世界城市网络，不断提高国际化水平才是现实之举。城市国际化过程，将赋予大多数城市形成部分国际化功能的契机，一些城市可以通过某一方面或某几方面的优势在国际社会建立起良好的国际形象，提高其在国际社会的地位和影响力，并在国家对外交往中发挥重要作用。因此，城市国际化将是开放型社会中大多数城市的战略选择。

二、城市国际化的一般规律

工业化时代，城市国际化是逐步累进的过程，存在阶段性的一般规律，一般体现为城市以交通枢纽为基点，通过贸易中心、经济中心积累财富，扩大辐射范围，形成金融中心，最后拥有全球控制能力的循环上升的演变过程。

（一）交通枢纽

工业化时代的城市要融入世界城市网络，首要条件必须是交通通道的畅通，通常是具有内河或者海运港口条件的综合型交通运输枢纽。充分运用交通枢纽的优势发展城市经济是众多城市创建世界城市的成功经验。例如，伦敦处于泰晤士河的入海口，塞纳河环绕着巴黎市中心的西岱岛成为巴黎的护城河。部分城市在此基础上产生了发达便捷的水陆空交通网络，同时高速铁路、高速公路、深水港、国际航空港等一应俱全，与外界保持频繁、高效的联系。法兰克福借助综合运输枢纽成为世界城市，香港、新加坡也是通过建成国际交通枢纽才得以实现成为世界城市的目标。

一些国家、地区的非首位世界城市正是借助优良港口的有利条件积极促进世界城市建设。以洛杉矶为例，20 世纪 70 年代以来，随着美国与亚太国家和地区贸易往来的频繁，洛杉矶港大有超越纽约港之势。到了 80 年代，太平洋圈取代欧洲成为美国最大的贸易伙伴，洛杉矶超过纽约，成为美国第一大港，这为洛杉矶在日后成为世界城市奠定了基石。

(二)区域经济中心

随着工业化进程的持续推进，国家经济往往出现区域分异。工业社会城市的职能是生产中心，拥有强大制造业城市的区域往往成为国家经济的发达区域，这些大城市则成为区域的经济中心。泰勒（Taylor，2002）的世界城市网络中连通度前 20 名城市中有 8 个是国家首都：伦敦、巴黎、东京、新加坡、马德里、阿姆斯特丹、布鲁塞尔和墨西哥城，其他城市均为所在国家、地区中具有雄厚经济实力的传统大城市。随着工业化进入重工业化阶段，制造业的生产企业规模越来越大，需要投入更多的生产资源。企业的自有资本已无法满足企业需要，只能从外部筹集资金或者向银行贷款，或者发行债券或股票，以及因企业产品销往城市以外的地区产生的频繁资金往来，这都必将促进本国银行系统的发展和完善，并推进证券市场的形成和发展，使建立在区域经济优势上的区域贸易、金融中心初步形成。

在工业化还没有全面展开、资本密集型产业没有大量出现的时期，为物质流通进行融资的商业信用服务就成为决定金融中心的形成及其规模的重要因素，这也就意味着贸易量的大小和繁忙程度直接决定着金融中心的等级和重要性，区域经济、贸易中心通常也是区域的金融中心。

(三)国际贸易和经济中心

生产企业的规模进一步扩大，形成了一定的规模经济，此时企业不再满足于国内有限的市场容量，而开始将产品推进至国际市场。有了具有国际影响力的生产能力，城市就有了国际性的聚集力和辐射力，城市经济实力增强，城市吸引人才、资金、技术的范围上升到国际层面。产品市场的扩大不断促进主导产业发展，从而形成在世界上具有优势的产业集群，同时通过国际贸易把这种集聚效应向国际扩散。制造地的原材料和人力资源，也由于产业发展变得昂贵，企业为了降低成本，也需要从国外采购更为便宜的原材料等资源。因而，城市将成为全球的制造品出口地和原材料采购者，进出口贸易增长迅速，成为国际贸易中心与经济中心。

全球化是区域经济、贸易、金融中心向国际经济、贸易中心转变的另一个主要动力。特别是随着信息技术和交通运输条件的不断演进，全球经济一体化的浪潮不断高涨，跨国公司正在把生产分散到全球不同地方来降低产品成本，世界各国的经济变得密不可分，即生产全球化。在向国际经济和贸易中心转变的过程中，由于国际贸易是通过交通运输得以实现的，交通枢纽的位置优势再次为城市发展带来便利条件。在政策、信息条件相近时，发达的交通网是城市降低贸易成本的有效方法。贸易成本的降低为城市制造业带来比较优势，从而带动制造业快速发展，尤其是当产业集群现象越来越普遍，产业集群的形态开始从全套型向全球供应链型转型时，先进的交通枢纽成为城市迈向世界城市的优势所在。

（四）国际金融中心

随着经济的发展，资本积累和繁殖加快，游离于企业生产经营之外的富余货币和资本导致虚拟经济的产生。企业的产品产销过程构成了实体经济，而金融市场的货币资本运动构成了虚拟经济。当虚拟经济的规模超过了实体经济的规模，虚拟经济里的货币资本运动会对实体经济的运行产生越来越大的影响，甚至左右着实体经济的生存和发展，表现为城市生产功能的萎缩和金融功能的增强。虚拟经济的运转比实体经济更少受地理空间的限制，跨国界的虚拟经济在某一城市集中，便形成了国际金融中心。国际金融中心的形成是城市拥有对世界经济控制能力的基础。

从 20 世纪开始，随着国际分工的深化和世界大市场的形成，国际贸易与投资在世界许多地方渗透，虚拟经济活动在世界一些主要地区相对集中，在世界上初步形成了国际金融中心格局。1974 年，纽约、伦敦、东京三大国际金融中心占有全球市场资本的 73%，1986 年更是上升为 80%，而纽约则独自控制了全球资本的 40%。

国际金融中心城市具备大量外资银行的集聚与巨额国际金融业务量两

大特征。 国际金融中心能在全球范围内聚集大量国际资本，通过国际融资和贷款等方式满足国际经济和贸易发展需要，不仅帮助本国调节国际收支，还可以控制跨国资本的循环，提高资本的利用率，从而推动生产和资本的国际化。 国际金融中心的经济腹地既可以是一个地区，也可以是一个国家甚至全球，腹地范围决定了国际金融中心的功能范围。

（五）世界城市

随着城市国际化进程的深入，部分城市进入后工业社会，此时制造业中心和金融中心会有一个分离的过程。 由于生产全球化、资本全球化，导致生产分散到世界各地，而跨国公司总部、跨国银行总部则向国际金融中心城市集中，一些国际组织也在此聚集，使得城市的金融、保险、咨询等高附加值的生产性服务业迅速发展。 在这些城市的产业结构中，制造业退出主导产业，服务业所占比例高达80%左右，这些城市成为世界经济的管理、控制中心，进入世界城市行列。

第三节 城市国际化的发展趋势

上述城市国际化的一般规律也可以理解为早期工业化时代城市在全球化进程中实现等级晋升的一般路径。 但是进入21世纪后，尤其是2008年全球金融危机后，城市国际化呈现出新的发展趋势，尤其在信息技术的作用下一些城市突破了过去的发展框架，在世界城市网络中实现了地位的跃升。

一、城市国际化的新影响因素

（一）信息技术革命推动城市空间向流动空间转型

20世纪下半叶以来，以微电子技术为核心的信息技术革命给世界带来了广泛而深远的影响。 信息技术的快速发展与应用，打破了传统区位因素对区位主体的限制，以信息、技术和知识为核心的信息技术研发、信息的获得、知识创新、高素质科技人员的取得等新区位因素逐渐替代了"距离性"等传统区位因素，发挥着越来越重要的作用。流动空间理论（Castells，1989）表明，在互联网、信息技术、通信卫星等现代科学技术的支持下，资本、信息、人才、技术、企业等突破地理空间局限，构成高效的流动空间。全球空间内增加的人才、资金、商品、信息流，以及虚拟空间的出现和快速传输，导致资本和信息的瞬时流动，从而使得传统的地理空间障碍发生变化。在这个流动空间中，企业与企业、人与人不仅可以进行"门对门"的往来，还能实现"办公室对办公室"的交互。在西方学者看来，19世纪交通技术的发展被理解为拉近了空间和缩短了时间（Marvin，1988），而20世纪末的远程通信技术则导致了"时间—空间"在某种深层意思下已融为一体，因为距离一万公里与距离一公里所需的传输时间几乎相同（Harvey，1990）。如图3-2所示，不同的历史时期、不同的地理区位具有不同的交通模式，交通模式决定了城市空间结构的差异。在信息时代，城市与城市、城市与区域之间的时空距离得以缩小，形成开放式、网络型和多中心的城市体系，这种开放结构促进城市之间产生竞争、互补、协同的关系，进而将替代传统的城市等级关系。因此，世界城市网络中的城市是否具有优势，要看其在流动空间网络中的地位及是否具备了生产要素集聚与扩散的相应条件，处于信息走廊的城市将获得优势并创造价值和获取财富。

步行及马车时代　火车时代　　汽车时代　高速公路时期　信息高速公路时期

图 3-2　流动方式的选择与空间结构的差异

资料来源：沈丽珍.流动空间[M].南京：东南大学出版社，2010：43.

产业布局的区位选择也因为流动空间而改变，因为流动空间的形成使信息资源的传输突破了地理位置的局限，减少了"距离性"对产业活动的约束。同时，信息技术的融合使许多有形产品体积变小、重量变轻，可运输性增强，甚至很多信息产品是无形的，这样产业布局的地域范围得以扩展。 而且网络化、信息化、虚拟化的流动空间，有利于知识、文化和技术等非物质性的新型因素在空间上进行扩散，它们都使得产业布局的选择余地增大。 因此，如果城市国际化进程中能增强城市自身对这些新型因素的吸引力，则有可能在产业发展上打破原有的布局模式，带动更大范围的经济结构和产业布局的重组分工。

（二）区域经济一体化抬升城市整体区位

在信息化和全球化带来的世界城市网络体系中，任何一个城市都不可能撇开周围区域而发展，不能独立地在世界城市网络体系中占据一席之地。与周围区域进行职能分工与交互，形成网络关系，组成地域联盟，共同参与全球化进程，才是城市带动区域整体区位提升的有效途径。 这种地域联盟也就是我们通常所说的"城市群"，即"在一定的地域范围内，以单个或多个大城市为核心，通过现代化的交通通信网络聚合而成的一个高密度、联系紧密的城市空间"①。 这不仅是一个空间概念，更是一个经济学概念；既强调城市群的空间结构特征为一定范围内的城市的紧密分布，更强调这些紧密分布的城市同时又具有密切的经济联系和彼此之间的分工协作。城市群的本质是区域经济一体化过程在城市空间形态的表现，具有功能一体化、设施同城化、市场一体化、利益协同化的特点（赵勇、白永秀，2009）。

那么，区域经济一体化过程是如何抬升单个城市的整体区位的呢？还是要回到分工与专业化的问题上。 国际分工由产业分工向职能分工转变，引起了企业生产组织方式和产业空间组织结构的转变。 在交易成本的作用下，厂商的空间组织形式一般会出现集聚和扩散两种类型（庞晶、叶裕民，2008）：出于节约交易成本的考虑，那些互相之间有着紧密联系的厂商一般会选择聚集到相应的经济中心区位；而那些联系不那么紧密且距离与交易成本不具有紧密关系的生产部门，则会基于对最低生产成本的考虑而布局于外围地区。 产业的空间分布形式也随之发生变化，以生产性服务业为主的高端功能将布局在中心区位城市，以加工制造业为主的生产功能将布局在外围中小城市，从而出现了以多厂、多部门的现代化大型

---

① 庞晶，叶裕民.城市群形成与发展机制研究[J].生态经济，2008(2):97-99.

企业为龙头，若干专业化中小企业围绕而成的产业发展格局。 分工和专业化程度的加深在提高生产效率的同时，使企业之间的网络化经济联系逐步增强，并传导至城市之间的经济联系上，促成了城市群合力的形成。城市群内各城市作为独立的行政区域，由于经济联系与产业分工而逐渐成为一体化区域。 在这种网络化联系紧密、分工合作明晰的城市群中，一个城市与世界发生的互动与联系，就会通过"扩散效应"（缪尔达尔，1957）或"涓流效应"（赫希曼，1958）牵动网络中的其他城市，一个城市相对区位的改变就可能引发城市群中其他城市相对区位的改变，从而抬升整体区位，提升整体竞争力。 上述作用机理如图3-3所示。

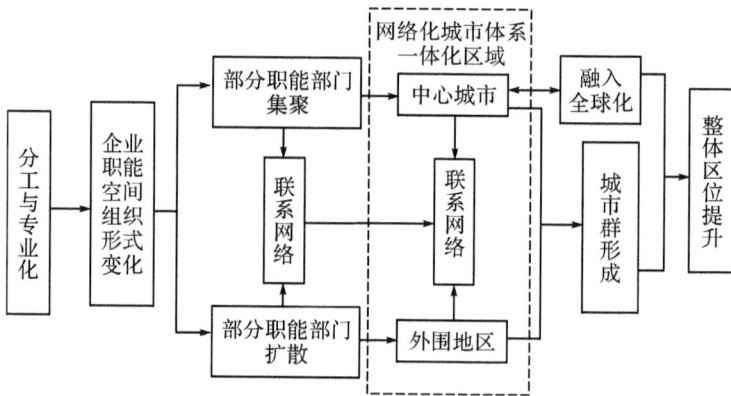

图3-3　分工与专业化对城市群形成与整体区位提升的作用机理

二、城市国际化的新演变趋势

（一）功能增强：可持续的自我更新能力

城市国际化是一个过程，是城市的经济、贸易、金融活动超出本区域和本国的辐射半径，拥有强大的集聚与辐射功能的过程。 例如，首尔的GDP几乎占了韩国经济总量的1/3，集中了韩国50％以上的金融机构与企业、43％以上的尖端技术风险企业，现代服务业比重高于韩国其他地区的平均水平。 又如，大阪是日本关西地区的中心城市，凭借发达的第三产业，成为整个关西地区发展的服务主要供给地。 香港更因其金融中心、信息中心、航运中心和国际贸易中心的地位，无可争议地成为亚洲重要城市。 然而，随着全球经济复杂程度与贸易风险的加剧，城市的自我更新能力或持续创新能力成为城市国际化的更重要特征。 也就是说，城市要随着新的环境不断生出新的要素和产业，使城市经济具备更强的韧性，为区域内乃至更大辐射半径内的人们提供更多元的就业机会。 2008年国际金融危机发生后，一些城市很快就从危机中恢复过来，而有的城市则陷入困境，这就是对城市可持续的自我更新能力的考验。 例如，美国底特律因为汽车产业不符合产业发展趋势、过重的历史包袱、社会环境的变化等而衰落，而德国慕尼黑则成为具备坚实、多样性经济体系与强大研发功能的复合型创新型城市。

专栏3-1 德国慕尼黑

慕尼黑是欧洲著名的总部聚集地,其总部企业主要有两类:一是作为仅次于法兰克福的金融中心,聚集了大量的金融企业,如世界排名前列的安联保险股份公司、排名世界第二的慕尼黑再保险公司等。二是集聚了许多成长于慕尼黑的世界著名制造业公司,行业类别十分广泛,如世界著名电气和电子公司西门子、世界著名汽车制造商宝马公司的展示总部等。

慕尼黑的研发在整个欧洲占有极其重要的地位,一个最为明显的特征就是欧洲专利局和德国专利局均设于此。相关研究表明,慕尼黑企业的研发人员与员工总人数的比值在全欧洲排名第一,基本上平均3个雇员中就有1个在知识密集型服务业中工作。慕尼黑还集聚了大量的大学、科研机构与及科研相关的协会,是德国第二大高校集聚地,主要包括7所应用科技大学和3所综合性大学。欧洲最大的应用研究机构弗劳恩霍夫协会及以诺贝尔奖获得者数量众多而出名的马克斯-普朗克协会均在慕尼黑,这也使得慕尼黑拥有了众多世界闻名的研究集群,如马丁斯里德(医学技术与生物技术)和加辛(物理与机械技术)均属于国际上最重要的研究集群之一。

资料来源:作者根据公开资料整理。

(二)内核支撑:创新驱动的内涵升级

进入 21 世纪后,国际化城市的产业发展趋于成熟,城市经济体系正在向知识经济迈进,创新要素作为知识经济的基础,自然在城市国际化进程中被视为重中之重。 一方面,随着信息技术的深入发展,国际化城市除了拥有发达便捷的水陆空交通网络以外,基于互联网而诞生的数字网络也成为一种"战略性新资源",并得到了有力的发展。 数字技术、大数据、智能集成系统、共享经济、体验经济等生产与消费领域的创新对城市发展的影响明显增强。 另一方面,力图通过体制机制改革来实现城市内涵升级的模式受到各城市政府的重视。 与过去城市国际化主要以产业发展特征为辨别标准的情况不同,现在一些以科技和制度创新为引领的城市越来越在全球范围内显示出其个性和特色,许多城市正在成为新兴创新经济中心,发展出具有全球影响力的理念与模式,如以色列特拉维夫、韩国首尔、中国深圳等。

专栏 3-2 以色列特拉维夫

特拉维夫,以色列第二大城市,人口不到 40 万,却是以色列的科技和经济中心。2010 年,特拉维夫确立了世界城市的发展目标,并将自己定位为"永不停息的创新创业城市"。

在特拉维夫,人才质量、人才获取、人才成本等指标均名列全球前茅。特拉维夫的创业者与企业员工受教育程度都很高,获取硕士与博士学位的比例高达 40%,与硅谷不分伯仲。辍学学生创业者与硕士博士毕业生创业者的比例,特拉维夫为 1:2.33,美国硅谷为 1:2.5,两者相差无几。

特拉维夫对创新创业的风险持包容态度,能坦然接受创业失败,这促使创新企业如雨后春笋般大量涌现。在特拉维夫,平均每 1000 个居民拥有 0.85—1.15 家初创企业,这一比例明显高于绝大多数欧洲城市。在初创企业的风险融资方面,特拉维夫在 2012—2015 年间的增长速率为 2 倍,名列全球第三。每家初创企业在萌芽期的融资规模高达

50.9万美元,全球平均水平仅为25.2万美元。在风险资金的退出收益方面,特拉维夫在2012—2015年间暴增了3.5倍。2017年以色列公司退出交易额达到230亿美元,IPO数量达到了112件。在创业经验方面,在所有特拉维夫初创企业雇员中,49%的员工都有曾在高科技企业工作的经历,这一比例高于欧洲各生态系统21%的平均水平。此外,特拉维夫生态系统中的连续性创业者的比例颇高,达47%,仅次于硅谷的56%。宽松的创业环境,为以色列的科技创新提供了合适的土壤。

特拉维夫政府将自己定位为服务型政府,这与其构建全球创新中心的城市领导意志相匹配,打破了耶路撒冷的文化传统与相对保守的文化氛围,以一种更加开放的姿态迎接世界各地的人口,灵活地为创新创业者服务。特拉维夫市政府运作的项目,大到举办内容丰富的创新节,为顶尖科技人才、知名风险投资机构、各产业界的领导者、寻求创业的"探路者"提供一个开放的交流平台,小到利用图书馆为初期创业者提供免费办公场所及各项设施,进行了全方位的创新城市经济生态制度设计。

资料来源:作者根据公开资料整理。

(三)特色突显:本土文化的有机融入

城市国际化并非是单纯依靠西方资本、技术与分工体系,一味地跟随与模仿,而是以本土的优势要素资源吸引全球性资本,从而推动全球性要素的地方化配置,进而形成根植于本土的全球竞争优势。决定一个城市持续发展的不再只是经济总量的增长,而是城市吸引力、城市魅力的大小。换言之,一个城市的文化积淀决定了它的竞争力和可持续发展能力。国际上知名的城市大都具有明确的城市文化发展目标,政府高度重视并在文化发展中起主导作用,极力推进文化与经济的融合。从城市未来发展看,城市文化在城市发展战略中的地位日益凸显,一种强势文化的力量比经济的力量更加深入地影响着整个世界。法兰克福的会展文化、洛杉矶的流行文化使得城市更富魅力,经济发展更具活力。注重培养具有时代特征的人文精神、弘扬地方特色文化、保护开发历史文化遗产,进而推动本土文化"走出去"成为城市国际化的必然趋势。

专栏 3-3 法兰克福的会展文化

法兰克福,位于莱茵河的下游、德国西南部,是黑森州的最大城市。1866 年,法兰克福并入普鲁士,逐渐发展成为一个日益繁荣的商业城市。尽管"二战"中的德国成为战败国,法兰克福在经济和社会发展上受到了很大冲击,但经过几十年的发展,法兰克福在电子、机械、金融等各领域都取得了骄人的成就,成为国际知名的大都市。

法兰克福不仅是世界的一个金融中心,同时又是一个具有 800 年历史传统的著名的博览会城市。它每年要举办约 15 次大型国际博览会,参加博览会的人数平均每年超过 100 万。如每年春夏两季举行的国际消费品博览会,两年一度的国际"卫生、取暖、空调"专业博览会,国际服装纺织品专业博览会,汽车展览会,图书展览会,烹饪技术展览会等。博览会已成为人们了解世界及世界了解德国的一个重要窗口,也是推动法兰克福经济、社会发展的重要力量。在一定意义上说,会展业就是法兰克福走向世界的文化。

法兰克福的很多著名展会都是以行业资源优势为依托、赋予文化内涵而发展起来的,真正实现了本土优势的国际化拓展。比如,法兰克福国际图书展,是 Johannes Gutenberg 在离法兰克福不远的小镇上发明了活字印刷术的几年后,在法兰克福举办的第一次"皇家书展"。到了17 世纪,法兰克福也已发展成为欧洲最重要的图书展示和交易中心。

资料来源:作者根据公开资料整理。

(四)区域联动:向城市群国际化延伸

以大城市引领的区域一体化发展格局是世界城市化发展的趋势。发达国家城市化一般都经历两个阶段:从城镇化到以大城市引领的城市群都市圈。从联合国公布的全球数据来看,越是能级高的都市圈的人口增长越快,如 500 万人以上的都市圈;而越是能级低的城市的人口增长越慢甚至发生净流出现象,如 50 万人以下的小城市。因此,世界城市通常并不是一个城市,而是范围很广的都市圈,其具有连绵的城市区域和统一的劳动力市场，通常以城市群的形式出现（格雷格·克拉克，2018）。这种城市群是工业化、城市化进程中能够产生巨大能量的经济效益集聚的地带，是由多个城市聚合形成的对所在国家甚至世界经济都有重大贡献的城市化地带。也有学者（Scott，2001）称之为世界城市区域（globalcity-region），即在全球化高度发展的前提下，以经济联系为基础，由世界城市及其腹地内经济实力较为雄厚的大中城市扩展联合而形成的独特空间现象。可见，具有国际竞争力的城市都不是孤立的，而是和区域联动共同实现城市群国际化的，即中心城市的发展与周边城市群都市圈的发展相互支持与依托（如表 3-4 所示）。例如，著名的美国东北部都市圈包括了纽约、波士顿、费城、华盛顿、芝加哥和底特律等六大城市群，此外还有巴尔的摩、克利夫兰、匹兹堡等一些中等城市及它们附近的一些卫星城镇。城市之间形成了良好的分工合作体系：纽约作为世界金融中心，金融、贸易功能独占鳌头，费城主要是重化工业比较发达，波士顿的微电子工业比较突出，巴尔的摩的有色金属和冶炼工业地位十分重要，芝加哥是全国最大的钢铁和农产品生产基地等。

表 3-4　世界四大著名世界城市区域

四大都市圈	地理范围	主要经验
欧洲西北部都市圈	以法国巴黎为中心，沿塞纳河、莱茵河延伸，面积为 14.5 万平方千米，跨越了法国（巴黎—鲁昂—阿费尔城市圈）、德国（莱茵—鲁尔城市圈）、荷兰（兰斯塔德城市圈）、比利时（安特卫普城市圈）等 4 个国家	重点发展航空与高速铁路，形成巴黎至伦敦、布鲁塞尔、阿姆斯特丹、科隆及德国西部等地的"1 小时交通圈" 1994 年《巴黎大区总体规划》明确提出将一个超大城市所具有的多种职能分散到大、中、小不同规模的城市 形成城市之间的分工协作体系：巴黎着力发展创意设计、会议博览和旅游业等第三产业，在制造业方面则重点发展贵重金属器具、皮革制品、瓷器、服装等奢侈品生产，打造时尚之都；莱茵—鲁尔城市圈作为德国乃至欧洲主要的工业重心，主要发展工矿业、建设制造业；阿姆斯特丹、兰斯塔德发挥其港口优势，偏重于临港产业，沟通与外界的交往；安特卫普凭借在钻石加工方面的盛誉，建立起了世界钻石交易中心，积极发展钻石旅游、钻石会展，构筑休闲之城

四大都市圈	地理范围	主要经验
英国中南部都市圈	4.5万平方千米,它以伦敦—利物浦为轴线,包括大伦敦地区、伯明翰、谢菲尔德、利物浦、曼彻斯特等大城市,以及众多小城镇	形成由内伦敦、大伦敦、标准大城市劳务区和伦敦大都市圈4个圈层构成的圈域形都市圈 伦敦都市圈不断推进产业创新,顺时应势更新主导产业,从世界工业之都变身为世界上最大的金融中心之一,伦敦总就业人口中约4/5供职于金融业。同时,金融方面的创新还为都市圈内各城市基础建设拓宽了融资渠道,同时满足了产业创新与技术创新的资本需求
日本太平洋沿岸都市圈	以首都东京为中心,南临辽阔的东京湾,北枕富饶的关东平原,从鹿岛起,经千叶、东京、横滨、静冈、名古屋到京都、大阪、神户、九州等城市,面积达10万平方千米,占全国总面积的26.5%;人口7000万,占全国总人口的61%	注重构建疏密相间、集约化的发展格局。根据不同年代的发展状况,从20世纪60年代强化中心区建设,到70年代多核心型城市结构,再到90年代区域多核心功能分散的都市圈结构 十分注重公共交通优先发展的原则。日本城市公共交通以铁路、地铁等轨道交通为主,时速200千米的新干线几乎可以到达所有地区。日本中央政府、地方政府长期以来一直对铁路、地铁等城市轨道交通建设及营运给予资金扶持。铁路、公路、航空和海运组成的四通八达的交通网拉近了各地距离,改变了城市结构,使东京都市圈从东京"单核心型"发展成为东京、大阪、名古屋"三核心型" 注意对城市历史文化的保护延续。大都市里不但有密如蛛网的干线、鳞次栉比的大厦、人流如织的马路,还有江户、明治时代的下町风情,可以感受到浓郁的人文氛围。囊括了东京、大阪、名古屋等大城市的日本太平洋沿岸都市圈占据了日本经济的半壁江山,全日本3/4的生产总值出自这里。日本太平洋沿岸都市圈已成为日本在国际市场上彰显经济实力的一张名片

四大都市圈	地理范围	主要经验
美国东北部都市圈	包括了美国纽约、波士顿、费城、华盛顿、芝加哥和底特律等六大城市群,此外还有巴尔的摩、克利夫兰、匹兹堡等一些中等城市及它们附近的一些卫星城镇,总面积约 13.8 万平方千米	首位中心城市的充分发展推动了大都市圈的整合提升。100 多年来,纽约作为美国东北部都市圈中最主要的中心城市,年生产总值一直占整个都市圈的 50％左右,其强大的经济实力为该地区经济快速发展提供了高速引擎 产业的合理分工布局促进了大都市圈可持续发展。纽约作为世界金融中心,金融、贸易功能独占鳌头,费城主要是重化工业比较发达,波士顿的微电子工业比较突出,巴尔的摩的有色金属和冶炼工业地位十分重要,芝加哥是全国最大的钢铁和农产品基地,底特律是世界闻名的汽车城,华盛顿的首都功能则为整个大都市圈抹上了浓重的政治中心色彩 有预见性、科学性、权威性的规划对大都市圈的发展起了重要的引导作用。美国区域规划协会于 1922 年成立之后,完成了纽约都市圈社区规划设计、公共空间规划、交通网络规划、劳动力和经济发展及住房规划等五大规划。而相关部门也充分尊重和维护美国区域规划协会这个美国最具影响力、最有权威性的规划组织意见,坚持按规划办事,终成正果

一直以来，我们的城市国际化大多是跟随着发达国家或地区城市的步伐进行的，很大程度上是一种跟随型的城市国际化，而服务业也因为其劳动生产率上升缓慢、可贸易性差及与技术创新关联性差等而被认为不像制造业那样可以成为经济增长的发动机。这些是不是一成不变的？数字经济时代，服务业是否可以推动我国城市走出不同的创新型的国际化道路？本章将围绕这两个问题，以"数字化"的第三次产业革命作为时代背景，考察数字"服务业化"与服务业"数字化"两大嬗变，构建数字经济时代服务业通过普惠性、独特性、在地性匹配机制对城市国际化发生作用的理论框架，进而提出中国城市国际化由跟随型向创新型迈进，并可能呈现全面登顶型、平台门户型、特色专业型及节点融入型等4种类型模式的核心命题。

第四章

数字经济时代服务业对城市国际化的驱动影响

第一节　服务业与城市国际化的一般关系

一、发达的服务业是国际化城市的必要条件

城市经济是先进生产力的聚集地，城市发展过程就是产业不断聚集、结构不断调整、功能持续升级的过程。决定一个城市能否成为国际化城市，甚至是世界城市，关键不在于人口的规模，而在于功能。洪银兴（2003）认为，制造业对城市发展的影响基本上是量的影响，即影响城市规模的扩大、城市人口的增加；而服务业对城市发展的影响则基本上是质的影响，即强化城市的功能，提升城市的形象。

根据德勤的报告，2015年，服务业增加值占高收入国家GDP的74%，高于1997年的69%。美国服务业增加值对GDP的贡献高于其他高收入国家。服务业在GDP中所占的比重在中低收入国家尤为突出，从1997年的48%跃升至2015年的57%。我国的服务业增加值占GDP的比重于2019年已达到53.9%，超过了经济总量的一半。从国际化城市服务业增加值与就业的比重来看（见表4-1），若干国际化城市经过多年的发展，均已步入服务经济时代，无论是服务业增加值占GDP的比重，还是服务业从业人员占总从业人员的比重都占绝对优势。纽约、东京、香港等世界城市服务业的增加值占GDP的比重更是普遍在80%左右，它们的金融、保险、咨询等高附加值的生产性服务业高度发达，是世界经济的管理、控制中心。

表4-1　若干国际化城市服务业增加值占比与就业占比比较

（单位：%）

指标	纽约	东京	香港	芝加哥	法兰克福	慕尼黑	新加坡
服务业增加值占GDP的比重	88.4 (2005)	85.7 (2005)	87.6 (2004)	—	83.9 (2004)	—	69.2 (2008)
服务业就业人员占总从业人员的比重	—	80.8 (2005)	84.8 (2004)	84.2 (2005)	69.8 (2005)	77.0 (2005)	70.5 (2005)

在形成以服务业为主导产业的进程中，绝大部分国际化城市都经历了从制造型城市向服务型城市转型的过程。一些长期坚持制造业立市而没有向服务经济转型的城市，尽管曾经一度辉煌，如今大多衰落，逐渐退出了世界城市之列。美国的"汽车之都"底特律就是典型的例子。1963年，底特律是全球最大的制造业中心，福特、通用和克莱斯勒三大汽车巨头拥有几十万产业工人，底特律真正成为世界汽车之都，巅峰时期有200万人居住在底特律。但由于没有及时推动经济转型升级，底特律成为金融危机冲击下最具代表性的悲情城市，美国《福布斯》杂志将其列入全美"最悲惨城市"之一，城市人口从20世纪60年代的200万一度骤减到80万。而根据经济发展阶段，城市适时采取转型发展战略，则能保持持续的发展活力。德国的杜塞尔多夫就是其中之一，杜塞尔多夫通过20世纪的经济转型，成功由煤炭工业城市华丽转型成为世界著名的时尚之都，现今杜塞尔多夫时装展已成为全球时尚界的盛会。

为什么服务业可以带来城市国际化这样的改变？这是因为与传统城市相比，世界城市网络中的现代城市最大的特点是服务从"在地化"变为"在线化"（李程骅，2012）。在全球经济体系中，一个城市面对的不仅仅是自身的市场，而是全球市场。因而，城市能级水平能否提升也越来越依赖于城市是否具有更大的流动性、集聚力、控制力及更强的辐射能力。现代城市的发展是通过信息、知识、资本和人才等流量的流动来实现的，而不仅仅靠它们的存量凝结。这就必然要求经济体系中能够提供大量的现代服务活动，尤其在经历了工业化的阶段之后，城市必须靠服务业的发展才能回复其本质特征，以激发人的创造性，满足人的交往需求和发展需要。

二、生产性服务业是衡量城市国际化水平的重要标志

生产性服务（又称生产者服务）是指那些被其他商品和服务的生产者用作中间投入的服务（格鲁伯、沃克，1989），生产性服务业则是指提供这些中间服务的企业的集合。相对于满足最终需求的消费性服务业来说，生产性服务业具有如下显著特征：第一，它不是最终服务而是中间服

务，通常体现为被服务企业生产过程中间投入的重要的生产成本；第二，它能够把人力资本和知识资本引入商品和服务的生产过程中，是现代生产过程附加值的主要来源。[①]

正如阿伦·杨格所认为的，经济发展过程本身就是"在初始生产要素与最终产品消费者之间插入越来越多的生产工具、中间产品、知识的专门化等生产部门，使分工变得越来越细；反过来，分工的作用也就在于为了造就越来越迂回、越来越间接的生产方式，从而不断把先进的生产方式引入生产过程中来，其结果是生产率的大幅度提高"[②]。生产性服务业活动的扩张过程，可以看出正是劳动分工程度的深化发展过程，它同时表现为越来越多的专业性生产性服务企业的发展及制造业内部非生产性人员数量的不断增加。在分工深化的过程中，原来的产业分裂成更专业化的生产部门，更专业化的生产工具和方法得到发展，资源在更大程度上用于专业化的特定用途，促进了制造业与生产性服务业之间的正外部性效应及规模经济的发展，产业生产效率得到极大提高，且实现了分工深化的报酬递增效应。而生产性服务业的发展带来了与福克斯-鲍莫尔假说相反的事实，生产性服务业由于其专业化、知识密集度高并具有规模递增效应，其劳动生产率往往不低于甚至会显著高于制造业，而且其通过产业间的关联波及效应作用于整体经济，使其获得更高的效率。从表4-2部分国家的经验数据来看，在考察的5个国家中，生产性服务业的相对劳动生产率均高于1，说明生产性服务业的劳动生产率是高于社会平均水平的。因此，生产性服务业通过更全面地参与到经济发展的各个层面而成为新技术和创新的主要来源和传播渠道的"推进器"。

---

① 刘志彪.论现代生产者服务业发展的基本规律[J].中国经济问题,2006(1):3-9.
② 贾根良.劳动分工、制度变迁与经济发展[M].天津:南开大学出版社,1999:23.

表 4-2 部分典型国家历年生产性服务业相对劳动生产率

国家	年份					
	1980	1985	1990	1995	2000	2002
美国	1.165	1.168	1.144	1.165	1.217	1.258
日本	1.211	1.180	1.256	1.343	1.328	1.366
英国	1.012	1.094	1.073	1.075	1.132	1.154
法国	1.339	1.316	1.318	1.306	1.293	1.280
德国	1.243	1.287	1.283	1.304	1.231	1.242

注:相对劳动生产率=增加值比重/就业比重。
资料来源:顾乃华.生产性服务业发展趋势及其内在机制——基于典型国家数据的实证分析[J].财经论丛,2008(3):15-21.

　　Sassen（2001）研究认为,随着生产性服务业尤其是金融业的迅速发展,生产的专门化与空间集聚成为世界城市诞生的主要原因。 GaWC（1999）认为,高级生产者服务公司积聚了现代知识与技能,从而能代表它所在城市在全球活动的能力。 此外,高级生产者服务公司及它们的分公司在世界城市网络中也建立了城市与城市之间的联系,因为公司之间、分公司之间、公司与分公司之间有大量的业务和信息往来。 因此,生产性服务业成为衡量城市国际化水平的重要标志:一方面,拥有高级生产者服务核心部门的城市成为控制世界经济的中心;另一方面,许多城市通过生产性服务企业之间的连接与传递,参与全球化运作,提升了国际化水平,形成了区域中心或地区中心。 GaWC 自 2000 年开始发布系统、权威的世界城市排名体系,主要就是以法律、金融、会计和广告等领域的国际公司的"高级生产者服务业"发展情况来排名,强调城市在全球合作网络中的重要性。 Noyelle & Stanback（1984）在 1976 年对美国按人口排名最前的 140 个大都市的一项研究表明,在 16 个人口超过 200 万的大都市中,有 12 个是生产者服务业的生产和出口中心（这 12 个城市中,有 4 个是全球中心,8 个是区域中心）,其余 4 个是政府服务和教育中心。

　　在生产性服务业中,以金融保险、商务服务为代表的现代服务业又是早期衡量城市国际化水平的最重要标志,尤其在 2008 年金融危机爆发以前,金融服务在世界城市中相当发达,新加坡、香港、法兰克福等城市都扮演着区域性金融中心的角色，具有极其重要的国际地位（见表 4-3）。

表 4-3　部分国际化城市 2008 年以前服务业内部结构

城市	年份	产业分类	比重（%）
首尔	2004	批发零售、旅馆和饭店业 金融保险、不动产和工商服务业 社会团体和个人服务业	10.86 19.68 14.75
法兰克福	2004	商业餐饮及交通 金融、租赁及企业服务 公共及私人服务	25.9 57.7 16.4
香港	2006	批发零售、进出口贸易、饮食及酒店业 金融保险、地产及商业服务业 社区、社会及个人服务业	30.6 27.5 19.8
新加坡	2008	零售、批发贸易、酒店餐饮 商务服务 金融服务	27.9 20.4 19.0

　　生产性服务业对城市国际化的影响与生产性服务业空间布局的特性密切相关。生产性服务业的发展程度受城市的等级差异影响，城市等级越高，对生产性服务业的吸引力越强，生产性服务业的发展水平相对越高，反之亦然。[①]所以现实中，生产性服务业集中的地点大多是大城市或都市圈，如纽约、东京、伦敦、上海等国际化大都市均集中了大量的跨国公司总部及提供金融、法律、专业服务等的生产性服务机构，它们成为所在区域、所在国家甚至全球的营运控制中心。当然，低等级的城市也有发展生产性服务业的空间，但高等级城市主要承担着更为高端的控制性的服务功能，低等级城市则通常承担常规性、专业化、特色化的生产性服务功能（Harrignton，1995）。也就是说，在城市等级体系中，不同级别和支配力的城市对应着不同档次和实力的生产性服务企业集群，使区域空间结构产生明显的层次性。这是因为集聚经济和范围经济共同在起作用。集聚

① 钟韵.区域中心城市与生产性服务业发展[M].北京:商务印书馆,2007:260.

经济驱使生产性服务业企业为获取正外部性而选择布局在相对集中的区位，从而在空间形态上形成不同类型的产业集聚区，其集聚的动力"不仅包括共享基础设施、节约运输成本等静态集聚效应，更多的还包括获取有利于技术和知识的创新、传播等动态集聚经济效应"[①]。因此，生产性服务业比制造业具有更多明显的集聚效应，在地理上越来越表现出集中与集聚的发展趋势。范围经济则推动着不同类型和规模的生产性服务业企业根据自身的特点与需求进行区位选择，从而使不同的生产性服务业行业呈现不同的集聚特征，进而表现为区域空间结构的差异性。

可以认为，生产性服务业的这种特性使其对区域空间的重构表现为通过生产性服务业在大区域内的布局选择，而导致某些城市的服务职能增强，且城市之间的服务联系增强，形成城市服务区域化，并使城市在区域空间中的作用发生变化，进而出现城市在全球和区域城市体系中位序升降及对全球和区域的控制能力的高低，形成基于生产性服务业的新城市等级体系。在这个体系中，高等级的城市会成为生产性服务业中心，生产性服务会从高等级城市流向低等级城市，或者在同级别城市之间进行交互，从而形成以服务为枢纽的横向或纵向联结。这样的区域空间结构基于经济联系形成，低等级城市可以通过高等级城市提供的生产性服务活动增强自身发展的动力，高等级城市因为拥有了更广阔的腹地空间也增强了市场潜能，同时又成为代表区域加入全球生产体系的重要节点，与世界城市、国际性城市形成服务产品的双向流动，整个区域也因为生产性服务业的嵌入而形成了紧密联系的城市网络。

---

① 刘志彪.论现代生产者服务业发展的基本规律[J].中国经济问题,2006(1):3-9.

第二节　数字经济时代的数字"服务业化"与服务业"数字化"

一、"数字化"的第三次产业革命

人类自瓦特发明蒸汽机以来，已历经多次科技和产业革命浪潮，我们无须对历史上每一次产业革命的时间划分进行过多争论，重要的是应认识当下或不远的将来的产业革命的实质特征。因此，本书直接采用了第三次产业革命的提法。对于第三次产业革命，目前学术界仍有诸多不同的观点，通常均以第三次工业革命作为命题。笔者认为，产业革命是因为科技革命带来的技术进步进而在整个经济领域引起的产业发展方式的重大变革。而工业革命与产业革命的根本区别在于，"工业革命反映的是工业社会中生产领域内的进步，产业革命反映的则是社会中主导产业形式的变化"①。因此，产业革命的概念比工业革命广，同时由于发展阶段的历史性，人类社会的第一、二次产业革命实际也就是工业革命，但第三次产业革命则不再只是工业革命，诚如美国学者杰里米·里夫金于 2012 年出版的《第三次工业革命：新经济模式如何改变世界》一书中所指的"第三次工业革命"，主要讨论新的通信技术和新的能源系统结合，可再生能源的生产、转换、存储和使用方式的变革将从根本上改变人们的生活和工作，尽管其并没有碰触到产业革命的实质，但也从一定程度上表明这已绝不仅仅是工业革命的范畴。因此，称其为"第三次产业革命"更适宜。

第一次产业革命也就是马克思所讲的工业革命，起源于 18 世纪 60 年代的英国，其标志是蒸汽机的发明和应用与牛顿力学的诞生，这次革命是资本主义由工场手工业到大机器生产的重大飞跃，形成了以纺织工业为主导的产业结构，也使人类社会从农业社会迈向了工业社会，"工厂制"彻

---

① 孙衔，刘迅，韩志国.简明新技术革命知识辞典[M].长春：吉林科学技术出版社，1985：139.

底代替了家庭作坊式的生产组织方式。第二次产业革命则发生在 19 世纪后半叶和 20 世纪初,其标志为电力的广泛运用和电动力学的诞生,产业发展上表现为电力、化工等新技术和新产业群的形成和发展,此时"大规模生产"成为制造业的主导发展方式。两次工业革命使人类的生产和生活方式发生了根本性的变化。在发达国家,机械劳动代替了手工劳动,大批量成规模制造产品的现代大工业成为社会生产的主导,社会劳动生产率快速提高,社会财富积累速度和规模空前扩张,人类社会进而走向了工业文明。到 20 世纪上半叶这场革命已在一批工业发达国家中取得了卓越成就。始于 20 世纪中叶的第三次产业革命,以晶体管的发明、微电子制造技术的飞速发展及量子力学为标志,蓬勃发展至今。这场产业革命相比前两次革命对人类社会带来的影响是翻天覆地的,对于人类正在迎来一场划时代的大变革这一判断已达成共识。

(一)第三次产业革命的技术特点:"数字化"革命

第三次产业革命一开始就是一场多学科、跨领域的革命,电子技术、生物工程、新材料、新能源等相互渗透、相互促进,对世界经济发展起着更大的推动作用。进入 21 世纪,以人工智能、智能软件、新型材料、三维打印为代表的新型加工和一系列基于网络的服务等先进科学技术快速崛起,这些技术的发展使当代社会的生产制造快速成型。与第一次产业革命的机械化生产、第二次产业革命的电气化生产相比较,第三次产业革命则以 3D 打印技术等为代表将产业发展带入了"数字化"时代。同时,产业制造的材料也在发生变化,与第一次产业革命依靠熟铁、第二次产业革命依靠钢铁相比,第三次产业革命使用的材料更加复合化、纳米化,碳纤维复合材料正在逐步取代钢铁和铝。随之而来的是,生产系统也朝着数字化、智能化改变,与前两次产业革命相比,网络信息技术的渗透成为这场革命中最显著的特征,互联网成为商品、服务、信息、人才交换与流动的枢纽渠道,也奠定了整个经济社会发展的基础设施格局。从三次产业革命的技术特点来看,第一次产业革命是机械技术革命,第二次产业革命是电气技术革命,这均是发生在工业领域的技术革命(至少在当时来看是如此),所以这两次产业革命被称为工业革命显然是正确的;但第三次产业革命是以信息技术为代表的"数字化"革命，这场革命将发生在所有产业领域内，同时，"数字化"的技术将日益以服务技术为主体，正如美国经济学家 Triple & Bosworth（2004）指出的，信息技术革命是一个服务业的故事。

　　第三次产业革命造就了数字经济时代，具有鲜明的时代特征。信息的零边际生产成本、复制无差异性、及时传播等特征颠覆了物质、能量要素的独占性、排他性，随之也颠覆了农业经济和工业经济的一些固有理念。从生产要素看，相对农业社会的土地、工业社会的资本和能源，数字经济社会中加入了关键生产要素，即数字化的知识和信息；从生产工具看，传统工业经济中的电动机和制造装备等的能量转换工具，被信息所改造，成为具有感知、传输、处理、执行能力的智能工具，以及由智能工具组合而成的智能制造生态系统；从基础设施看，在数字经济中除了传统的"铁公基"等交通基础设施外，宽带、泛在、融合的"新基建"①成为经济社会运行中不可或缺的重要支撑。呈现出数据驱动、软件定义、平台支撑、服务增值、智能主导等典型特征的数字经济正在全方位重塑产业领域的生产主体、生产对象、生产工具和生产方式，如表 4-4 所示。

---

①　根据 2020 年国家发改委的提法，新型基础设施是以新发展理念为引领，以技术创新为驱动，以信息网络为基础，面向高质量发展需要，提供数字转型、智能升级、融合创新等服务的基础设施体系。其主要包括 3 个方面内容：一是信息基础设施，主要是指基于新一代信息技术演化生成的基础设施。比如，以 5G、物联网、工业互联网、卫星互联网为代表的通信网络基础设施，以人工智能、云计算、区块链等为代表的新技术基础设施，以数据中心、智能计算中心为代表的算力基础设施等。二是融合基础设施，主要是指深度应用互联网、大数据、人工智能等技术，支撑传统基础设施转型升级，进而形成的融合基础设施。比如，智能交通基础设施、智慧能源基础设施等。三是创新基础设施，主要是指支撑科学研究、技术开发、产品研制的具有公益属性的基础设施。比如，重大科技基础设施、科教基础设施、产业技术创新基础设施等。

表 4-4 数字经济时代的生产变化

	工业革命时代	数字经济时代	作用机制
谁来生产 (who)	生产者	消费者	个性化定制模式的兴起让消费者全程参与到生产过程中,同时随着互联网平台的出现,企业的组织边界变得模糊
生产什么 (what)	功能产品	智能互联产品	万物互联时代的到来,使可动态感知并实时响应消费需求的无人驾驶、可穿戴设备、服务机器人等智能化产品的商业化步伐不断加快
用何工具 (which)	传统的能量转换工具	智能工具	数字化技术使劳动工具加速智能化
如何生产 (how)	传统制造的"试错法"	数字仿真的"模拟择优法"	实体制造与虚拟制造融合
在哪生产 (where)	集中化	分散化	网络化协同制造、分享制造等新模式产生,跨部门、跨企业、跨地域协同成为常态

资料来源:中国信息化百人会课题组.数字经济:迈向从量变到质变的新阶段[M].北京:电子工业出版社,2018:8.

(二)第三次产业革命中的劳动本质:知识劳动成为主导

马克思指出:"各种经济时代的区别,不在于生产什么,而在于怎样生产,用什么劳动资料生产。"[①]而生产工具因比其他劳动资料"更能显示一个社会生产时代的具有决定意义的特征"[②],因此它在劳动资料中起决定作用。 在产业革命背后起决定性作用的是科技革命带来的生产力变革,第三次产业革命是由以微电子技术为主的信息技术革命引起的,其将人类生产力时代由手工工具时代、机器时代引向了智能自动化生产体系[③]时代。 而智能自动化生产体系将推动直接生产过程分裂为生产前端和生

---

① 马克思恩格斯全集(第 23 卷)[M].北京:人民出版社,1972:204.

② 同上,1972.

③ 与机器作为替代人的技能的"替人装置"对应,智能自动化生产体系则指拟人化的"类人装置",具体表现为自动生产线之类的"过程自动化系统"与"智能机器人"两种基本形式。参考自陈永正.信息时代的劳动之我见——兼评非物质劳动思想[J].桂海论丛,2013(5):48-53.

产后端，生产后端即从投入生产资料到产出产品的过程，其将成为智能自动化生产体系发挥作用的专属过程。 在这样的生产力时代，"以机器时代的直接劳动被智能自动化生产体系全面接替为条件，人类从此逐渐将自己的直接劳动完全转移给拟人化的生产工具，而专门从事间接劳动"；"直接劳动退出直接生产过程的实质，是活劳动退出生产后端不再直接碰触劳动对象，由智能自动化生产体系代替人直接操作劳动对象；而人的角色则是在生产前端通过间接劳动影响智能自动化生产体系从而影响整个生产过程"①。 换言之，人则专门从事生产前端工作，围绕智能自动化生产体系开展研发、设计、更新、操控和维修等活动，即活劳动集中在生产前端，人类劳动将进一步由简单的体力劳动向复杂的脑力劳动转变。 正如马克思的预见："直接劳动在量的方面降到微不足道的比例……同一般科学劳动相比，同自然科学在工艺上的应用相比……却变成一种从属的要素。"②这种复杂的脑力劳动就是知识劳动，人类的活劳动形式也转变为知识劳动，即把活劳动主要投放在知识的生产和利用上（陈永正，2013）。 从这个意义来看，第三次产业革命的本质是生产力变革引发的生产工具变革，从而带来人类劳动的变化，知识劳动成为主导。

二、第三次产业革命中数字的"服务业化"

当代变革的本质是服务型社会的来临，它不是指服务业产值比重等外在性指标到底要达到多少，而是指随着生产力革命带来的生产工具发生根本性的变化而形成的人类劳动越来越呈现服务化趋势，且"服务"凝结于社会生产过程的各个环节，服务主导经济社会的发展格局。

（一）数字"服务业化"的本质：人类劳动服务化进而服务业成为主导产业形式

服务业就业吸纳能力的不断提高，一度被解释为是由其劳动生产率增长迟滞造成的（Baumol，1967；Fuchs，1968），这种认识已被后来的研

---

① 陈永正. 论当代活劳动形式[J]. 南京政治学院学报，2013（6）：4-10.
② 马克思恩格斯全集（第46卷·下）[M]. 北京：人民出版社，1972：217.

究逐步修正与扬弃。 在当代社会，更要跳出执着于不同类型经济活动的就业分布比例的局限，从整个人类劳动的发展趋势来看服务型社会的特征。 第三次产业革命的本质是知识劳动成为活劳动形式，而知识的生产与运用均表现为"服务"范畴，无论它是否附着在物质产品上，其本质是无形的。 这种劳动表现为两种知识服务（见图 4-1）：一是"前端为后端提供的知识服务，就是人在包括智能自动化生产体系的开发和运用在内的如何作用于自然物质的方法和手段的研究上开展的各种科学技术活动和经营管理活动，主要是各类科学研究、技术开发、产品研发、经营管理等研究和管理活动。 ……这些知识服务作为直接生产过程的活劳动形式，是当代物质产品的主要价值源泉，在产品中的物化形成当代物质产品的新价值"[1]，即服务业分类中的生产性服务业范畴。 二是"人对人提供的知识服务，就是将人视为智慧主体进行更新所开展的教育、医疗、文化艺术、娱乐休闲等各种泛文化活动，通过提供改变人的身体状态和精神状态的各种知识的服务，保持和提升智慧主体生产知识的功能。 ……人对人提供的知识服务作为直接生产过程以外的活劳动形式仍然是当代重要的价值源泉，形成泛文化产品的价值"[2]，即服务业分类中消费性服务业和社会性服务业范畴，"人对人提供的服务，最终以某种积累的方式在前端为后端提供的服务中体现"[3]。 这样一来，未来直接从事生产的劳动力会不断地快速减少，人将基本退出直接生产过程，人类劳动主要是"服务"，而且是知识服务。 但这并不是否认农业和制造业活动中人类劳动的存在，但其中的人类劳动主要存在于生产前端，其工作层次与复杂程度大大提高。在此过程中，低技能的产业工人的重要性下降，高技能的技术与专业服务阶级成为社会的核心，这也是贝尔对后工业社会的认定标准之一。 其间，涉及劳动力在整个产业中的分布同样也发生了变化，人类劳动本身已经体现为知识服务，一个人即使在农业和制造业领域中就业，其劳动形式

---

[1] 陈永正.论当代活劳动形式[J].南京政治学院学报,2013(6):4-10.
[2] 陈永正.论当代活劳动形式[J].南京政治学院学报,2013(6):4-10.
[3] 陈永正.信息时代的劳动之我见——兼评非物质劳动思想[J].桂海论丛,2013,29(5):48-53.

也是服务劳动，这样的劳动本质仍然是无差别的一般人类劳动，只是相对于以前人们在这些产业中大部分从事物质生产性劳动，其劳动形式和劳动复杂性发生了变化。 同时，这样的农业和制造业部门也转向以生产或提供服务为主，此时它们俨然已经部分或全部转变成为服务业部门。 因此，服务业必然成为这个时代主导的产业形式。

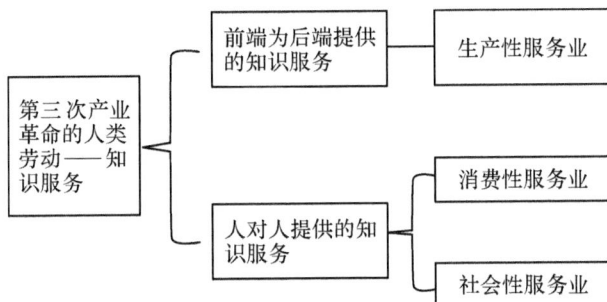

```
第三次产业革命的人类劳动——知识服务 ┬─ 前端为后端提供的知识服务 ── 生产性服务业
                                  └─ 人对人提供的知识服务 ┬─ 消费性服务业
                                                        └─ 社会性服务业
```

图 4-1　人类劳动服务化与服务业分类

"数字化"革命产生的"数字""信息""数据"等一系列新要素不仅被称作数字经济时代的"石油"与"货币"，更被誉为"陆权、海权、空权之外的另一种国家核心资产"（马化腾、孟昭莉、闫德利，2017），将这种新型资源进行市场化应用，形成的新业态、新模式、新产业就是数字产业化。 随着人类劳动的服务化进程，知识劳动成为主导，智能智慧服务替代简单制造劳动，数字的产业化过程必将是"服务业化"的过程，这主要是生产性服务业在起作用（详见第五章）。

（二）数字"服务业化"的表现："服务"投入增加和产业结构重构

根据服务经济的相关理论，服务型社会有两个简单而明晰的量化指标，即服务增加值占 GDP 的比重超过 60%，以及经济中从事服务活动的人员占全社会从业人员的比重超过 60%（周振华，2010）。 但这仅仅是衡量服务型社会最直接的量化指标，服务型社会最大的特点不在于这两项指标的变化；换言之，即便某些国家或区域的上述两项指标达到 60% 的标准，它们也未必就是进入了服务型社会。 "人类劳动服务化"投射到经济社会活动中，则会表现出服务渗透进整个经济社会活动，整个社会生产方式出现重大变化，从而出现的不只是服务业的发展，而是服务作为一种投入对经济发展和社会进步的作用。正如 Riddle（1986）认为的，服务业（主要指生产性服务业）是促进其他部门增长的过程产业，是便于一切经济交易的产业，是刺激商品生产的推动力，是经济的黏合剂。其本质其实就是直接生产过程"前端为后端提供的知识服务"对制造业等产业的附加值带来的提升作用。

相应地，产业结构会发生重构。在很长一段时期内，从理论界到实践界都认为服务业和制造业有着显著的区别，二者之间存在明显的边界。但如今越来越多的制造业企业将边界扩大至产品的整个生命周期，涵盖研发设计、产品开发、金融支持、物流服务、售后服务等产业链两端服务领域，越来越多的制造业企业不再只关注产品加工制造和仅仅提供产品，而是提供产品、服务、技术支持的"集合体"。有学者统计了世界各国制造企业提供的服务种类，发现制造企业主要提供 12 类服务（见表 4-5），其中设计研发所占份额最大，为 21.92%；提供系统解决方案次之，占15.70%；然后是零售和分销及维修支持，分别占 12.18% 和 11.94%。其他种类的服务所占份额大都在 5% 以下（Andy Neely，2007）。在这些"集合体"中，真正属于生产加工边界内的传统制造部分被大大压缩，更广泛的内容则属于服务业范畴。

表 4-5　世界各国制造企业提供的各类服务

服务种类	占比	公司数
1. 设计研发	21.92%	2373
2. 提供系统解决方案	15.70%	1700
3. 零售和分销	12.18%	1319
4. 维修支持	11.94%	1293
5. 金融和咨询	6.58%	712
6. 安装运营	5.10%	552
7. 财产和房地产	3.83%	415
8. 外包和经营	1.68%	182

服务种类	占比	公司数
9. 采购运输	1.35%	147
10. 租赁	1.07%	116

资料来源：ANDY N Y. The servitization of manufacturing：an analysis of global trends［EB/OL］. (2017-12-10). http://www.ifm.eng.cam.ac.uk/ssme/references/Neely_ref_cambridgessme07.

　　再来看第三次产业革命中美欧等发达国家提出的"再工业化"路径。例如，2009 年美国提出了旨在推动制造业复兴的"再工业化"战略，即大力发展先进制造业和物联网、新材料等新兴产业，以振兴美国制造业；一些知名的制造业公司将设在发展中国家或地区的制造业环节抽回，在本地开建新厂。再例如，德国提出的"工业 4.0"战略，实际就是在制造业自动化的基础上基于信息物理系统（Cyber-Physicd Systands，CPS）进一步向智能制造迈进，它的主题是智能工厂和智能生产，与过去人主要操纵机器而生产过程是预先设计好的不同，"工业 4.0"战略则是人要将自己的经验存储到机器中，更加智能地与机器沟通互动，[1]这就是智能自动化生产体系。可以看出，美国等西方国家的"再工业化"并非要重拾外包出去的制造业，简单地回到过去的传统制造业带动的工业化道路，过去以廉价劳动力取胜的制造业发展模式正在发生根本变化。这条"再工业化"路径是依托智能自动化生产体系来实施的制造业转型之路，从事制造业的人们将更多地集中在前端来从事知识服务劳动，与制造业紧密相关的研发、设计、物流等生产性服务业将成为制造业的主要业态。这里的制造业与服务业不再是统计意义上的传统分类，产业边界越来越模糊，服务业渗透进产业链中成为主导带来产业发展方式向服务化方向演进。"我们完全可以设想，未来理论界可能有必要放弃第二和第三产业的划分，将所有经济活动都视为工业领域和服务领域的结合，虽然二者结合的比例会有所变化。"[2]

---

[1]　郑红. 工业 4.0：更智能、更节能、更有趣［N］. 人民日报，2013-04-10(21).
[2]　让-克洛德·德劳内，让·盖雷. 服务经济思想史：三个世纪的争论［M］. 江小涓，译. 上海：格致出版社，上海人民出版社，2011：83.

(三)数字"服务业化"的结果:服务创新正成为经济增长的新引擎

与传统概念中的制造业创新相比,服务创新不仅是指服务部门中的技术创新或服务方式创新,更是指服务作为一种元素投入,在生产创新、组织创新及产品创新等过程中所起的创新作用。实际上,在新兴生产力兴起的当代浪潮中,服务创新正在颠覆传统的产业发展方式,推动技术、流程、管理和制度全方位变革,成为经济增长的新引擎。

在传统理论中,服务业不仅创新落后,而且基本上是工业技术"供给驱动"的部门,服务业被看作是创新有限和技术落后的。然而服务业尤其是生产性服务业的兴起正在使创新过程发生着越来越广泛的变化,服务部门的技术创新出现了加速发展的趋势。1990—2003 年间,在 OECD 成员国中,服务部门的研发开支以每年平均 12% 的速度增长,而制造业部门只有 3%。即使在制造业内部,服务的重要作用也日益引起了人们的重视,制造业的生产创新、组织创新和产品创新中无不伴随着服务创新,服务创新成为经济增长的新引擎(刘书翰,2005)。这其中有两类服务特别明显:一类是嵌入产品制造过程中提升产品核心价值的服务,如研发和技术服务;另一类是使产品功能得以扩展的附加服务,如设计服务和产品本身提供的多元化服务,如苹果手机已经演化成软件服务的平台。此外,涵盖运营、销售渠道、盈利模式、供应链、服务方式等在内的商业模式创新使企业以更低成本、更便捷服务、更快速反应去满足市场需求和适应市场竞争,而其最终目标则是提升自身在产业链中的位置,即向产业链两端的服务环节靠拢。可见,商业模式创新也是新兴生产力兴起的当代浪潮中服务创新的新内涵。就这点意义来看,服务创新正在颠覆传统的经营管理和产业组织模式,推动全方位的流程、管理和制度变革,这是服务型社会最重要的意义所在。

服务创新之所以成为创新的重要组成部分,更深层次的原因是生产性服务业将人力资本和知识资本引入生产过程中,从而对技术进步和创新产生重要影响。人力资本和知识资本进入生产过程,绝大部分是通过使用高技术人力资本和科学技术知识的厂商来实现的,这些厂商基本都属于生产性服务业领域,他们以人力资本和知识资本作为中间投入,产出自然也体现了人力资本和知识资本。由于这种产出被用作商品与服务的进一步生产投入，它们最终物化在为之后使用与出口而提供的商品与服务当中。换言之，生产性服务业在相当程度上构成了人力资本和知识资本进入生产过程的通道，也由此成为技术进步和创新的载体，并从市场分析、组织结构和管理模式变革及技术创新等方面帮助所服务的企业加快其创新性行为，使得学习效应和知识溢出效应增强。

三、第三次产业革命中服务业的"数字化"

在由"数字化"革命形成的服务型社会中，此"服务"已非彼"服务"，网络技术极大地改变了服务的特性。第一，"数字化"衍生的巨量信息服务，极大地改变了资信和知识的传播沟通方式，如网络搜索服务，为消费者提供了几乎无成本的信息服务；第二，服务生产过程被重组，在"数字化"的条件下，生产过程被分解成许多专业化环节，利用全球不同地点在人力资本、成本、市场、规模经济等方面的优势在全球各地生产，同时又通过信息技术将它们连成一个有机整体；第三，知识生产过程被重组，信息技术使知识能够编码化和标准化，研发、设计、编程等以知识为基础的服务可以分解为模块或片段分散进行，同时通过网络即时连接和同步推进；第四，网络能远距离连接服务生产和消费，消费者能够在全球范围内选择合适的服务供应商，服务提供者也可以面向全球消费者提供服务。[①] 服务业因为"数字化"革命而获得了自我革新机会，正是因为服务业这样的"数字化"质变，服务创新才能成为经济增长的新引擎，服务型社会才得以加速构建。

(一)服务可贸易

正如罗斯托认为的，发展中国家或地区要实现经济起飞必须克服资本积累不足的困难，因此他设定的经济起飞的重要条件之一就是要具备较高的积累率。制造业产品具备的可贸易性，使通过发展制造业推动工业品

---

① 江小涓,等.网络时代的服务型经济:中国迈进发展新阶段[M].北京:中国社会科学出版社,2018:215.

出口成为绝大部分发展中国家或地区增加外汇储备、提高资本积累的现实之举。而传统观点认为，服务必须在消费者身边开展，服务必须在消费的当时当地发生，同时，服务是无形的并且是不可储存的，不能跨国界转移，因此服务曾在很长一段时间内被认为是不可贸易的，这使得发展中国家或地区试图通过扩大服务产品出口来提高资本积累是不可行的。但是自第三次产业革命以来，随着全球化进程的加快和现代信息技术的革命性突破，服务业的不可贸易性正在被改变，尤其是自 1972 年 OECD 正式提出"服务贸易"这一概念以来，国际服务贸易实现了快速增长。2000年，世界服务贸易进出口总额为 29 551 亿美元，2018 年已经达到 112 549亿美元，年均增长 3.6%，而同期全球包括工农业产品在内的货物出口的增长速度为 2.9%，货物贸易与服务贸易的比值也由 2000 年的 4.5∶1 缩小到 2018 年的 3.5∶1。[①] 可见，服务贸易已经成为国际贸易的主要内容。中国服务贸易规模更是不断扩张，2018 年中国服务进出口总额已达7918.8 亿美元，其中出口为 2668.4 亿美元，进口为 5250.4 亿美元，分别比 2000 年增长了 10.1 倍、6.6 倍、13.5 倍（见图 4-2）。中国在世界上的地位也不断提高，2012 年中国服务进出口总额位居世界第三，仅次于美国和德国；2014 年超越德国，位居世界第二并持续至今，成为名副其实的世界服务贸易大国；2018 年中国服务出口总额占世界比重为 4.6%，排名世界第五，服务进口额占世界比重为 9.4%，位列世界第二。

文化、娱乐、餐饮、酒店服务等原本难以进行贸易的服务产品，在电子信息技术、交通运输技术、卫星广播技术等的共同作用下，其可贸易性大大增强，生产者与消费者的距离被拉近，电子商务、卫星直播、呼叫中心、数字传播等新业态和新模式的出现，使服务产品在不同的国家或地区之间实现生产与消费的同时性成为可能，过去必须现场消费的服务变为可以跨时、远距离甚至跨国消费。在此基础上，与货物贸易相同，通过服务贸易来获取外汇与资本成为可行的路径。与货物贸易针对的是有形的物不同，服务贸易主要针对的是无形的社会生产组织方式和消费供给方式

---

① 根据《国际统计年鉴 2019》相关数据计算得出。

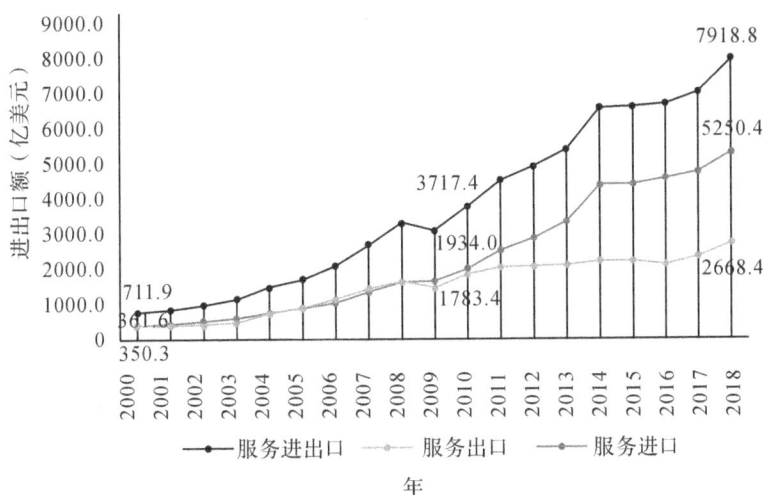

图 4-2　2000—2018 年中国服务贸易发展情况

数据来源:《中国统计年鉴 2019》。

（姜义茂，2007），货物贸易更依赖水运交通和物流设施等，服务贸易则更依赖航空交通、信息技术和生产组织方式等。

服务业可贸易性越来越强，意味着城市在实现国际化的道路上可依托的服务业态将越来越多元，过去只能服务于本地的服务产品在互联网的帮助下可以较低成本服务于全球。由此，除了生产性服务业，那些"人对人提供的知识服务"如医疗、教育、艺术等消费性服务业和社会性服务业，都有可能成为新产业革命下城市国际化的助推器。

（二）服务更智能

随着新一代信息技术同机器人和智能制造技术融合步伐的加快，社会生产和消费从工业化向智能化转变，智能化服务时代即将到来。据 2017 年 7 月美国《2016—2045 年新兴科技趋势报告》预测，到 21 世纪中叶，机器人和自动化系统将无处不在。新的技术革命将产业发展带入了"数字化"时代，随之而来的是，生产系统也朝着数字化、智能化改变，网络信息技术的渗透成为这场革命中最显著的特征。以"互联网＋"为架构的服务创新活动，尤其是以大数据等为代表的信息服务，将促进可自律操作的智能生产系统的建立，提升制造过程的自动化与数字控制水平，促使制造业的智能化程度明显提升。 基于现代信息技术基础而兴起的电子商务、在线监测、远程诊断、云服务等服务智能化活动，即使企业能够高效、准确、及时挖掘客户的潜在需求并实时响应，加速生产与消费的对接；也使产品交付后能对产品实现线上线下（O2O）服务，实现产品的全生命周期管理，推动生产与消费的精准对接。 此时，生产方式由大规模同质粗放生产向柔性化、智能化、数字化、精细化转变，产品实现按订单生产而不是盲目生产再费力推销，相当部分的产品将按照个体消费者意愿进行生产，甚至成为自动化、个体化的单件制造，用户全程参与其中。

服务智能化还将促使服务更加一站式与系统化。 近年来，数字技术与现代服务业的融合使数字技术在催生服务业新兴业态中的作用日趋显著，已经从后台支撑变为前台引领。 尤其是移动互联网、物联网、云计算等创新应用技术已成为国际科技竞争的新热点，推动服务业新业态和新模式不断涌现，为服务业提供了更大的发展空间。 其中，以应用性、系统性、集成性为主要特征的新兴服务业开始支撑技术发展，这已成为服务业发展的主要趋势。 例如，随着信息技术的迅猛发展，物联网应用版图不断拓展，如智能交通、环境保护、城市管理、公共安全、平安家居、智能消防、工业检测、老人护理、医疗健康、花卉栽培、水系监测、食品溯源等，物联网为这些服务业态带来的最大改变在于成体系的集成式创新。

人工智能被应用到生活服务上，将推动服务的自动化与无人化，从而替代诸如客服、教师、家政等传统服务业。 机器视觉、模式识别等技术的发展，催生了无人货架、无人超市、无人配送等服务模式，解放了烦琐、低效、重复性工作上的人力，使生活服务走向自助化、无人化。 同时，无人服务在高难度清洁、车底检查、防疫等场景也有广泛应用前景；尤其是新冠肺炎疫情暴发后，后疫情期内无人服务获得发展契机，该类服务以人工智能、大数据等信息技术为支撑，以减少人员参与和依赖为导向，通过改造或创新生产方式、服务模式而形成。 人工智能机器人将会承担起日常生产生活中的大量任务，如照顾老人、处理家务、收割农作物等。

(三)用户更重要

互联网和大数据拉近了生产者与消费者之间的距离,用户的作用已经成了当前服务业创新发展的重要维度,服务更智能的特性就是建立在用户需求能够快速感知、抓取与匹配的基础上的。 数字化革命促使为服务对象提供的服务将更加具有体验化特点,即企业通过提供个性化产品或服务,创造或改善消费者的某种感受与体验,也就是体验经济。 消费者的认知正在经历从满足基本需求,到提高决策效率,再到追求消费体验的过程。 为了提高用户的体验度,数字技术推动体验模式不断创新,线上线下等新型体验服务快速发展,服务业出现大量的"量身定制",产品或服务提供者的目标市场由规模化、类型化进一步变为个人专属化,竞争焦点由产业或服务竞争变为体验竞争。 例如,零售业正在通过"技术＋品质＋体验"的多重组合构成运用人工智能及大数据等先进技术手段、将线上服务和线下体验完美融合的新零售。 旅游业正在由传统的观光游览转变为以体验为导向、提高游客参与度的体验式旅游。 演艺业也在推出用户参与情景式体验剧目,如近年来国际上十分盛行的沉浸式戏剧,又称浸没式戏剧(Immersive Theatre),其打破传统戏剧"演员在台上、观众在台下"的传统方式,采取互动体验式观演方式,演员在不同的空间中移动,观众可以自由选择想去的场所和追随的角色,甚至参与戏剧之中,世界著名的沉浸式戏剧《不眠之夜》于 2016 年落户上海,开演至今,仍然场场爆满。

同时,海量的信息也使"争夺关注力"(江小涓,2017)成为竞争焦点。 争夺用户的关注力并将之相对固化,进而形成忠诚的消费者群体,成为服务业商业模式发生变革的重要原因。 "网红"经济由此产生,网络红人以自己的"爱好""品位"等为标签,向粉丝们展示和销售商品,或直接将社交流量出售给广告商来变现。 长期以来,"品牌"一般指企业或企业创建的商品服务,"网红"的出现标志着个人也可以成为"品牌"进入市场,这种"品牌"鲜活有趣,可以时刻与粉丝交流生活方式、时尚、梦想等,很多粉丝并不单纯为了买东西而追随他们,而更多的是为了满足精神与心理需求。 爱好相同的人"聚"在一起,个人消费向社群消费转型,消费成为新型的社交方式,同时产业的社交属性更加强化。

(四)质量可评价

在服务业的"成本病"理论之争中,很多学者认为服务质量无法测度会导致服务业的生产率被低估。 例如,让·盖雷(2000)认为,美国服务业为顾客提供了更多直接的面对面服务,但传统的产出度量方法,如零售商品销售量、医院病人数量等,都没有计算提供的直接服务量,这样计算的结果就使得美国总的劳动效率相对较低。 他认为,超市雇用更多的人员并不说明效率更低,而是说明分析产出要把与交易商品相关的服务结合起来,而不仅仅是商品数量本身。 因此,对服务业效率的评估,应采用更加复杂的方法,要考虑传统方法忽视的变量:服务的复杂性、强度和结果。 这一点在数字经济时代得以改变,互联网汇聚大量用户评价,使服务的质量和适用性得以较为准确的体现,帮助客户和消费者做出选择,为那些表现良好的企业赢得更多的客户,极大程度地解决了服务提供的信息不对称问题,有效促进了市场的优胜劣汰。 例如,大众点评、淘宝等网站提供的用户评论和信誉评价体系,胜于过去使用的如事先资质审查、事中检查、查处消费者投诉等多数传统管理手段,特别有助于一些成立时间较短、但提供服务具有特色且质量较高的中小企业。 再如,机票购买平台会呈现每个航空公司、每一班航班的晚点率和平均晚点时间,这样客户在购买机票时自然就会选择准点率高的航班,从而通过市场手段引导各航空公司努力提升准点率。 类似应用已十分广泛,大大提高了服务质量的透明度与可评价性,使服务扩张成为可能。

(五)组织扁平化

数字经济时代的产业组织形式发生了革命性变化,平台企业成为新的市场关系主体。 平台是通过将不同的用户群体纳入同一个网络以创造价值的一种商业模式(裴长洪等,2018)。 与实体平台不同,数字经济时代的平台依托信息通信技术与海量大数据,使其用户以低成本连接编织构成的巨大网络能够打破时空限制,显著降低交易成本。 这些平台企业不是凭借自身内部资源来创造价值,而是通过连接和协调巨型网络中的生产者和消费者来创造价值,消费者的重要性再次凸显,将与企业共同创造价值。 企业之间的关系也由强调上下游分工转变为平台上企业之间的大规模扁平化协同关系。 例如，淘宝平台的上亿消费者与千万商户，共同构成了一个前所未有的大规模柔性共同体，这个共同体中的每一方都受益于其他方的存在。 从表 4-6 可以看出，2007 年第四季度全球 10 家市值最大的公司中，只有微软一家是平台企业；到 2017 年，则有苹果、Alphabet Inc.（谷歌母公司）、微软、亚马逊、Facebook、腾讯、阿里巴巴等 7 家平台企业。 扁平化的生产消费组织方式通过节约交易成本、弱化规模经济约束和减少信息成本，拓展了协同合作的空间与机会，极大地提高了资源配置效率。 因此，平台经济在自身规模、价值创造、影响力、包容性等方面均超出传统的跨国公司范畴，与跨国公司的控制力、支配力相比，这个大规模柔性共同体更加具有平等性与普惠力，依托平台经济形成的城市国际化道路由此也与依托高级生产性服务业形成的"控制""支配""主导"这样的城市国际化道路产生了不同，共谋发展、共同受益将成为它们新的导向。

表 4-6　全球市值最大的前 10 家公司变化情况

排名	2007 年第四季度		2017 年第四季度	
	公司	市值（百万美元）	公司	市值（百万美元）
1	中国石油	723 952	苹果	868 880
2	埃克森美孚	511 887	Alphabet Inc.	727 040
3	通用电气	374 637	微软	659 910
4	中国移动	354 120	亚马逊	563 540
5	中国工商银行	338 989	Facebook	512 760
6	微软	333 054	腾讯	493 340
7	俄气 Gazprom	329 591	伯克希尔·哈撒韦	489 490
8	皇家壳牌	269 544	阿里巴巴	440 712
9	AT&T	252 051	强生	375 360
10	中国石化	249 645	摩根大通	371 050

资料来源：Wikipedia 词条"List of public corporations by market capitalization"。

此外，还诞生了另一种与平台经济密切相关并建立在其发展基础上的新兴形态——共享经济（Sharing Economy，或称分享经济），即随着数字技术、互联网产业的发展，诞生的以个体消费者之间的分享、交换、借贷、租赁等为基本特征的商业模式。共享经济是超越所有权获得产品与服务的活动，通过互联网几乎零成本地整合分散的碎片闲置资源，使资源利用效率最大化，并满足多样化市场需求，从交通工具、房屋、餐饮到服饰鞋包的共享，共享模式已经成为人们新的生活和工作方式。共享经济能为消费者提供更低价的服务，因为是共享自己的物品、服务能力或闲暇时间，所以收费相对较低。共享化给传统消费模式带来了革命性、颠覆性影响，给消费者带来了差异化的创新性服务，提供了更多的选择、更好的价格、更高的服务质量（刘奕、夏杰长，2016）。因此，其发展规模快速扩大。中国国家信息中心分享经济研究中心发布的《中国共享经济发展年度报告（2019）》显示，2018 年我国共享经济市场交易额为 29 420 亿元，比 2017 年增长 41.6%；平台员工数为 598 万，比 2017 年增长 7.5%；共享经济参与者人数约 7.6 亿人，其中提供服务者人数约 7500 万人，同比增长 7.1%；同时，该报告预测，未来 3 年，中国共享经济仍将保持年均 30% 以上的增长速度。提供这样个性化低成本的服务，将成为服务业的未来发展趋势。

第三节　数字经济时代服务业影响与中国城市国际化道路

一、数字经济时代服务业与城市国际化的匹配机制

数字经济时代服务业的内涵与外延有了重大突破，平台经济、共享经济等新兴产业形态出现，服务业性质改变，与城市国际化的发展趋势不谋而"合"，这是因为 3 种匹配机制在发挥作用。

（一）普惠性匹配机制

普惠性（Inclusive）是数字经济发展的根本特征（中国信息化百人会课题组，2018）。数字经济发展过程中，开放、包容、协作、共享、共赢

等特征不断显现，其共同交集就是普惠性，即让更多的人能从数字经济的发展及其带来的机遇中受益。数字经济的充裕性、无处不在的互联性给人类带来的财富和福利的增长及潜力毋庸置疑。更重要的是，这些财富和福利的增长将惠及更多的人群。数字经济带来服务业组织扁平化，使连接全球的市场主体由过去以跨国公司为主导的产业链式组织方式，向由超级平台构建的网络式扁平式组织方式转型。过去，跨国公司与中小企业的主从关系明显，因此拥有跨国公司尤其是跨国公司总部的城市在世界城市网络中的支配控制地位尤其突出；现在，"云端制"（超级平台＋海量用户＋海量商家、服务商）中的各方都是平等的，没有绝对主导的一方，中小企业借助"云、网、端"等新基础设施，能够同跨国公司站在同一个舞台上参与全球竞争与发展。

再看全球化和信息化背景下的城市体系变化，世界城市体系正在以网络形式组织起来。这种网络化的特点是"以信息网络为基础骨架；以全球为范围；系统一体化趋势明显；组织的紧密性和强度增加；处于不断壮大和扩展之中"[1]。城市是这种网络的节点，城市之间的联系由中心地体系中的纵向等级化联系，通过加入横向联系而演化为横向与纵向联系兼具的网络化体系。这样，城市之间的交互变得复杂，城市职能分布、城市的联系机制已不再简单受制于城市的绝对区位、规模及固有的城市等级等因素，小城市也可以拥有中级甚至是高级职能。如图4-3所示，有大、中、小3种规模等级的城市，同时有基本的（elementary）、中级的（intermediate）和高级的（advanced）3种城市职能，在克里斯塔勒等的中心地体系中，很多中国城市承担的职能或许只有基本的或中级的，但在全球化和信息化推动的流动空间中，中国城市可以频繁地与高级别城市发生交互作用，承担起一些专业化的职能，从而改变自身的相对区位。可见，数字经济时代服务业与城市能级变化通过这种普惠性机制作用实现了匹配，服务业更加强调连接性、服务性、延展性，作用在城市国际化道路上，即产生了城市国际化的网络化协同受益格局。

---

① 沈丽珍.流动空间[M].南京:东南大学出版社,2010:32.

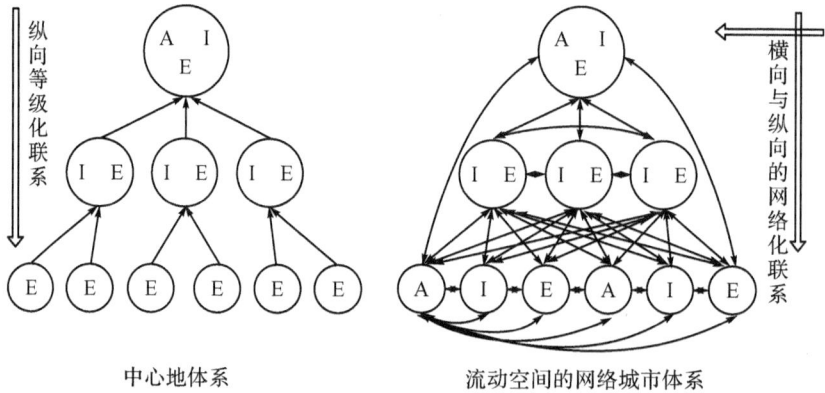

中心地体系　　　　　　流动空间的网络城市体系

图 4-3　中心地体系与世界城市网络体系的城市职能分布和联系机制

资料来源:沈丽珍、顾朝林.区域流动空间整合与世界城市网络构建[J].地理科学,2009(6):787-793.

(二)独特性匹配机制

当前的城市国际化已经跨越了"千城一面"的发展阶段,没有独特性的城市在世界城市网络中很难营造出属于自己的吸引力和竞争力。 这种独特性更多地由城市文化决定。 城市文化虽然是无形的,却比有形的物质设施影响更深远更广泛。 例如,伦敦的世界城市地位,并非单纯依靠英镑等金融资源形成,在维多利亚时期,伦敦就以新古典主义及以世博会为代表的工业文明形成了城市的重要影响力;金融危机后,伦敦进一步强化在全球创意文化中的先锋地位,形成了以"酷伦敦"为代表的独特的城市形象和吸引力;2012 年,伦敦在发布的《全球文化都市报告》中指出,文化是世界级城市公共政策的核心,世界级城市把文化作为创意经济的引擎,作为包容文化多样性和吸引人才的磁石。 可见,城市国际化离不开城市文化的辐射力,特别是数字技术和文化、艺术的交融升华,以及技术产业化和文化产业化的交互发展,使以文化为引领的城市国际化道路具有很强的价值渗透性。 这正是文化类服务在城市国际化中体现的匹配机制。 同时,数字经济的发展加剧了这种独特性的输出与消费,为其提供了技术手段与传播载体。 例如,全球最大的流媒体播放服务提供商网飞(Netflix),目前已接入 200 多个国家和地区,国外客户数迅速上升,全球用户总计达 1.25 亿人，国际会员占比为 55%，国际收入占比为 50%。
该公司称其全球活跃用户远期目标为 7 亿。[①] 这是因为文化服务消费具备
一定的"社交功能"，当人们发现自己所消费的产品被更多人消费时，其
从该文化服务消费过程中获得的效用会提高（Janeba，2007），而数字经
济时代沟通成本的下降，使这种网络外部性的影响更容易跨越国界，促进
城市文化价值渗透性的全球化。

（三）在地性匹配机制

在地性（Localization）是相对于全球化而言的，是指一个地区或国
家，任何一种经济或商品流动，必须适应地方需求，才有可能加速发展，
即可视为一种产品或服务的应用能够为某一特定文化或语言地区所接受的
情况。服务业的在地性最主要的体现领域就是直接为居民服务的消费性
服务业及社会性服务业。在地性与国际化并不矛盾，城市国际化包含两
个维度的内容：一方面，是经济竞争力维度，也就是城市经济功能的全球
控制力；另一方面，则是城市地点质量（quality of place）的全球吸引力，
也就是城市应该具有高水平的社会环境和公共服务（诸大建，2019）。
城市地点质量的全球吸引力，就是通过提供多样化、特色化、高质量的服
务吸引更大服务半径的人群来本地消费，通过城市的高宜居性吸引投资者
和创业者，这就是在地生活的国际化。莎伦·佐金（2016）专门研究了
地方商业街区，认为地方商街正在迅速发展成为一个"全球化"的城市生
息之地，在这里人们能听到、看到来自世界各地不同的语言与文化。国
际化与在地化的融合，归功于来自世界各地的移民与土生土长的本地居民
共同生活工作，以及不同文化间的交流，如本地佳肴与外地美食的碰撞、
传统艺术与潮流艺术的杂糅。如表 4-7 所示，国际化城市的地方商街呈现
出超级多样性，既是居民在地生活的主要载体，也成为城市吸引外来消费
的特色化空间。

[①]　江小涓，罗立彬.网络时代的服务全球化——新引擎、加速度和大国竞争力[J].中国
社会科学，2019(2):68-91.

表 4-7 从纽约到上海的地方商街

城市	街道名	地点	描述
纽约	奥查德街	近中心	从移民到潮人
	富尔顿街	近周边	从非洲裔美国人到民族多样化
上海	田子坊	近中心	从工厂到艺术区
	民星路	近周边	工人阶层
阿姆斯特丹	乌得勒支街	近中心	高档次消费但是"惬意"
	爪哇街	近周边	从移民到潮人
柏林	卡尔·马克思街	介入中心与周边之间	从移民到士绅化
	穆勒街	介入中心与周边之间	工人阶层,民族多样化
多伦多	布鲁尔谷	近中心	从移民到士绅化
	丹尼斯山	近周边	工人阶层,民族多样化
东京	麻布十番	近中心	高档次消费但是"惬意"
	下北泽	近周边	潮人生意

资料来源:萨伦·佐金,等.世界城市地方商街:从纽约到上海的日常多样性[M].张伊娜,杨紫蕾,译.上海:同济大学出版社,2016:10.

二、服务业影响下中国城市国际化道路新嬗变:跟随型向创新型迈进

当前世界面临百年未有之大变局,国际局势跌宕起伏,发展面临的外部环境更加复杂严峻。 首先,全球政治格局和力量对比加速演变。 全球经济增长乏力,世界经济"南升北降""东升西降"的特征日趋明显,新兴经济体、发展中国家对世界经济增长的贡献率不断提升。 2010—2017年,亚洲 GDP 占全球 GDP 的比重从 31.6% 增长到 36.0%,而欧洲和北美分别下降到 27.4% 和 24.0%①,其中,中国 GDP 占全球 GDP 的比重已达 16%,与美、欧共同组成三极格局。 由经济实力变化而引发的发达经济体与新兴经济体之间的利益冲突分化使得矛盾和对抗愈演愈烈,中美关系进入全面性、长期性、结构性摩擦新阶段。 其次,全球新冠肺炎疫情

---

① 联合国统计司数据。

暴发和产业链供应链重构加速演变。 新冠肺炎疫情在全球蔓延，后续不
确定性较高，对世界经济从消费端和生产端的双向冲击可能将深度延续波
及，投资者信心受挫，引发金融和资本市场动荡，这可能加速全球产业
链、供应链重构进程，显著改变世界贸易和跨国投资格局。 再次，全球
贸易体系和经贸规则加速演变。 经济全球化带来效率提升的同时，引发
各国不同阶层之间的利益分配不均问题，国际政治关系经济化趋势明显，
贸易保护主义泛起，现有国际经贸规则日益受到挑战。 最后，全球能源
版图和地缘政治加速演变。 中国、印度等新兴市场国家的能源需求大幅
增长，与世界主要大国围绕能源供应、控制能源战略通道的博弈更加激
烈。 随着美国战略重心进一步向亚太区域转移，我国周边地缘政治关系
会更加复杂多变。

　　在这样的时代背景下，谈论城市国际化尤其是中国的城市国际化有了
更不一样的意义。 根据上海社科院发布的《国际城市发展报告（2012）》
的相关研究，在 2008 年全球金融危机前后，城市的国际化正由 1.0 版向
2.0 版全面升级。 "国际城市 1.0 版"是指依照国际通行标准建设城市框
架和配置城市功能的早期国际化，其基本标志是：在功能空间上，包括设
立中央商务区、大型住宅社区、科技园区、工业园区、综合交通枢纽和城
市轨道系统等；在建筑单元上，包括开发高星级酒店、国际连锁超市、大
型综合商城、会展中心、博物馆、剧院和美术馆等；在软环境上，包括推
广市民规范、双语标志、口岸服务和国际社区等。 完成这些配置的城市
至少在物质形态上与国际化接轨。 "国际城市 2.0 版"则是在完成国际
化的基础建设框架之后，为城市的国际化寻找新的驱动力与发展模式，探
索如何差异化发展、特色化升级，文化创意、科技创新、智慧发展等成为
"后危机"时代城市国际化的核心抓手，尤其是在借鉴西方高等级城市建
设模式的情况下，根据地方特色调整形成根植于本土的国际化模式。[①] 与
"国际城市 1.0 版"主要以硬件设施和物质形态为主相比，"国际城市
2.0 版"更注重基于内生动力的个性和特色。 中国城市在过去相当长的一

_____

① 屠启宇.国际城市发展报告（2012）[M].北京:社会科学文献出版社,2012.

段时期内是朝着这样的方向在努力的，也诞生了一批在国际上位次和影响力不断攀升的城市，如北京、上海、广州、深圳等。但总体而言，我们的城市国际化其实都是在改革开放以后中国融入全球化而跟随着发达国家或地区的城市的步伐进行的，很大程度上是一种跟随型的城市国际化。然而，随着当前国际政治经济格局的深刻调整，世界大变局加速演变，全球动荡源和风险点显著增多，经济全球化遭遇了众多的挫折和挑战。中国的城市国际化将面临诸多挑战，如发达经济体对中国产业和城市的打压，部分城市尤其是沿海城市出口导向发展模式所受约束增多。

但有"危"就有"机"，第三次产业革命带来人类社会加速向服务型社会演进，信息化、全球化、区域经济一体化机制的传导，对中国这样一个发展中大国的城市国际化道路产生着深刻的影响。这种影响的实质就是以数字技术为引领，多技术群相互支撑的链式变革带来的服务型社会综合创新，使中国城市有机会在产业发展、国际分工、社会治理等方面树立新的国际标准，并为新兴经济体的自主发展道路选择提供参考。数字经济时代对服务业产生的深刻影响，使中国城市的国际化道路站在了与过去不一样的新起点上，我们将之称为"国际城市3.0版"，即搭上数字经济的"快车"，强调在城市发展中加入服务业"数字化"质变的影响，推动城市的全面创新，形成本土化优势与国际化能级共同提升的创新型城市国际化道路。这样的道路不再是跟随型的，因为我们和发达经济体在数字经济时代面临的机遇是相同的，没有孰先孰后，我们不再会像错过工业经济时代一样错过数字经济时代。因此，谁先抓住机遇谁就获得新一轮发展动力。中国城市既可以通过发生"数字化"质变的服务业发展来直接缩小与那些世界城市发展差距中的服务业部分，又可以通过服务业来改造制造业、农业、公共服务甚至社会治理架构进而提升整体竞争力，甚至在某些领域形成新的国际标准，以全面创新开启新的国际化征程。图4-4绘制了城市国际化三阶段嬗变的主要特征。

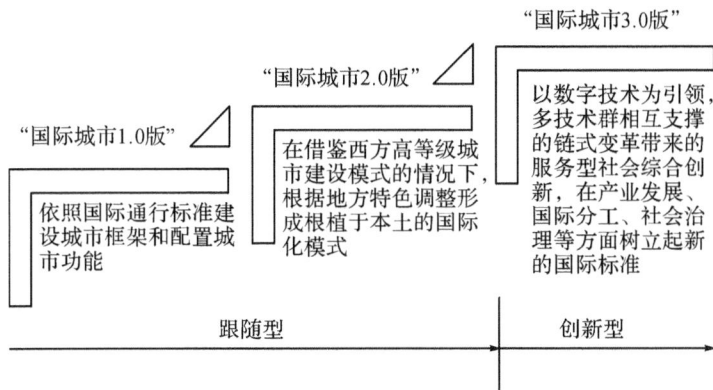

图 4-4　城市国际化三阶段

三、服务业影响下中国城市国际化道路可能呈现的类型模式

受数字经济的作用，服务业对中国城市国际化道路将产生巨大影响，这些影响在具备不同发展条件的众多城市中将会产生不同的效果。能够成为国际化城市甚至登顶世界城市的只是少数城市，大多数城市则会在城市国际化的进程中产生分化与变形，不同类型的服务业在其中的作用机制各不相同，具体作用机理将在第五章详细展开。

（一）全面登顶型

在数字经济与服务业高度融合的契机下，将可能有少数中国城市实现在世界城市网络中的登顶之举。这些城市既有以知识引入为特征的生产性服务业带来城市国际化的全球竞争力，又有消费性服务业与社会性服务业带来的全球吸引力，创新在经济社会领域全面渗透，形成影响国际或区域的商品和服务交易价格形成机制，形成高效便利的制度安排，形成部分领域新的国际标准。服务业在其中发挥的作用是：使这少数城市不必模仿跟随发达国家城市的道路，甚至与发达国家城市站在"数字经济"这条相同的起跑线上，顺应服务型社会的产业演变趋势，在不可逆转的全球化中形成"中国特色"和贡献"中国智慧"。

（二）平台门户型

在城市国际化的网络化协同受益格局中，有一些城市承担着平台门户

111

型功能，它们基于数字技术、物流技术、交通条件的快速发展和贸易便利化及产业分工的深化，推动平台经济、共享经济、数字贸易等新兴模式与传统优势产业相互融合，使集聚辐射能力大大增强。服务业在其中发挥的作用是：更加强调连接性、服务性、延展性，使城市在世界城市网络中的链接能力得以增强；由于数字经济与服务业融合的深刻影响，这种道路会因为服务业对传统产业的改造出现新的特征，使服务业尤其是生产性服务业的影响与过去相比大大增强，并成为决定城市国际化质量的关键。平台门户型城市具备向全面登顶型城市晋升的极大潜力。

（三）特色专业型

受独特性匹配机制的影响，服务业对于城市国际化道路中特色优势的形成发挥着主导作用。有一些城市没有条件实现全面创新和全面崛起，通过服务业尤其是消费性服务业与优势资源结合，可以在文化、旅游、会展、商贸等领域形成国际影响力，加之数字经济的发展为这种独特性的输出与消费提供了技术手段与传播载体，这些城市将具有成为特色专业型国际化城市的可能性。

（四）节点融入型

对大多数中国城市而言，要在世界城市网络中拥有较高的层次与能级是困难的。服务业对这些城市的影响主要体现在它们可以通过由生产性服务业构建的城市群网络与高等级城市不断发生联系，并对传统产业进行改造进而影响工业化进程，也可以通过服务业的在地性匹配机制改善城市发展环境，通过服务业强大的融合力量去成为节点融入型城市。

综上，本书的主要观点由此形成，即数字经济通过数字"服务业化"与服务业"数字化"使当代条件下服务业的内涵发生质变。在此背景下，三大类服务业分别通过普惠性、独特性、在地性匹配机制对城市国际化发生作用，推动中国城市国际化由跟随型向创新型迈进，并可能呈现全面登顶型、平台门户型、特色专业型及节点融入型等4种类型模式（见图4-5）。4种类型的城市相互关联、相互作用，并且呈现动态转化关系，平台门户型城市可能向全面登顶型城市转化，特色专业型城市在极大程度上能够向平台门户型城市转化，节点融入型城市具备向前面几种类型城市转化的巨大潜力，这主要取决于发展条件的创新与优化、服务业影响的注入及地方政府主动的产业引导策略。

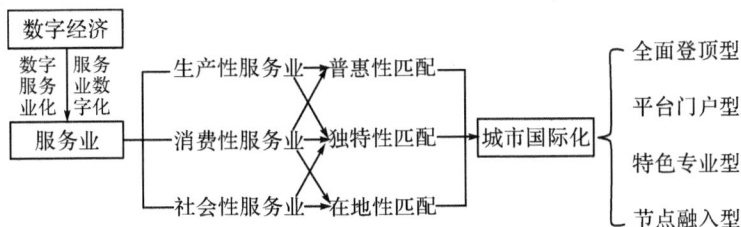

图 4-5　数字经济时代服务业影响与中国城市国际化道路逻辑图

服务是异质的，这导致了服务业的构成极其庞杂，既包括警察、保安、家庭服务、餐饮等传统"纯劳动"型服务业，也包括航空、电信等资金、设备和技术高度密集的服务业等，还包括软件、咨询、研发、设计等知识含量很高的行业；既包括最具竞争特征的零售商业服务、餐饮服务、商务咨询服务等，也包括最具垄断性质的金融、电信和铁路运输等行业。同时，服务业中还包括大量超出经济意义而具有社会事业性质的行业，如教育、卫生、文化及社会管理和政府部门等。这些不同的行业对于城市国际化的作用不尽相同，不能以偏概全。本章将按照第一章对服务业分类的界定，从匹配机制的视角出发，分别就数字经济时代的生产性服务业、消费性服务业、社会性服务业对城市国际化的影响机理进行分析，研究它们是如何适配于当前的城市国际化趋势。

第五章

数字经济时代服务业驱动城市国际化的内在机理

第一节　生产性服务业与城市国际化

一、生产性服务业引致工业"服务业化"推动高质量的城市国际化

从劳动本质来看，在服务型社会的两种形式的劳动中，"前端为后端提供的知识服务"属于生产性服务业范畴。它是智能自动化生产体系成为生产工具，人从直接生产过程中退出后，专门从事的研发、设计、咨询、金融、营销等间接劳动（陈永正，2013）。这样，传统工业过程被解构，即传统工业生产过程中人通过生产工具（机器、机床等）直接碰触劳动对象的特征不复存在，而重构为智能自动化生产体系崛起后直接劳动由其承担，人不再直接接触劳动对象，进而主要从事间接劳动的现代工业过程。现代工业过程中人类劳动表现为为生产提供"服务"，而不是直接从事生产，这种间接劳动就是生产性服务。

进一步地，现代工业过程发生服务化演变，研发、设计、咨询、金融、整体解决方法提供等生产性服务业成为现代工业的主要业态，劳动服务化带来了产业服务化，工业"服务业化"成为工业发展的最终状态。这与农业的工业化①有异曲同工之妙，农业工业化是将农业生产过程与发展方式引入工业化方向，使农业装备机械化、农业生产工厂化、农业经营产业化，这些正是用工业的方式在改造农业，使农业虽然生产的仍然是农业产品，但却是用工业的方式在生产，农业已经演化为工业。工业"服务业化"则是工业生产过程发生服务化，人在其中的劳动为服务劳动，投入主要体现为知识服务劳动的投入，生产的产品是知识服务劳动的凝结。工业"服务业化"是第三次产业革命带来的必然趋势，生产力的变革带来生产工具的变革从而促发人类劳动的变化，毫无疑问会引起产业发展方式

---

① 刘茂松.论新型工业化的中国特色——农业小部门化时期的中国农业工业化[J].湖南师范大学社会科学学报,2009(5):97-101.

的变化：手工劳动时代产业发展方式以农业劳作和手工工业为主，机器劳动时代产业发展方式演化为机器大工业与农业工业化，知识劳动时代产业发展方式则向服务化方向演进，工业"服务业化"不仅是现代工业过程的演变趋势，也将牵引农业在工业化的基础上继续向"服务业化"深化，进而引致产业体系的服务化演变。

工业"服务业化"无论是从宏观经济总量还是从微观经济表现上看，都会出现一系列特征性事实。一方面，在产出、就业、消费和投资等总量中，与服务有关的比重不断攀升并逐步居于主导地位，最明显的表现就是产出和就业人数的比重均超过 60％，当下全球平均水平早已超出了这个比例，在这其中，生产性服务业的增加值和就业人数的比重均在不断上升，但前者上升的幅度较后者大[①]，这意味着生产性服务业的相对劳动生产率在不断提高。同时，通过抽样调查，目前在中等收入水平以上的国家，服务消费占全部消费的比重亦在 50％以上。[②] 投资则可以从两个角度反映，一是外商直接投资中服务业利用外资的比例；二是全社会固定资产投资中服务业投资所占的比例。仅以上海目前的水平为例，这两个指标均在 70％左右。另一方面，在微观经济中，越来越多的产出物的核心价值表现为服务，这即是由知识服务劳动的投入引起的。反映在制造业企业中，则企业要么以生产产品为主转型为以提供服务为主，要么其产出的实物产品中有着不断附加的服务包。与此同时，还催生了大量中小企业去提供更加专业化的核心价值服务。这种微观反应主要表现为以下几种类型（见图 5-1）。第一类是服务外包（如一般制造业企业）：对于一些不能或不愿由内部提供服务的企业而言，可通过购买外部服务作为中间投入。第二类是服务增强（如 Ford、GM）：对于一些可以通过自身力量提供服务的企业而言，可通过增强服务进一步贴近客户，满足客户需求，提高市场竞争力。第三类是服务转型（如 IBM、GE）：对于一些想向上

---

① 顾乃华.生产性服务业发展趋势及其内在机制——基于典型国家数据的实证分析[J].财经论丛，2008(3)：15-21.

② 陈宪，殷凤，韩太祥.服务经济与贸易[M].北京：清华大学出版社，2011：8.

下游高附加值区域转移以获得更高利润的企业而言，可将制造活动外包而专注于服务活动，实行服务转型。 第四类是服务品牌（如 Nike）：一些企业将通常意义上的制造活动和服务活动全部外包出去，而专注于从事品牌经营活动，并通过品牌整合产业价值链。 在这 4 类中，第一、三和四类均是产业链部分环节从企业内部分离出来（包括服务环节或加工制造环节），制造和服务环节相对独立，制造企业或向外部企业购买生产性服务，或转型为服务企业为其他制造企业提供生产性服务，这均属于生产性服务外部化；第二类则是"制造业服务化"的典型，属于制造企业生产性服务内部化。

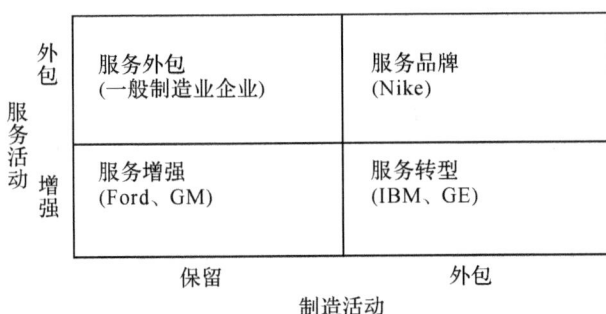

图 5-1　生产性服务业与制造业的业务演化关系

就此而言，生产性服务业的影响机理在于促使工业扬弃了自身，向服务化方向转型，从而使传统工业逐步发生消解，重构为服务化的现代工业。 生产性服务业已不只是作为服务业的一种类型单纯起着作用，它实质是整个产业体系服务化的反映。 然而，这种作用的发挥是一个渐进过程，因为知识劳动尽管作为当代活劳动的主要形式已出现在发达国家的先进产业和少数新兴国家的高端制造业中，但目前规模并不大；相反地，机器劳动仍然是处在工业化阶段中大量发展中国家的主要活劳动形式，这也正是在中国这样一个发展中大国的大多数城市中存在的普遍现象。 因此，生产性服务业要推动现代工业体系乃至整个产业体系出现服务化演变，还要基于智能自动化生产体系作为生产工具的崛起，这就依赖于数字技术的强力支撑。 而这只有可能率先出现在一些科技水平高、创新环境优越、先进制造业发达的城市，在此基础上，生产性服务业的注入就有可能推动这部分城市产业体系发生服务化演变，这种演变使它们将以生产性服务业各业态门类为代表的服务业来替代制造业并成为主导，进而推动它们以知识含量更高、技术水平更领先的产业体系参与国际竞争，推动城市国际化的高质量发展。

二、生产性服务业对传统制造业改造升级推动高质量的城市国际化

生产性服务业带来的"工业服务业化"现象还对传统制造业主导的工业化模式起着改造作用，这种改造主要通过嵌入的方式进行。

第一类是结构性嵌入的生产性服务业，也就是在功能上直接嵌入生产过程的那些生产性服务业，它们的主要作用是将人力资本和知识资本引入生产过程，成为这些资本进入生产过程的通道，在其自身专业化的同时，促进生产过程日益扩大的迂回性，再将人力资本和知识资本引入生产过程导致资本深化，从而提高产品附加值并推动生产过程的技术进步。 这类生产性服务业在传统制造业中的嵌入在一定程度上解决了因物质资源的稀缺性所导致的原有增长方式不可持续的问题，如研发设计有助于提高产品附加值，供应链服务有助于提高制造业生产率，信息服务带动制造业的智能化水平提升和劳动生产率提高，这些都成为有形产品创造差异化竞争优势的主要源泉。

第二类则是关系性嵌入的生产性服务业，即那些与产品形成全过程有一定的外部相关性的行业，如销售服务、金融服务、财务法律服务等。有些传统观点认为，这类专业服务是交易成本型服务，它们的过度膨胀会导致经济增长的效率损失。 但从根本上和动态发展的角度来看，由于企业生产分工日益多元化，产业链的各个环节不断专业化，促进了不同环节之间从原来内部结构的关系转向独立主体之间的关系，从而导致市场交易活动复杂化。 在如此复杂的市场环境中，生产性服务业关系性的嵌入，能帮助企业不断地以低成本高效获得至关重要的信息和知识，通过辅助、润滑和降低交易成本的作用，来提高制造业生产运营效率，使其有条件专注于自身核心能力的打造，进而提高全社会生产效率。

正如前文提到，美国等西方国家的"再工业化"并非重拾外包出去的制造业，简单地回到过去的由传统制造业带动的工业化道路。 它们的"再工业化"道路是依托智能自动化生产体系来实施的制造业转型之路，

从事制造业的人们将更多地集中在前端来从事知识服务劳动，与制造业紧密相关的研发、设计、物流等生产性服务业将成为制造业的主要业态。可见，如果我国的城市再沿用以前那种通过利用国内廉价的劳动力和土地资源吸引国外资本资源，采取"两头在外"的制造业发展模式使"中国制造"遍及全球的方式来推进国际化，必然是落后的且不可行的；如果不能持续提高劳动生产率和实现技术进步与创新，其必然是一种低水平的国际化。从这点意义来看，生产性服务业的影响至关重要。一方面，其引致的工业"服务业化"和空间布局等级差异特性共同对高等级城市发生作用，高等级城市则可以将部分传统制造业交给周边低等级城市而专注于服务功能的增强，以生产性服务业与先进制造业联动在国际产业分工体系中提升能级，实现全球价值链的攀升，进而推动高水平和高质量的城市国际化进程。另一方面，不同等级的其他城市可以借助高等级城市提供的生产性服务业和自身具备的专业服务能力改造升级传统制造业，提高产品附加值和生产的技术含量，推动工业化进程由粗放式外延式增长阶段迈向集约式内涵式发展阶段，进而以生产性服务业的联结去与世界城市、国际性城市发生服务产品的双向流动。

三、生产性服务业的"数字化"新业态

新一代信息技术的应用，大大增强了信息的创造、传递及分析处理能力，由此产生了很多新的适应数字经济时代的服务业新兴业态。如互联网技术的发展和应用催生了一大批门户网站、内容搜索、呼叫中心等服务企业；基于信息网络的战略管理、财务管理、顾客关系管理等商务服务业快速发展，并创造出能够满足不同类型企业需要的成功商业模式；移动信息技术进一步带动了通过网络提供手机娱乐内容的移动增值服务业的快速发展等。这些新兴的生产性服务业业态加速了工业"服务业化"进程，也大大拓展了企业的服务半径，使城市国际化进程发生了质的飞跃，下面列举几类进行说明。

（一）工业互联网平台

工业互联网是实现生产制造领域全要素、全产业链、全价值链连接的

关键支撑，是工业经济数字化、网络化、智能化的重要基础设施，是互联网从消费领域向生产领域、从虚拟经济向实体经济拓展的核心载体。工业互联网通过工业大数据的连接，创新商业模式、生产模式、运营模式及决策模式，最终帮助企业实现产品质量提高、运营绩效优化、能耗降低、产品性能优化、客户满意度提升、企业盈利能力增强、产品上市周期缩短等业务目标。工业互联网平台是工业互联网的核心，"它以智能技术为主要支撑，通过打通设计、生产、流通、消费和服务环节，构建基于云平台的海量数据采集、汇聚、分析服务体系，支撑制造资源的泛在连接、弹性供给和高效配置，赋能产业升级和经济高质量发展。"[①]目前，全球工业互联网平台仍处于发展的初期阶段，各大领先企业正在加速构建基于技术、标准和生态的平台布局，全球工业互联网平台正在迎来规模化扩张的窗口期。

专栏 5-1　全球工业互联网平台的竞争格局

近年来，国际领先工业巨头和技术企业相继推出自己的工业互联网平台，以构筑面向未来产业竞争的领先优势。从平台建设运营的主体来看，大致分为四类：一是以 GE、西门子、施耐德、发那科、ABB 等为代表的装备和工业自动化领先企业，基于自身在装备制造系统和工业软件数据等方面的优势，向数据驱动的商业模式延伸，进一步提高产品和服务的附加值。二是面向垂直领域的龙头企业，如海尔、中石化、中船工业等构建的面向行业的工业互联网平台。三是微软、PTC、SAP、IBM 等具有丰富经验的软件和信息技术服务提供商，顺应制造业服务化及创新发展的趋势，将自身技术应用于工业产品、机器、设备、系统的智能互联，搭建新的工业互联网平台。四是腾讯、阿里巴巴等一些互联网企业由消费互联网转向工业互联网的深度开拓。

资料来源：李燕.工业互联网平台发展的制约因素与推进策略[J].改革,2019(10):35-44.

---

① 李燕.工业互联网平台发展的制约因素与推进策略[J].改革,2019(10):35-44.

　　工业互联网平台侧重解决与工业设备、工业产品和工业服务有关的问题，其基础是传感器和物联网。典型的工业互联网应用包括通过运输云，实现制造企业、第三方物流企业和客户三方的信息共享，提高车辆往返的载货率，实现对冷链物流的全程监控；通过对设备的准确定位来开展服务，如湖南星邦重工有限公司利用树根互联的根云平台，提供高空作业车的在线租赁服务；采集工厂的设备、生产、能耗、质量等实时信息，实现对工厂的实时监控；设备制造商可通过物联网采集设备状态，对设备进行远程监控和故障诊断，避免设备非计划性停机，进而实现预测性维护，提供增值服务，并促进备品备件销售；等等。

　　从工业互联网平台的架构来看（见图 5-2），它的本质就是通过对工业数据的全面感知、动态传输和实时分析，通过多种服务模式创新，形成"制造＋服务"的价值创造新方式。一方面，它通过数据采集层，使数据转化为知识并使其成为驱动工业生产的最大动力，并通过 IaaS（基础设施即服务）、SaaS（软件即服务）、PaaS（平台即服务）使工业生产方式发生智能化变革，构筑起制造与服务融合的产业化路径；另一方面，工业互联网平台具有分布式、开放性、连接性等特点，组织扁平化、普惠性特点突出，能够吸引全球开发者、生产者与消费者，催生出众包设计、网络化协同研发、协同制造、众创众设等新模式，真正实现了价值共创共享，如 GE Predix（通用工业互联网大数据分析服务）平台在建设过程中非常注重开源和开放标准，集聚了超过 330 00 名软件开发者、300 个合作伙伴；与微软 Azure 及苹果合作，为 Predix 提供强大的 IaaS 平台、机器学习及工业级移动应用开发的能力；通过与 Infosys、Wipro、Accenture、Capgemini、TATA 等著名咨询机构、系统集成商及独立软件开发商的合作，为工业企业提供定制化的工业应用开发和解决方案服务。

　　可见，工业互联网平台在本质上是一种集成式智能化融合型生产性服务业，它改变了数字经济时代产业发展的方式与路径，将制造业与服务业的界限彻底打破，同时也将传统企业边界进行扩展。工业互联网平台通过对产业的创新，进一步赋能城市，将使拥有顶级工业互联网平台的城市

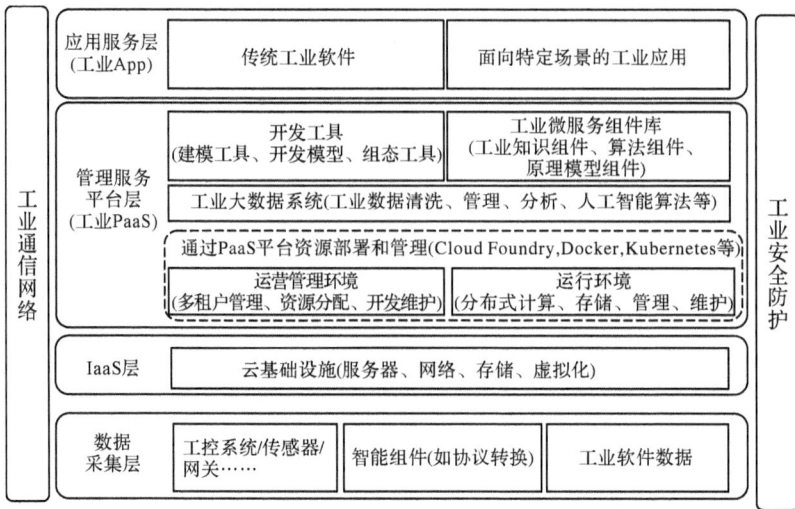

图 5-2　工业互联网平台架构

资料来源:《工业互联网平台白皮书(2017)》,工业互联网产业联盟,截至 2017 年 9 月。

具备极强的竞争力、影响力与辐射力,并带动中小城市"上云""入网",这个"云"与"网"既是工业互联网平台的"云"与"网",也是世界城市网络的"云"与"网"。

(二)工业设计服务

工业设计是以工业产品为主要对象,综合运用科技成果和工学、美学、心理学、经济学等知识,对产品的功能、结构、形态及包装等进行整合优化的创新活动,其核心是产品设计。 许多制造业企业密切关注产品设计的细节,为将产品做到极致、满足目标消费群体的需求而服务,在此过程中逐渐将卖产品转变为卖服务。 工业设计并不是新业态,而是工业的第一道工序,也是苹果、耐克、西门子等国际巨头公司能在全球竞争中拥有强竞争力和高市场价值的法宝,更是决定产品差异性的关键。 我国过去的工业化模式主要依托自然资源、OEM(代工生产)及发挥低成本劳动力优势,长期忽略工业设计的重要性,这成为我国制造业一直难以摆脱"低端锁定"局面的重要原因之一。

数字经济时代,大数据、人工智能、3D打印等技术领域迅猛发展,使工业设计服务业发生了巨大变革，个性化的产品设计服务替代了大批量生产模式，推动了产品价值提升，以产品为核心的传统制造向以消费者为中心的服务型制造转变，消费者深度参与个性化的产品设计模式成为大规模定制的基本内容，制造企业通过将消费者的个性化需求融入产品设计过程之中，引进消费者成为"合作生产者"，在价值链各环节为消费者提供符合其个性化需要的"产品系统"，实现顾客的价值。企业根据客户的个性化需求，量身定制相应的产品和解决方案，锁定那些品位独特并乐于为个性化体验付费的高端客户，个性化设计已成为传统制造企业提供产品价值、实现差异化竞争、提高竞争力的根本途径。与此同时，3D打印等新兴制造技术的推进，消解了从设计到制造的高昂成本。过去从产品设计到产品问世，"制造"是不可逾越的中间环节，现在通过机器与程序能够快速地、成本可控地完成产品生产。"设计即制造"成为工业设计服务及制造业的全新变革方向。

更进一步地，国际上设计驱动型品牌已超越现有工业设计框架，在市场竞争中展现出强大的领导力，设计师不仅成为研发项目中连接与融合各类技术人才协同创新的组织驱动者，更成为品牌创新转型、商业模式变革的战略驱动者。例如，Airbnb、Snapchat及脸书等品牌，在创立时就把设计创新置于驱动品牌走向成功的核心地位，在产品生产、共享服务及网络等传统或新兴领域中展现出强大的话语权和领导力，极大地影响着全世界民众的生活模式及全球商业运行方式和市场经济体系。可见，工业设计不仅可以帮助传统制造业提升竞争力，推动城市在全球价值链中实现攀升；还可以通过设计的话语权和领导力，引领世界城市的生活方式与生产方式。

专栏5-2　青岛红领集团——大数据驱动的个性化大规模定制模式

青岛红领集团于1995年创立,业务以正装量体定制为主,技术服务为辅。如今的红领集团已经从简单的规模量产模式转变为更加聚焦消费者的C2M(顾客对工厂)模式。青岛红领集团构建了集订单提交、设计打样、生产制造、物流交付于一体的个性化定制平台RCMTM (Redcollar Made to Measure),开发了信息化版型数据库和工艺管理数据库,款式数据和工艺数据囊括了海量的设计流行元素,覆盖99.9%的个性化设计需求,实现了大规模个性化定制的服装制造,成为全球第一家完全实现工业化大规模定制的企业。青岛红领集团通过大规模个性化定制服务,实现业务接单量年提升100%以上,利润率提高100%以上。目前RCMTM业务销售收入已占其总销售收入的22%,业务利润已占其总利润的46%。

资料来源:国家制造强国建设战略咨询委员会,中国工程院战略咨询中心.服务型制造[M].北京:电子工业出版社,2016:76.

(三)智慧物流

2009年,IBM公司首次提出建立具有先进、互联和智能三大特征的供应链,通过感应器、GPS(全球定位系统)、RFID(射频识别)标签制动器等设备及系统生成实时信息的"智慧供应链","智慧物流"的概念由此延伸而出。智慧物流利用集成智能化技术,使物流系统能模仿人的智能,具有思维、感知、学习、推理判断和自行解决物流中某些问题的能力,即在流通过程中获取信息从而分析信息做出决策,使商品从源头开始被实施跟踪与管理,实现信息流快于实物流,通过RFID、传感器、移动通信技术等让配送货物自动化、信息化和网络化。由中国物流与采购联合会与京东物流联合发布的《中国智慧物流2025应用展望》中指出(见图5-3),智慧物流应用的整体架构自上而下分为智慧化平台(大脑)、数字化运营(中枢)和智能化作业(四肢)。与传统物流相比,智慧物流在实施过程中强调物流过程的数据智慧化、网络协同化和决策智慧化。

智慧物流将有效促进供应链的资源优化和社会资源的合理配置，也有助于解决我国经济发展中一直存在的物流成本过高、"最后一公里"物流配送难以实现等问题。

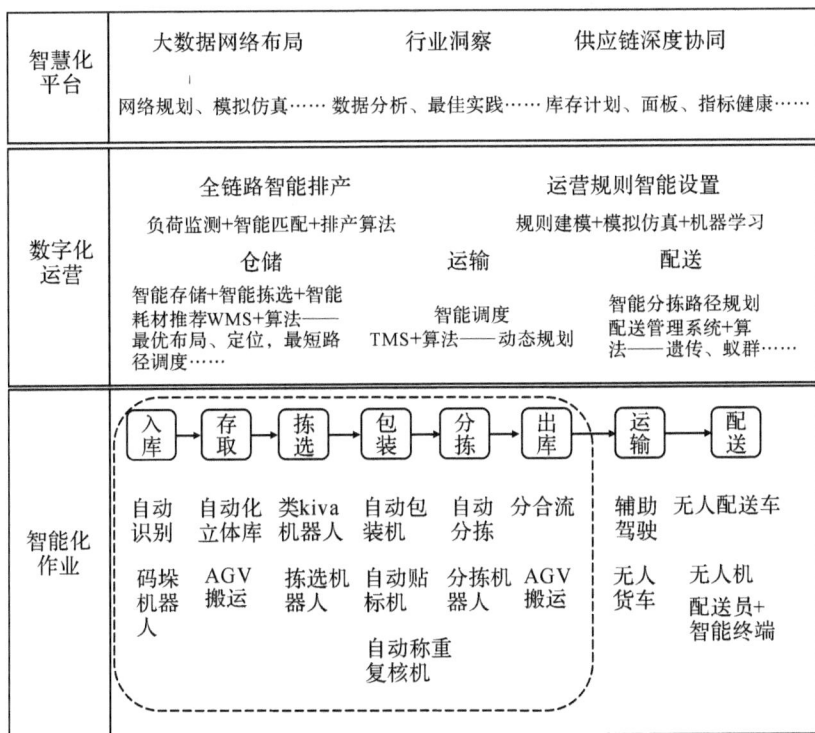

智慧化平台	大数据网络布局　　　　行业洞察　　　　供应链深度协同 网络规划、模拟仿真……数据分析、最佳实践……库存计划、面板、指标健康……		
数字化运营	全链路智能排产　　　　　　　　运营规则智能设置 负荷监测+智能匹配+排产算法　　规则建模+模拟仿真+机器学习 　仓储　　　　　　运输　　　　　　　　配送 智能存储+智能拣选+智能　　　　　　　智能分拣路径规划 耗材推荐WMS+算法——　　智能调度　　配送管理系统+算法 最优布局、定位，最短路　　TMS+算法——动态规划　——遗传、蚁群…… 径调度……		
智能化作业	入库 → 存取 → 拣选 → 包装 → 分拣 → 出库　　运输　　配送 自动　　自动化　　类kiva　　自动包　　自动　　分合流　　辅助　　无人配送车 识别　　立体库　　机器人　　装机　　分拣　　　　　　驾驶 码垛　　AGV　　拣选机　　自动贴　　分拣机　AGV　　无人　　无人机 机器　　搬运　　器人　　标机　　器人　　搬运　　货车 人　　　　　　　　　　　自动称重　　　　　　　　　　　　配送员+ 　　　　　　　　　　　　复核机　　　　　　　　　　　　　智能终端		

图 5-3　智慧物流应用框架

资料来源：中国物流与采购联合会、京东物流.中国智慧物流 2025 应用展望.

　　物流云服务是智慧物流的一个重要创新。 依靠大规模的云计算处理能力、标准的作业流程、灵活的业务覆盖、精确的环节控制、智能的决策支持及深入的信息共享来达到物流行业的各环节所需要的信息化要求。物流云把所有的物流公司、代理服务商、设备制造商、行业协会、管理机构、行业媒体、法律机构等都集中云整合成资源池，各个资源相互展示和互动，按需交流，达成意向，从而降低成本，提高效率。 还有新兴的第四方物流，第四方并不是实际承担具体的物流运作活动，而是通过拥有的信息技术、整合能力及其他资源提供一套完整的供应链解决方案，以此获取一定的利润，它帮助企业实现降低成本和有效整合资源，并且依靠优秀的第三方物流供应商、技术供应商、管理咨询提供商及其他增值服务商，专门为各方提供物流规划、咨询、物流信息系统规划、供应链管理等活动。

智慧物流的发展对于数字时代的城市国际化尤其是城市"走出去"意义非凡。一方面，发展跨境电商是当下中国城市推进国际化的重要抓手，然而物流一直是发展跨境电商的最大软肋，物流方面频频传出的爆仓、延误、禁运等消息，严重制约了跨境电商的发展，运用智慧物流创新物流发展方式，将有效打破跨境电商发展的桎梏，帮助开拓城市国际化的新路径；另一方面，"一带一路"倡议开启了世界经济合作的新篇章，基于物联网技术的高效便捷、协同共享的智慧物流将为其沿线区域畅通的经贸合作拓展更广阔的空间，这也是将中国城市融入"一带一路"的有力支撑。

专栏 5-3　罗宾逊物流——以"无车承运人"平台为核心构建多式联运智慧物流模式

"无车承运人"指的是不拥有车辆而从事货物运输的个人或单位。无车承运人一般不从事具体的运输业务，只从事运输组织、货物分拨、运输方式和运输线路的选择等工作。其通过管理和组织模式的创新，推动实现"线上资源合理配置、线下物流高效运行"，集约整合和科学调度车辆、站场、货源等零散物流资源，有效提升运输组织效率，优化物流市场格局，推动货运物流行业转型升级，促进物流行业"降本增效"，对提升综合运输服务品质，打造创新创业平台，培育新的经济增长点，全面支撑经济社会发展具有重要的促进作用。

美国《巴伦周刊》公布的华尔街 2018 年 500 强企业中，全球最大的公路货运企业之一罗宾逊全球物流有限公司（以下简称"罗宾逊物流"）已经排在第五位，成为北美最大的第三方物流企业。罗宾逊物流拥有全美最大的卡车运输网络，2018 年全年的物流总收入增长 11.8%，达 166 亿美元，位居世界 500 强企业的第 237 位。

　　自1988年,罗宾逊物流开始着手把它在海运服务领域获得的成功经验由"无船承运人"向"无车承运人"转型,由海运服务领域转向公路货运服务领域,完成社会运输商的信息系统整合。得益于罗宾逊物流的轻资产运作商业模式,"无车承运人"利用先进的互联网技术及IT系统整合公路运输服务业运力和货主企业,通过互联网产生用户黏性,通过对公路货运服务领域的运力整合和强大的增值服务创造了巨大的商业价值。继"无车承运人"成功后,罗宾逊物流便开始向"无船承运人""无火车承运人"和"无飞机承运人"发展,通过"无车承运人"平台的智慧物流系统与水运、铁路、航空物流实现多式联运的无缝衔接。目前,罗宾逊物流平台已经从单一无车承运人平台成功转型为多式联运平台,其业务主要涵盖整车、LTL、联运、海运、空运、通关服务、解决方案业务和其他物流服务等八大板块。

　　资料来源:余丽燕,李捷.陆海新通道多式联运智慧物流体系构建探究——以无车承运人平台为核心的视角[J].新财经.2019(18):114-117.

第二节　消费性服务业与城市国际化

　　消费性服务业,也被称作消费者服务业、生活性服务业或民生服务业。通常认为,消费性服务业提供的是市场化的最终消费服务,对应着作为消费品的服务,因而又被称为"面向生活的服务"(程大中、陈宪,2006)。消费性服务业具有如下几个特征:第一,它是最终服务,服务对象是消费者;第二,它同样是分工深化和节约交易费用的产物,其发展程度会随着经济结构和消费结构的升级而不断加深;第三,与生产性服务业不同,消费性服务业具有民生性,其服务产品直接面向消费者,产品的数量与质量通常反映了居民生活的幸福度。鉴于生产性服务业在对服务业整体劳动生产率、技术进步等方面的改进与贡献,目前学术界的研究焦点较为集中在生产性服务业方面,而关于消费性服务业的学术著作与文献都非常有限。 而且由于消费性服务业的大多数行业都属于富克斯-鲍莫尔假说中的"技术停滞部门"，这使得消费性服务业受到的重视程度更加不够。

一、消费性服务业引发城市国际化的独特性

传统对消费性服务业的认识是建立在经典的中心地理论基础上的，因为中心地理论是关于商务与货物的供给范围（服务半径）的理论，适用于研究与城市内部服务业设施、人口规模、城市等级显著相关的消费性服务业的分布。 在此基础上，一般认为，向消费者提供最终消费服务、面对面服务提供方式等决定了消费性服务业要接近市场和顾客，因此其服务半径是有限的，如果本地或者一定服务半径的市场需求不足，那么消费性服务业对于经济发展的作用是有限的。 这也是消费性服务业在理论研究领域和地方政府主流经济活动中没有得到足够重视的原因所在。 随着社会生产方式、交通通信方式、人们生活方式及科学技术条件的不断变化，某些消费性服务业的服务半径已经早已不再囿于本地，而是和其他产业一样可以服务于更大范围的市场。 Stabler & Howe（1993）比较了生产性服务业和消费性服务业的出口能力。 他们认为，消费性服务业不仅可以在区域之间和国际上进行销售，而且相对生产性服务业而言，往往还能带来更高的收入（以 1984 年的加拿大为例，当年消费性服务业带来了 5367 百万美元的收入，而同期生产性服务业只有 4491 百万美元）。 他们的结论是不能把任何服务业当作是非贸易型的，只有少数服务业不能在区域之间和国际上进行贸易，尤其是消费性服务业，同样也是外部收入的来源。柯林·威廉姆斯（Williams，1997）在《消费服务业与经济增长》一书中也指出了消费性服务业"赚取区域外部消费者收入的功能"的特征，即"与第一产业、第二产业和生产者服务业通过向区域外部的消费者出售产品而为本地创造收入一样，消费者服务业通过吸引区域外部的消费者花钱

消费本地服务产品的方式，也可以为本地带来收益"①。 李江帆（1994）
将这一现象描述为"服务输出"，并认为服务产品输出是影响服务需求的
重要因素。 如果服务产品的输出大于输入，这时候部分服务需求就不是
来自本地，而是靠外地市场的支撑，这就使得消费性服务业的服务半径得
以拓展，并站在区域乃至全球的视野进行输出。

发生这样的服务输出主要基于交通条件演进和信息技术革命带来服务
的可贸易性增强，如网络上的视听影音节目和文字信息可以以极低的成本
复制无数次，规模经济极为显著，效益递增几乎没有边界，任何制造业产
品都无法与之相比，一个好的艺术产品往往以全世界消费者为对象（江小
涓，2017）。 当然，更重要的是具有"特色"服务资源优势。 所谓"特
色"，就是表示一种事物与其他事物相比存在明显的差异性，这种差异性
在一定条件下可能转化为竞争优势。 可以塑造出产业特色的服务资源有
两类：一类是原生型服务资源，即天然形成的自然、文化、历史遗迹等资
源，如杭州西湖、西安兵马俑等；另一类是创新型服务资源，即通过商业
模式创新、现代创意手段、数字技术运用等形成的符合现代消费需求的后
天资源等，如迪士尼、国际体育赛事、舒适的地方商街及前面提到的好的
艺术作品等。 特色的消费性服务业会从两个方面推进城市国际化：吸引
外部消费者跨境或跨地区来服务供给地进行消费，这体现在城市对国际游
客或外籍常住人口的吸引力上；或者将本地的特色消费服务输出到更大的
外部市场，这体现为服务贸易出口的能力。 这样，消费性服务业就会为
本地带来更大市场半径的消费者，而与本地居民收入和需求不直接相关，
从而扩大消费、促进经济发展，并提高城市的国际化水平。

消费性服务业在网络时代还具有专属的"长尾效应"。 所谓长尾效
应，是指当产品和服务多样化的成本足够低时，那些个性化强、需求不
旺、销量很低的产品和服务仍然会有人关注和购买，这些"小众""冷
僻"的需求汇聚而成的市场份额可以和那些少数热销产品所占据的市场份

① 杨衍江.论区域经济增长中消费者服务业的角色定位与发展对策[J].商业时代，2010(7):13-15.

额相匹敌甚至更大（江小涓，2017），如图 5-4 所示。 数字平台上拥有的产品和服务天生就适用长尾理论，由于尾巴很长，汇聚起来就成为巨额销量，因此过去一些很小众的不为大众所广泛认知的服务产品，在网络时代极有可能形成具有独特性的服务供给，而对网络中更广泛范围的消费人群产生吸引力，如蹦极、滑雪、跳伞、攀岩等小众运动汇聚起来就能为一个城市吸引相当大规模的特殊人群来消费。

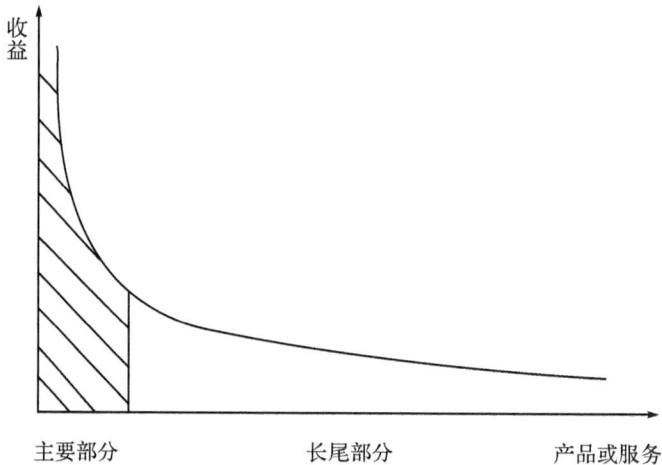

图 5-4　长尾理论模型

与生产性服务业的作用机理不同，基于服务资源而发展起来的消费性服务业会使城市的国际化道路具有独特性。 这种独特性主要体现在，中国幅员辽阔，历史文化悠久，自然风光绚丽，民族文化灿烂，拥有的特色资源种类繁多、品质上乘且稀缺性高，有的甚至是世界上独一无二的。得天独厚的自然文化资源禀赋属于原生型资源，通常是发展文化、旅游、体育、娱乐等消费性服务业的绝佳载体，加以数字经济与内容创新的赋能，在很大程度上可以形成吸引区域外部消费者来消费的源泉，从而形成特色资源—有竞争力的消费性服务业—国际化消费往来—城市国际化的良性循环机制。

二、生产性服务业对消费性服务业的"自我增强"机制

消费性服务业的独特性要发挥得更加淋漓尽致，还有赖于生产性服务

业对传统产业的改造与融合作用。 尽管生产性服务业脱胎于制造业的发展，但事实上随着城市经济的不断发展，"城市第三产业并非主要由第二产业带动"[①]，作为中间投入的生产性服务业，其需求来源于国民经济中的所有产业。 有研究表明，20 世纪 90 年代末，发达国家服务业自身对生产性服务业的需求已经超过了工农业需求之和（见表 5-1），生产性服务业发展的主要动力已经转变为服务业创造的中间需求。 Beyers & Lindahl（1994）在 1993 年共调查了美国 180 个法律、工程、建筑及管理咨询公司，发现这些公司的服务市场份额中制造业仅占 22%，而其他服务业占了 46%。

表 5-1　美国、英国和日本服务业中间需求内部构成的变动情况

（单位:%）

美国				英国				日本			
年份	农业	工业	服务业	年份	农业	工业	服务业	年份	农业	工业	服务业
1972	1.2	13.8	17.4	1968	0.7	14.5	7.1	1970	0.8	22.7	16.9
1977	1.2	13.7	17.7	1979	0.9	15.6	11.7	1975	0.9	20.3	20.7
1982	1.0	14.1	18.8	1984	0.6	12.1	13.4	1980	0.7	20.6	21.6
1985	1.0	12.6	20.8	1990	0.5	13.5	25.2	1985	0.7	19.5	20.8
1990	0.7	11.2	21.5	1995	0.5	7.7	32.9	1990	0.6	20.7	21.0
1996	0.6	10.4	24.4	2000	0.3	6.8	37.5	1995	0.4	15.8	21.1
1999	0.5	10.1	25.6	—	—	—	—	2000	0.4	14.2	21.9
平均	0.9	12.3	20.9	平均	0.6	11.7	21.3	平均	0.6	19.1	20.6

资料来源:魏作磊,胡霞. 发达国家服务业需求结构的变动对中国的启示——一项基于投入产出表的比较分析[J]. 统计研究,2005(5):32-36.

除了像制造企业一样追求规模经济效应和专业化经济效应外，生产性服务业对消费性服务业的影响还体现在"自我增强机制"（self-enforcing mechanism）的作用发挥上，这种"自我增强机制"来源于生产性服务业各环节之间较强的关联效应造成的知识流动或"溢出效应"（Julef，

①　李江帆. 新型工业化与第三产业的发展[J]. 经济学动态,2004(1):39-42,86.

1996；Pilat& Wolf，2005；程大中，2008），从而使服务业各行业之间通过内部学习、创新、知识传播建立起联系通道，进而容易形成服务业的规模优势。 作为人力资本和知识资本的引入通道，生产性服务业既为消费性服务业提供的服务产品增加更多创新内容，使其更加符合现代人的消费需求，更使传统消费性服务业的提供手段更加现代化。 诸如，通过信息服务和电子商务的改造提升，可以促进商贸业流通方式更先进、交易手段更灵活、业态形式更多元，从而改变这些曾经传统的行业的专业化程度低、粗放式发展的局面；通过科技创意、商务会展对传统以资源为核心、以景区为载体的旅游产品进行改造，将衍生集原生型与创新型于一体的服务产品，这种既具有原始优势又符合现代市场需求的产品比单纯的原生型或创新型资源具有更强的生命力和市场感召力。 在此基础上形成的服务业的规模优势和独特魅力，将赋予中国城市走出符合自身特色的城市国际化道路的可能性。

三、消费性服务业的"数字化"新业态

商户供给和消费者需求有效匹配，并便捷、快速、低成本达成交易是产业发展的基本逻辑，但服务的无形性、同步性、不可存储性和异质性等加大了服务功能、价格、时间、空间的匹配难度，制约了消费性服务业的发展。 而数字技术具有传播范围广、边际成本低等特征，可以穿透生活服务的各个场景和环节，在供给端拓展生产可能性边界，在需求端提升消费者能力和意愿，并推动服务功能、价格、空间、时间等维度的有效匹配，推动产业效率提升。 在这个过程中，诞生了许多超出传统产业范畴的新业态，也对新时期的城市国际化产生了更大的推动作用，在此列举几类进行简要说明。

（一）"新零售"

"新零售"一词最早由马云提出，阿里研究院将其界定为"以消费者体验为中心的、数据驱动的泛零售形态"，通过重构"人、货、场"3个核心要素，实现以消费者为中心的目标。 在这其中，零售业态实现大融合，服务与产品融合进阶，零售服务囊括了购物、娱乐、社交等综合功

能；零售物种大爆发，全渠道、泛零售特征明显，供需精准对接，消费反向定制促进客对商（C2B）、用户直联制造（C2M）模式占据主导地位，颠覆了传统的自上而下的供应链体系；以消费者为中心的零售服务属性凸显，将"懒人经济"推向极致。 从成本与效率来看，新零售推动线上线下全链条打通，数据和智能驱动服务，从整体上降低成本、提高效率；从体验来看，零售商全面洞悉消费需求，消费者成为绝对的中心。

我国零售业布局与发展一直以来都在模仿西方零售业态，从购物中心、百货商场、超市、便利店、专卖店，再到大型折扣店、仓储式会员店、一站式商业综合体等，无一不是追随着国外零售业发展的步伐，而这些业态基本还是在以"货"为中心到以"场"为中心之间打转的（见表5-2）。 例如，百货商店、超市等基本是以"货"为中心，零售商围绕尽可能触达消费者、促进零售规模提升进行布局；随着零售行业的竞争加剧与演进，开始出现便利店、专卖店、仓储式会员店、商业综合体等以"场"为中心吸引消费者来消费的各种专业化业态。 在这个时期，欧美许多国家通过"消费圣殿"（Ritzer，2015）这种"场"的输出，进而输出他们的消费工具与消费文化，如麦当劳、肯德基、宜家、迪士尼、山姆会员店等，都深刻改变了全球消费模式。

表 5-2 传统零售业态主要特征

业态	目标客群	店铺选址	经营品类	营业面积	经营特征
购物中心	辐射 10 千米左右人群	地区中心、交通枢纽交汇点	百货店、大型超市、专卖店等众多零售业态的集合体,品类齐全	10 万平方米以上	集购物、娱乐、休闲、餐饮于一体
百货商场	中高档消费群体	地区中心、商业集聚区	综合性商品	500 平方米以上	注重服务及导购
超市	辐射周边 0.5 千米左右	地区中心、居民区、郊区	食品、生鲜、日用品等为主	500 平方米以上	12 小时以上营业时间,连锁经营模式是主导

>> 数字经济时代的服务业与城市国际化

续　表

业态	目标客群	店铺选址	经营品类	营业面积	经营特征
便利店	社区居民	居民区、干道旁	以日常必需品为主	100平方米左右	长时间营业，往往采取特许经营模式
专卖店	中高档消费群体、时尚群体	商业集聚区	单品牌或单品类商品	依据商品特性而定，规模相对不大	专业服务性强，兼具品牌塑造与传播功能

资料来源：王宝义.“新零售”演化和迭代的态势分析与趋势研判[J].中国流通经济,2019,33(10):13-21.

而以“人”为中心的“新零售”使我国的零售业发展摆脱了跟随、追随的步伐，开始在全球展现消费引领者的潜力。“新零售”没有固定的形态，它可以是线上线下全面融合的渠道零售O2O，也可以是统一连锁体验式消费，又或是服务业的“零售＋产业生态链”，等等（见表5-3）。它摆脱了过去以生产和渠道为主的经营方式，以消费者为中心，实现全购物渠道与服务体验提升；它打破了传统零售业信息不对称的局限，通过线上大数据售卖现货，集合现代物流降低库存和成本，物联网与互联网结合实现了信息对称下的精准售卖。2019年，商务部等14部门联合印发的《关于培育建设国际消费中心城市的指导意见》提出，利用5年左右时间，指导基础条件好、消费潜力大、国际化水平较高、地方意愿强的城市开展培育建设，基本形成若干立足国内、辐射周边、面向世界的具有全球影响力、吸引力的综合性国际消费中心城市，带动形成一批专业化、特色化、区域性国际消费中心城市。这意味着新时期的中国城市在消费方面不仅要能引进国际化资源，更要做消费方式与消费文化的输出方，力争引领全球消费潮流。“新零售”对供应链的变革及对生活方式的变革使其必将承担起助推城市国际化的重要使命，将推动一批城市成为全球消费市场的制高点，并成为展示中国形象的重要窗口。

136

表 5-3　我国"新零售"典型业态

典型业态	人、货、场	特点
盒马鲜生	产地优选,到店与到家结合,"超市＋餐饮＋其他",快速配送,大数据分析每个客户的购买偏好,为消费者在"盒马"App 中提出个性化的建议	智慧零售带来高效低成本,满足消费者高品质生活和便利生活诉求
苏宁小店	社区生活服务 O2O 平台,"超市＋简餐＋生活服务",贴近社区、便利生活	生活服务延展降低成本,便利生活赢得消费者口碑
美团	吃喝玩乐生活服务平台,餐饮外卖到家,团购模式为商家引流和宣传,通过点评构建消费信息大数据库	"平台＋物流＋技术"赋能全产业链实现价值创造;构筑一体化的本地生活服务平台,满足消费者全方位需求
京东	自营与开放相结合的电商平台,货物丰富是其核心优势	依托规模化降低成本,"技术赋能＋自营物流"提高效率,自营物流、落地仓模式等提升购物体验
小红书	建立社交与购物互动平台,激发消费者购物分享心理,依托社交实现消费	挖掘购物消费的社交属性,满足消费者有价值主张的购物需求
拼多多	拼购平台,依托规模化定制提供低价产品,主要吸引价格敏感用户群体	规模化定制降低成本,以价格优势满足低线市场需求
社交平台赋能	微商附属微信构建的朋友圈,微信小程序为商家依托社交进行销售提供基础;抖音等视频社交平台提供娱乐方式的同时,也为直播电商的崛起创造了条件	购物成为社交互动的重要载体,娱乐、社交对购物的带动作用异常明显

　　"新零售"作用于国际贸易领域,诞生了跨境电商。 跨境电商是数字经济时代发展最为迅速的贸易方式,能够突破时空限制,减少中间环节,解决供需双方信息不对称问题,为更多国家、企业、群体提供发展新机遇,这也正体现了贸易的包容性和普惠性发展。 近年来,我国跨境电商规模快速扩大,成为贸易增长突出亮点,2019 年我国跨境电商零售进出口额达 1862.1 亿元,是 2015 年的 5 倍,年均增速达 49.5％。 2020 年 4 月 7 日,国务院决定新设 46 个跨境电商综合试验区,加上以前批准的 59 个,全国将拥有 105 个跨境电商综合试验区,覆盖 30 个省区市,从而形成陆海内外联动、东西双向互济的发展格局。 数字经济不仅是跨境电商

诞生的基础技术条件，也带来了跨境电商贸易领域的数字化趋势转变，数字贸易呈现出飞跃发展的局面。据统计，目前全球信息、图像等数字流量以年均约30%的速度增长，由数字技术驱动的全球服务出口额约3万亿美元；布鲁金斯学会研究表明，预计2025年全球数据跨境流动将达11万亿美元；据专家测算，目前数字跨境贸易对全球GDP的贡献甚至已经超过货物贸易的贡献。[①] 全球主要经济体正在部署新一轮数字贸易发展格局。我国城市通过抢抓跨境电商及数字贸易发展先机，将带动中国的物流、支付、5G等数字化基础设施走向世界，并带动中国规则和标准的输出及中国服务国际化发展。

（二）数字创意产业

现代城市的发展都面临着前所未有的挑战与困境，如传统产业衰退、新兴产业增长乏力、大城市病突出、"全球化—地方化"矛盾等，国际化城市在处理这些问题时均选择了走创意城市的发展道路，用文化创意来赋予城市发展新的动力。文化创意产业有助于启迪创新灵感、激发创新潜力，在集聚城市财富、创造城市就业和创新城市发展及提高竞争力方面的作用越来越显著。例如，欧盟城市中每年产生1—2座"欧洲文化之都"来展现欧洲的文化魅力，获得称号的城市称这一年为"文化年"，在这一年里，该城市有机会向国际社会展示本地文化亮点、文化遗产，举办文化活动、开展文化交流，并通过文化创意产业对城市产业进行渗透。很多城市通过这个活动实现了城市转型及全面复兴，从工业化时期的"功能城市"转型为由文化驱动的"创意城市"（单霁翔，2007）。又如，联合国教科文组织于2004年起创建"联合国全球创意城市联盟"，分为七大主题在全球范围内遴选民间艺术之都、文学之都、音乐之都、电影之都、设计之都、传媒艺术之都、美食之都，国际上很多城市因此闻名，包括我国众多城市。这彰显了文化创意对城市影响力与竞争力的重要性。

数字经济与文化相关的服务相结合，诞生了新的业态——数字创意。我国在2016年的政府工作报告中就提出要"启动新一轮国家服务业综合

---

① 贺少军,夏杰长.促进数字贸易高质量发展的着力点[J].开放导报,2020(2)：79-83.

改革试点，实施高技术服务业创新工程，大力发展数字创意产业"。 有学者指出，数字创意产业是建立在创意资源基础上，运用现代数字技术、网络技术和大众传播技术等，以人的创造力为动力的企业及其以数字化、网络化生产方式进行的文化价值的创造和传播的产业。[①] 可以将其看作文化创意产业与数字经济结合的产物，是对原本的文化创意产业的颠覆与延伸。 从要素投入看，数字创意产业最倚重的要素是富有创新意识、创意能力的人力资本，并通过对新技术的应用，降低成本，创新创意内容。从市场特征看，数字创意产业具有需求非刚性与不确定性，其重要推动力是高度个性化与多元化的消费体验，大量知识劳动通过新技术、新媒体嵌入文化产业价值链高端，增强文化产品和服务的功能性和体验性，与消费者不断升级的消费需求完美匹配，提升消费价值。 从产业互动看，数字创意产业对文化本底具有高度依赖性，文化本底能在很大程度上促进数字创意产业快速发展，而数字创意产业的发展又会带来文化产品与服务供给的多样化与高端化，促进文化繁荣与传播。

　　近年来，数字技术催生的数字娱乐部分的增速远超传统文化产业部分。 据《数字创意产业蓝皮书 2019》统计，2012—2017 年间，数字音乐、网络文学、动漫、游戏、直播行业的年均增长速度超过了 20%。 在新兴的文化产业价值链中，数字娱乐产业是创造性最强、对高科技的依存度最高、对日常生活渗透最直接、对相关产业带动最广、增长最快、发展潜力最大的部分。 内容的数字化使传统娱乐的创作与传播方式得到颠覆性变革，进而得以快速发展。 与传统产业的专业性不同，数字娱乐产业让越来越多的专业内容向全面化的方向发展。 在传统行业，文学创作、摄影、音乐创作、设计制作等工作都具备极强的专业特点，大多数普通人几乎没有实践创作甚至接触的可能。 但随着这些内容的数字化，越来越多的专业领域因数字化而降低门槛，这使数字创意产业呈现出人人参与、人人创作、人人分享的全民性特点。 以音乐、电视电影创作为例，过去，

---

① 王博,张刚.中国数字创意产业发展研究——基于产业链视角[J].中国物价,2018(3):25-27.

我们很难想象一个不经过专业培养的普通人，可以创作出拥有数百万人支持的音乐作品和电影电视作品，但随着娱乐数字化进程的加快，越来越多的普通人拥有了创作和发布作品的机会，专业化的内容逐渐全民化。现在，任何人只要有想法、有创意，都可以用相对轻松的方式创作自己的音乐、短视频和电视电影作品，并将所创作的作品发布在网络上，获得别人的认可。同时，由于全球网络的通达性，数字娱乐的国际化传播也发生了翻天覆地的变化。例如，2016 年以来，中国姑娘李子柒关于中国传统生活与美食的视频在海外广受欢迎，根据 YouTube 平台点赞数据统计，截至 2019 年 12 月 15 日，李子柒视频的海外好评率高达 97.8%，好评主要集中在 4 个方面：一是对世外桃源般的中国田园生活的向往；二是对中国美食文化博大精深的感叹；三是对中国人民勤劳朴实、富有才华的肯定；四是对李子柒个人美丽脱俗、强大自律等特质的喜爱。[①]

可见，数字创意产业在城市国际化乃至中华文化走向世界方面有着极其重要的地位，通过数字搭桥，城市可以以更广阔的视野、更创新的方式与海外消费者开展深度交流，将文化差异变为文化魅力，生成既具中国特色又同国际接轨的文化创意品牌、产品与服务。而且数字创意对城市国际化的作用不仅仅体现在大都市，中小城市也可以通过数字创意产业的作用来突显自己的特色，挖掘文化资源，彰显文化魅力，并且围绕地域与传统风貌建设更具特色的城市空间，加速数字创意带动城市产业转型升级，实现与全球网络的链接。

（三）互联网体育

体育服务在传统经济时代是典型的低效率产业，1869 年和 1885 年，美国和英国分别成立职业球队，到 20 世纪 60 年代的这 100 年间，职业比赛的劳动生产率几乎没有提升，许多欧洲足球俱乐部运转艰难，难以为继。电视转播与互联网普及以后，体育服务业的劳动生产率得以大幅提升，互联网与传统体育深度融合，创造出诸多新的体育业态，使体育产业

---

① 隋璐怡.YouTube 社交平台网红传播力分析——兼论李子柒海外走红的案例启示[J].国际传播,2020(1):78-87.

成为增长潜力极大的朝阳产业。

数字技术的发展极大地提高了体育赛事服务的国际化程度，体育赛事视频可以向全球进行转播。例如，我国规定除奥运会、全运会、世界杯足球赛外的其他国内外各类体育赛事，各电视台可直接购买和转让，由此获取的转播版权收入远远高于赛事门票收入。根据德勤发布的《2020 德勤足球财富榜》，全球营业收入 TOP 20 的俱乐部的转播收入增长迅速，近 5 年的年复合增长率达到 11%，高于商业收入（8%）和比赛日收入（5%），可见转播收入成为营收 TOP 20 俱乐部最大的收入来源（见图 5-5）。

图 5-5 各赛季营收 TOP20 俱乐部的不同类型收入

资料来源：根据《2020 德勤足球财富榜》整理。

数字经济与体育健身服务业的结合，也改变了体育健身的服务性质与服务半径。长期以来，传统健身房的商业模式都是卖课程兼办年卡，健身房投资大、回收慢、风险高，社会新闻中健身房突然卷钱"跑路"的案例比比皆是。近年来，"互联网＋健身 App"快速崛起，这些运动 App 通过对用户的大数据分析，为用户提供有针对性的健身菜单，有的致力于跑步计数，有的侧重于互动交友，有的专注于健身指导，这些 App 不仅扩大了健身用户的群体范围，还增强了体育运动的社交属性。大众通过这种社交化活动，分享体育产品与消费体验，从而创造良好的互动模式，带动目标消费者和潜在消费者的消费需求。

数字经济快速兴起还有助于发挥体育运动能够集聚大量关注的特性，产生多种衍生价值，体育旅游的兴起就是其一。体育旅游包括前往旅游目的地观看赛事的观赛类体育旅游和游客自身参与其中的参赛类体育旅游，前者如 2018 俄罗斯世界杯期间，超过 10 万中国人选择出境观赛，在全球 35.72 亿人的总观赛规模里，中国贡献了 6.557 亿人，①东道国俄罗斯为满足中国游客线上支付需求，约 4000 家当地商户接入了支付宝；后者如随着城市马拉松的兴起，马拉松爱好者会到世界各地参加马拉松比赛，如举办过世界第一场城市马拉松赛的波士顿，无论是在影响力还是在赛事组织方面都有非常专业深厚的积累，全球跑步爱好者纷纷将跑一场"波马"作为自己人生的梦想。同时，各类体育 App 能够整合线上资源，使大众快速和便捷地获取极具刺激性、创新性的体育消费产品，如蹦极、滑雪、跳伞、攀岩等小众运动逐渐兴起，山地户外运动、水上运动、航空运动等项目逐渐受到大众喜爱，更多智能化高端化的体育产品被发掘创造出来。国际化的体育消费趋势给城市国际化发展带来了契机，举办国际化的体育赛事、开发国际化的体育消费产品，将会对全球范围内的体育爱好者产生吸引力，从而以黏性更高的用户来破解传统旅游业附加值不高、产业链条短等问题。同时，体育作为一种世界通用语言，能真正破除城市国际化过程中的文化交流鸿沟、种族肤色藩篱及阶层利益摩擦等问题，能够使国际化真正落实到"人"的共同关注、需求与爱好上。

第三节　社会性服务业与城市国际化

社会性服务业，又被称为社会服务业、公共服务业。社会性服务业

---

① FIFA. 2018 FIFA World Cup Russia Global broadcast and audience summary[EB /
OL]. (2018-08-15)[2019-08-31]. https://www. fifa. com/worldcup/organisation/
documents/.

与前两类服务业最大的不同在于，生产性消费业和消费性服务业主要以市场化的服务为主，而社会性服务业的产品主要由政府或公共服务部门提供，用于满足公共消费需求的公共产品，如政府的公共管理服务、公共卫生、医疗、基础教育及公益性信息服务等。社会性服务业是公共服务与产业发展的结合点，具有如下几个特征：第一，服务内容是以满足公共消费需求为主，具有公益性，通常需要政府起主导作用，但随着数字技术的发展及这部分市场门槛的降低，市场化主体开始发挥重要作用；第二，提供的产品是公共产品，因此具有公共产品的效用不可分割性、消费的非竞争性和受益的非排他性，但这只是相对的，只存在于特定的空间范围之内；第三，相对于生产性服务业和消费性服务业，其社会效益更加突出；第四，政府行政管理等内容也属于社会性服务业范畴，但这类服务不能无限扩张。

一、社会性服务业助推城市生活质量的国际化

社会性服务业在相当大层面上与人的能力的形成和发展有关。医疗、卫生、文体等行业的发展，可以普遍提高国民身心健康水平，缩小公民在身体素质和文化修养等方面的差别。教育发展使更多的人接受良好的教育，缩小不同出身的劳动者在知识、技能方面的差别，这会带来两方面的均等：一是市场竞争强调的机会均等，即居民享受公共服务的机会均等，尤其是能够使青少年不因家庭贫富而产生智力和体能方面等起点上的显著差别，从而减弱人的发展差距的代际传递；二是福利经济学强调的结果均等，即无论城市或乡村，无论当地的经济发展水平如何，其享受的公共服务在数量和质量上都是大体相等的。诺贝尔经济学奖获得者阿马蒂亚·森指出，"贫困是对个人基本能力的剥夺，而不仅仅是收入低下；更好的教育、培训和卫生保健不仅提高个人生活质量，而且通过提高其能力使其免于陷入贫困"①。巩真在对美国、韩国教育均等化的政策研究后，

---

① 阿马蒂亚·森.作为能力剥夺的贫困[M].李春波,译.石家庄:河北教育出版社,2001:56-71.

也得出类似结论：在增进社会福利的各种手段中，教育具有独特的作用，它不仅能提高生产效率，而且还会提高分配的均等程度。①

以前这部分服务绝大多数以政府供给为主导，随着简政放权的持续深入，这些领域的市场准入有希望被进一步突破，民间资本的注入将带来激烈的市场竞争，从而促使整个行业实现服务优化与效率提升，则人民享受到的公共服务供给将更加优质。数字经济的发展将愈加使社会性服务业的供给主体呈现多元化，使服务手段更加灵活、服务内容更加个性化、服务质量更加优质和服务半径更加广阔。这使得过去仅仅属于基本公共服务范畴的社会性服务业有了长足发展，其中社会性服务业的包容多元化发展成为推动城市生活质量不断优化的核心要素，同时也是外籍人士和涉外机构能够长久驻留并定居于国际化城市的关键要素。当前全球化进程受到冲击，世界各国对于外籍人才和移民的态度有所变化，中国城市若能抓住数字经济的发展机遇来加快推进基本公共服务均等化、推进优质公共服务国际化，促进人的全面发展，就极有可能在人的生活质量与社会福利方面成为世界城市发展的新样板，广泛吸引人才和机构来中国发展。

二、社会性服务业助推城市市场化水平的提高

市场经济的一个核心问题就是政府与市场的职能边界和关系问题，市场失灵决定了政府"有形的手"必须要发挥作用，同样政府失灵又决定了政府职能是有限政府，在市场经济具有效率的领域就应该交由市场"无形的手"去调节。提供公共产品，制定公平的游戏规则，确保市场竞争的有效性和市场在资源配置中的基础作用才是政府的职能。因此，社会主义市场经济体制中的政府就应该是服务型政府，即以公共服务为主，是社会公民的服务者。有学者提到，"服务型政府是从政府的本质属性方面对政府所下的定义，从政府管理的本质属性来讲，现代政府的实质是服务型政府。政府只有通过提供充足优质的公共服务，才能证明自己存在的

---

① 巩真.教育均等化政策对收入差异影响的国际比较——美、韩经验借鉴和中国问题分析[J].陕西师范大学学报（哲学社会科学版），2006(2)：117-123.

价值与合法性"①。

　　从发达国家社会性服务业发展的趋势看（见表 5-4），在社会性服务业内部行业就业结构中，公共行政与防务的就业比重呈明显的下降趋势，美国、日本、英国及欧盟 15 国在 1979—2004 年间分别下降了 11.5 个、8.6 个、9.1 个和 7.8 个百分点；公共教育就业比重变化趋势则不明显，除日本下降了 6.0 个百分点外，其他国家基本维持在一个较为稳定的范围内；公共医疗卫生就业比重除日本外的其他国家则出现大幅提升，美国、英国、欧盟 15 国分别提高了 9.2 个、3.0 个、3.7 个百分点。这表明，发达国家的政府已经形成精简政府机构，加强公共服务的"小政府、大社会"的社会结构。综上可知，社会性服务业中的政府行政服务水平不断下降并维持在一个规模水平内，教育、医疗等公共服务供给增加正是市场经济中服务型政府的重要表现，这是因为，如果政府部门规模盲目扩充，将会导致政府运作与管理费用之和超过其所节约的宏观交易费用，从而增加全社会的负担，可见提供公共服务才是服务型政府的应有职能。因此，通过优化社会性服务业的结构，控制政府行政规模，将有助于转变政府职能，优化行政服务，建设服务型政府；有助于提高中国城市市场化水平，构建国际化的营商环境；有助于缩小与国际化城市的制度环境差距。

表 5-4　1979—2004 年美、日、英和欧盟 15 国社会性服务业内部部分行业就业结构

（单位：%）

	1979	1984	1989	1994	1999	2004
公共行政与防务						
美国	26.8	23.5	21.1	19.1	16.4	15.3
日本	27.5	25.4	21.6	20.2	19.2	18.9
英国	26.3	23.3	19.3	19.1	17.5	17.2
欧盟 15 国	30.5	29.1	27.8	26.2	24.2	22.7

---

① 李军鹏.深化行政管理体制改革若干重要问题解析[M].北京:中共党史出版社,2008:48.

续　表

	1979	1984	1989	1994	1999	2004
公共教育						
美国	31.4	32.1	31.9	31.4	32.4	32.8
日本	21.4	20.0	18.1	16.5	15.3	15.4
英国	25.7	24.6	25.1	24.2	24.7	27.0
欧盟15国	23.8	23.5	23.0	22.4	21.9	22.4
公共医疗卫生						
美国	23.9	26.2	28.4	31.3	32.2	33.1
日本	7.9	7.8	7.2	7.3	7.3	7.3
英国	32.1	35.1	37.4	38.2	36.8	35.1
欧盟15国	27.9	28.8	29.5	30.5	31.3	31.6

注:日本2004年的数据实为2002年的数据,英国和欧盟15国2004年数据实为2003年的数据;欧盟15国包括法国、德国、英国、意大利、西班牙、葡萄牙、奥地利、爱尔兰、比利时、丹麦、希腊、卢森堡、荷兰、芬兰、瑞典。

资料来源:刘素娇.发达国家公共服务业的演变趋势及启示[J].经济问题,2013(7):96-99.

三、社会性服务业的"数字化"新业态

社会性服务业主要通过在地性匹配机制与城市国际化发生联系,通过增强城市的在地生活吸引力和提高城市的宜居性来发生作用。在数字经济的影响下,社会性服务业的受益群体范围和产业效率将发生变化,更加有助于提升城市地点质量的全球吸引力。在此列举几类进行简要说明。

(一)"互联网+医疗健康"

2015年中国卫生信息技术交流大会首次界定了"互联网+医疗健康"的含义,即以互联网为载体,以通信、移动技术、云计算、物联网、大数据等信息技术为手段,与传统医疗健康服务深度融合而形成的一种新型医疗健康服务业态的总称。[1] 2018年,国务院办公厅又专门下发了《关于

---

[1] 庞涛.国家卫计委首次定义"互联网+医疗健康"[J].中国信息界(e医疗),2015(8):9.

促进"互联网＋医疗健康"发展的意见》，来推动"互联网＋医疗健康"的发展。 2020 年爆发的新冠疫情及疫情防控进入常态化，更是大大促进了医疗服务模式的转型发展，传统医院纷纷开辟在线问诊平台，丁香医生、阿里健康、微医等互联网医疗健康企业崭露头角。 阿里健康在线义诊平台上线 4 天内，访问量达到 160 万人次；截至 2020 年 6 月 4 日，丁香医生疫情实时动态已有近 40 亿人次浏览，微医互联网总医院抗疫专区已集结 6 万余名医生在线接诊，累计提供医疗咨询服务近 200 万人次。

"互联网＋医疗健康"与传统医疗服务的不同之处在于：一是精确分诊从而实现个性化服务。 运用医疗云数据对患者进行合理分流，并根据患者的特征和需求设定来提供个性化服务，真正实现以患者为中心。 二是线上线下相结合从而实现快速就医。 将线上服务与线下诊疗相结合，推动"挂号、诊疗、缴费、取药"一体化服务，提高诊疗效率与医疗服务质量。 三是智能监测、记录、管理与诊断。 智能医疗设备与人工智能在医疗健康领域的广泛应用与发展，使医疗服务的智能化水平不断提高，包括患者监测和辅导、临床决策支持、手术辅助或患者护理的自动化设备和医疗管理系统等，其中最值得关注的是利用人工智能的深度学习能力获取患者的症状信息和医学影像，增强对疾病的精确诊断。 另外，还有可穿戴式智能装备的发展与运用，也能实现对患者的长期监测与管理。 四是增加自服务与第三方服务，打破传统医疗服务必须"面对面"的局限。自服务是患者通过互联网自助完成的部分诊疗环节，因为互联网可以帮助消费者进入专业门槛很高的领域获取相应信息（江小涓，2017），使患者通过病友互助式在线问诊方式，来交流药品使用效果和治疗方法。 第三方服务则包括第三方医学诊断服务、移动远程医疗服务、第三方健康云平台服务等，这极大地扩大了医疗健康服务的服务半径。

"互联网＋医疗健康"这种新业态集预防、保健、治疗、康复和健康文化传播五位于一体，是科学人性化的健康管理方案，是顺应生物一心理—社会的医学模式，是针对全生命周期和身心发展的健康理念。[①] 这种变革促进了医疗卫生资源的优化再配置，提高了医疗卫生服务的效率与质量，将使城市更加关注人的发展，更加具有可持续发展的人文关怀吸引力。 而且数字经济促发的极具竞争力的医疗健康产业还能扩大我国城市发展国际化医疗旅游的空间。 当前以欧美为代表的先进医疗技术和设备，以泰国、印度为代表的高性价比产品和服务，以韩国、匈牙利为代表的特色诊疗服务，已成为国际医疗旅游的三大特色板块。 据世界卫生组织统计，在全球国际医疗旅游十四大目的地中，亚洲占据 7 席，其中泰国排名第一，印度第三，韩新马菲也名列前茅，我国却榜上无名。[②] 我国拥有先进的诊疗体系、特色的医疗资源、数字经济优势及此次疫情危机下展现出的公共卫生领域的大国担当。 在这样的新背景、新机遇下，应当有一批城市通过发展医疗旅游来实现城市国际化的特色发展。

专栏 5-4　海南博鳌乐城国际医疗旅游先行区

海南博鳌乐城国际医疗旅游先行区是国务院 2013 年批准设立的国家唯一的国际医疗旅游产业园区，享有包括加快医疗器械和药品进口注册审批、临床应用与研究的医疗技术准入等优惠政策，试点发展医疗、养老、科研等国际医疗旅游相关产业。2019 年，国家发改委、国家卫健委等 4 部委联合出台了《关于支持建设博鳌乐城国际医疗旅游先行区的实施方案》。该方案要求，到 2025 年，先行区实现医疗技术、装备、药品与国际先进水平"三同步"；到 2030 年，医疗服务及科研达到国内领先、国际先进水平。

---

① 汪瑾,冷锴,陆慧."互联网＋"视域下智慧医疗服务模式创新研究[J].南京医科大学学报(社会科学版),2020(1):84-87.

② 赵影.中国发展国际医疗旅游的机遇和挑战分析[J].对外经贸实务,2019(8):80-83.

目前先行区共引进签约院士专家团队 51 个,正式受理投资项目 81 个,开工建设 16 个,已经有博鳌一龄生命养护中心、慈铭博鳌国际医院、博鳌恒大国际医院、博鳌超级医院等 9 家医疗机构开业或试运营;先后创造了全国第一例特许进口的蓝牙心脏起搏器植入手术、人工耳蜗植入手术等"14 个全国第一",正在逐步形成"国内最好的医学专家在乐城、最先进的医疗器械在乐城、最高端的前沿技术在乐城"的新局面。2018 年,先行区接待医疗旅游人数同比增长 69.1%,形成了良好的品牌和氛围。

资料来源:作者根据公开资料整理。

(二)在线教育

在线教育即 e-Learning,或称远程教育、在线学习,一般指的是一种基于网络的学习行为。 美国是在线教育的发源地,有 60% 的企业通过网络的形式进行员工培训。 1998 年以后,在线教育在世界范围内兴起,从北美、欧洲迅速扩展到亚洲地区。 网络技术应用于远程教育,其显著特征是:任何人、任何时间、任何地点、从任何章节开始、学习任何课程。 网络教育便捷、灵活的"五个任何",在学习模式上最直接体现了主动学习的特点,充分满足了现代教育和终身教育的需求。 2015 年 5 月 23 日,国家主席习近平在首届国际教育信息化大会的贺词中指出:"建设'人人皆学、处处能学、时时可学'的学习型社会,培养大批创新人才,积极推动信息技术与教育融合创新发展,是人类共同面临的重大课题。"

我国在线教育经历了 4 个发展阶段。 一是多媒体教育阶段:20 世纪 90 年代,以多媒体为特点的技术开始应用到教育教学过程。 二是"互联网+"教育阶段:1999 年,互联网的成熟和普及使学习社区、教学视频等多种方式迅速发展,在多家网校上线运行。 三是"移动+"教育阶段:随着移动互联网技术在 2010 年之后的逐渐成熟,录播付费课程形成稳定的商业模式。 四是"智能+"教育阶段:2013 年至今,以"轻知识"为产品的知识付费平台相继出现,智能化与个性化共同开启了"智能+"教育时代。 技术加速变革引发在线教育更迭周期变短,加之新冠疫情致使全国各地学校延期开学，线下教育机构全面暂停，线上课程成为首选。 全国大中小学生迅速涌向各类在线教育平台，移动互联网、大数据、人工智能等新一代信息技术推动停滞的线下教育迅速进行线上化迁移，在线教育产业发展迎来黄金发展期。 据统计，2020 年春节期间，各大在线教育App 的下载量达到峰值，注册用户数增长了 22％，在线教育 App 行业日均活跃用户规模从日常的 8700 万上升至 1.27 亿，升幅达 46％。

在这样的背景下，不仅在线教育头部企业充分利用已有平台技术优势和内容资源增加用户黏性，形成强者愈强的格局，而且数字经济巨头也加速布局在线教育板块，以百度、阿里、腾讯、京东为代表的互联网巨头也纷纷加入争夺，开始大规模布局在线教育板块，推出了从内容到平台的一系列在线教育产品和服务（见表 5-5）。

表 5-5　中国数字经济巨头布局在线教育

企业	产品类型	服务区域
腾讯	小鹅通、拓课云、微吼课堂、无极教育云、升学 e 网通、保利威、腾讯英语君、腾讯精品课、企鹅辅导等	腾讯教育在疫情期间为我国 30 多个省区市搭建了全域在线学习平台
阿里	钉钉、云谷学校、淘宝教育、阿里师生、淘宝同学、淘宝大学、阿里云大学等	30 多个省份的 300 多个教育局已经加入钉钉"在家上课"计划，钉钉已支持超过 5000 万城市和农村地区学生在线上课
字节跳动	好好学习、gogokid、aiKID(以上三者属今日头条旗下)、飞书、清北网校、大力小班	目前清北网校已为近 20 个省份、近千所学校提供了免费的直播授课技术支持
科大讯飞	智慧空中课堂、智学网、讯飞智能学习机	智学网已在全国 32 个行政区超过 16 000 所学校使用，服务师生超过 2500 万人。智慧空中课堂覆盖了全国 19 个省 31 个区域，覆盖学生数达 800 多万
百度	百度教育、百度优课、百度小课、教育大脑等	百度教育智慧课堂覆盖 22 个省级区域的超 4000 所学校

续　表

企业	产品类型	服务区域
华为	华为教育中心、人才培养云、华为云 Classroom	华为云 WeLink 联合拓维信息区域在线学习中心,服务湖南、广东、四川、浙江、贵州、山东、云南等多个省
爱奇艺	爱奇艺视频教育频道、爱奇艺课堂、爱奇艺知识	爱奇艺知识联合 40 余家头部教育机构,为全国各地中小学生推出近 2000 场共计 80 000 分钟的免费直播课
哔哩哔哩	在哔哩哔哩网站上为教师提供视频直播平台,并推出"教育不停学"板块	哔哩哔哩已成为上海市教委指定的网络学习平台之一
京东	京东教育、Minecraft 我的世界教育版(与微软联合推出)	京东物流教育平台推出疫情期间三大教育服务,主要面向全国约 50 万中职、高职及本科院校物流专业的教育

资料来源:根据公开资料整理。

　　作为一种新兴教育模式,在线教育可以整合全球优质教学资源,对整个教育行业及城市发展产生深刻影响。 第一,传统学校的围墙逐渐被打破,不受时空限制的在线教育是新的教与学场景。 随着技术的发展,人们可以借助人工智能推动教与学的改革,加快推进大规模、个性化和高质量的教育。 同时将促进产生知识生产、汇聚与传播的新型空间,其资源供给和服务供给方式随着信息技术的发展变得更加灵活、公平、优质和个性化,成为面向未来的教育改革的重要动力与支撑。 第二,推动终身学习及学习型城市建设。 数字经济时代,海量的开放教育资源为满足个性化需求的终身学习搭建了重要桥梁,人与人之间形成了互联互通的知识网络,知识付费服务受到青睐,人们完全可以根据自己的需要,选择自己感兴趣的课程或者适合自己的学习资源进行学习。 终身学习将支撑城市实现包容性强、安全、有复原力和可持续发展,真正通过教育使人人受益,缩小社会差距,克服暴力和贫困的恶性循环,构建学习型城市。 这将是城市国际化具有持续竞争力和吸引力的根本基石,也是开发城市居民潜能并使其适应社会转型及国际化全球化进程的重要手段。

（三）数字治理

公共管理和社会组织是服务业的一个重要类别，也是推进国家治理体系和治理能力现代化的重要内容。 互联网、大数据及人工智能时代的到来，对演进到数字形态的社会中的政府也提出了更高要求，数字治理则是政府在新时代的自我适应与改变，借助大数据、云计算、人工智能等数字信息技术，构建与市民、企业等多元治理主体共同参与的新型治理格局。

这主要是因为数字经济创造的新的信息条件：第一，丰富的数据资源奠定新的决策基础。 新的信息技术提供了极为丰富的信息资源，尤其是城市经济社会方方面面的大数据资源。 对这些多维度的数据资源进行整合，构建城市治理的数据采集和分析系统，将为科学决策与服务提供支撑，有助于在技术层面缓解信息不对称所导致的资源配置不均衡。 例如，整合城市交通数据，实现交通治堵，需要借助人工智能和机器智能更精准地盯紧城市交通的每一个细节，更精准地调控城市交通的每一个阶段节点。 第二，高效的信息反馈能力提高决策实效。 数字经济时代，每个个体既是数据的接受者也是数据的生产者，社会公众通过各种信息渠道，尤其是自媒体的崛起，能自由快速地发表个人观点和态度。 因此，城市治理中的各种变化都能够快速地通过互联网得到反馈，依靠大数据分析及人工智能的深度学习，将可以准确掌握公众对决策效果的满意度、对热点问题的态度，这会促使决策者更加关注民意与公众满意度，以此提高决策实效。 第三，公共数据开放将产生更大的经济社会效益。 若能整合并公开政府掌握的海量数据，使更多机构和个人使用这些数据，将帮助他们更好地参与经济社会活动，更多地参与社会治理，全面提高公共数据的价值。 当今世界，越来越多的政府开始实行"数据开放"计划，数据成为一种新的重要生产力。

数字治理对我国城市构建国际化营商环境具有重要意义。 从世界范围来看，世界城市纷纷通过提升市场主体注册和经营的效率、设立有效且易于遵循和理解的规则、制定具体的保障措施以确保市场监管的质量等措施竞相开展营商环境改革。 先进城市通过营造具备效率优势、创新红利、稳定公平透明、可预期的营商环境，极大地提高了竞争力。 国际化营商环境是国际贸易、国际投资、国际人才流动等商业活动所依赖的政策、制度、法律、规则、文化等所构成的生态系统，一般要求与国际通行的制度体系相衔接，尊重并遵守市场规则和商业规律，政府运作方式透明高效，文化氛围开放包容。依托大数据、云计算、人工智能等数字技术，构建政府信息共享交换平台，消除"信息孤岛"，将有效推动投资审批制度改革、商事制度改革、贸易便利化水平提升、监管方式创新、政务服务优化等营商环境改革，大大激发市场活力。世界银行从 2003 年开始每年发布《营商环境报告》，在最新发布的《2020 营商环境报告》中，中国名列第 31 位，而在 2015 年中国的排名还是第 90 位。其中，进步最大的指标是"办理施工许可"，从 2015 年的第 179 位到当前的第 33 位（见图 5-6），跃升了 146 位。世界银行的研究表明，这归功于样本城市北京、上海都在积极推进施工许可的电子化和联审共享，比起过去要向不同部门分送书面材料相比，电子化、集中化的办理简化了流程、节约了时间，可见数字治理对营商环境的重要作用。

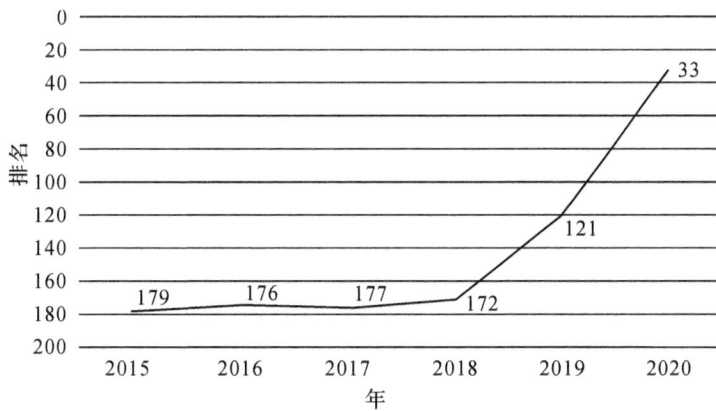

图 5-6　中国"办理施工许可"指标在营商环境报告中的历年排名

资料来源：世界银行历年营商环境报告。

数字治理同样对国际化城市的社区治理与外籍人士管理起到关键作用。国际化城市通常都具有多元文化包容特征，如新加坡是一个以华人为主、三大种族并存的国家，在新加坡人口中，除了本地公民外，有大约 1/4 的人口是来自世界各地的永久居民，1/3 的从业者来自海外。随着越来越多的外籍人士来到中国城市居住或就业，通过整合人口大数据，可以实现对外籍人士的集中分类管理，并有助于决策部门快速掌握外籍人士情况，进而提高公共管理和社会服务水平，统筹涉外公共服务供给，在尊重他们民族习惯的前提下使他们快速融入当地城市生活，让外籍人士对城市产生认同感和归属感。

第六章

副省级以上城市服务业发展与城市国际化的现实分析

近年来，国内城市纷纷加快了向服务经济转型的步伐，尤其是副省级以上城市将服务业的发展放在更大的世界范围内，以服务功能为支撑强化与世界城市网络的链接，推动城市国际化进程。本章将重点对国内 19 个副省级以上城市的服务业发展与城市国际化进程进行实证关联研究，在对样本城市的数字经济与服务业融合发展水平及城市国际化水平进行分别评价的基础上，将两大维度结合起来分析相关性与协调度，并对数字经济时代服务业驱动城市国际化的实践类型进行划分，以验证前文提出的理论观点。

第一节　副省级以上城市服务业发展水平及评价

在向国际化城市乃至世界城市迈进的过程中，中国城市以服务功能为引领构建现代产业体系，不断向全球价值链攀升，推进产业功能与城市功能有机融合，努力在世界城市网络中形成根植于本土的全球竞争优势。例如：北京提出创建"北京服务""北京创造"品牌，努力将北京打造成集国际活动聚集之都、世界高端企业总部聚集之都、世界高端人才聚集之都于一体的世界城市；上海提出通过增强国际经济中心综合实力、国际金融中心资源配置功能、国际贸易中心枢纽功能、国际航运中心服务能力和国际科技创新中心策源能力，将其建设成卓越的世界城市；深圳提出巩固提升金融创新、国际物流枢纽和创意设计服务功能，积极增强信息资源交流和科技、产业创新能力，将深圳打造成为具有全球影响力的现代服务中心；广州则要打造具有全球影响力的现代服务经济中心，为建设国际航运中心、国际物流中心、国际贸易中心、现代金融服务体系和国家创新中心城市提供重要支撑；杭州提出打造具有全球影响力的"互联网＋"创新创业中心、国际会议目的地城市、国际重要的旅游休闲中心、东方文化国际交流重要城市；成都要建设运筹决策中心、国际物流枢纽、金融创新中心、国际购物天堂、世界旅游目的地城市、文化创意名城；等等（见表6-1）。

表6-1　部分城市的国际化目标定位与服务功能支撑

城市	国际化目标定位	服务功能支撑
北京	全国政治中心、文化中心，国际交往中心、科技创新中心	创建"北京服务""北京创造"品牌，努力将北京打造成集国际活动聚集之都、世界高端企业总部聚集之都、世界高端人才聚集之都于一体的世界城市
上海	卓越的世界城市，令人向往的创新之城、人文之城、生态之城	打响"上海服务"品牌，强化全球资源配置功能、科技创新策源功能、高端产业引领功能、开放枢纽门户功能

城市	国际化目标定位	服务功能支撑
广州	目标愿景是成为"美丽宜居花城活力世界城市",未来要逐步建设成为中国特色社会主义引领型世界城市	具有全球影响力的现代服务经济中心,为建设国际航运中心、国际物流中心、国际贸易中心、现代金融服务体系和国家创新中心城市提供重要支撑
深圳	到2025年,建成现代化国际化创新型城市;到2035年,建成具有全球影响力的创新创业创意之都;到21世纪中叶,成为竞争力、创新力、影响力卓著的全球标杆城市	巩固提升金融创新、国际物流枢纽和创意设计服务功能,积极增强信息资源交流和科技、产业创新能力,将深圳打造成为具有全球影响力的现代服务中心
杭州	打造"独特韵味、别样精彩"的世界名城,成为展示新时代中国特色社会主义的重要窗口	成为具有全球影响力的"互联网＋"创新创业中心、国际会议目的地城市、国际重要的旅游休闲中心、东方文化国际交流重要城市
成都	建设现代化新天府,成为可持续发展的世界城市	建设运筹决策中心、国际物流枢纽、金融创新中心、国际购物天堂、世界旅游目的地城市、文化创意名城
南京	目标愿景是成为"创新名城美丽古都",明确提出建设具有全球影响力的创新名城,打造多元文化交流汇聚、多元文明和谐共生的现代化国际性大都市	确立以服务业为主导的产业结构体系,打造区域金融服务中心、商贸物流中心、文创旅游中心、健康医疗中心,使服务业规模和结构在同等城市中居前列,使部分领域全国领先,有国际知名特色产业的中国现代服务业名城
西安	亚欧合作交流的国际化大都市	培育以枢纽经济、门户经济、流动经济为主的万亿级现代服务业大产业

资料来源:根据公开资料整理。

一、服务业发展总体情况

(一)总量及占比

2018年,全国297个地级以上城市实现服务业增加值 459 127亿元,其中19个副省级以上城市创造了 172 078亿元,占比达 37.5%[①]。也就是说,6.4%的城市创造了超过1/3的服务业增加值,大城市已然成为全

[①] 通过《中国城市统计年鉴2019》相关数据计算得出。另外,本章数据若无特别说明,均来自《中国城市统计年鉴》及各城市统计年鉴、统计公报。

国服务业发展的引领者。

如图 6-1 所示,在这 19 个城市中,增加值绝对值和占 GDP 的比重排在第一位的均是首都北京,增加值为 24 553 亿元,占 GDP 的比重达80.98%;服务业增加值超过万亿元的城市有 6 个,分别为北京(24 553亿元)、上海(22 843 亿元)、广州(16 402 亿元)、深圳(14 238 亿元)、天津(11 026 亿元)、重庆(10 656 亿元);只有 2 个城市的服务业比重仍未超过地区生产总值的 50%,分别是长春(46.85%)和宁波(45.90%),其余 17 个城市均已进入服务业过半主导经济发展阶段。

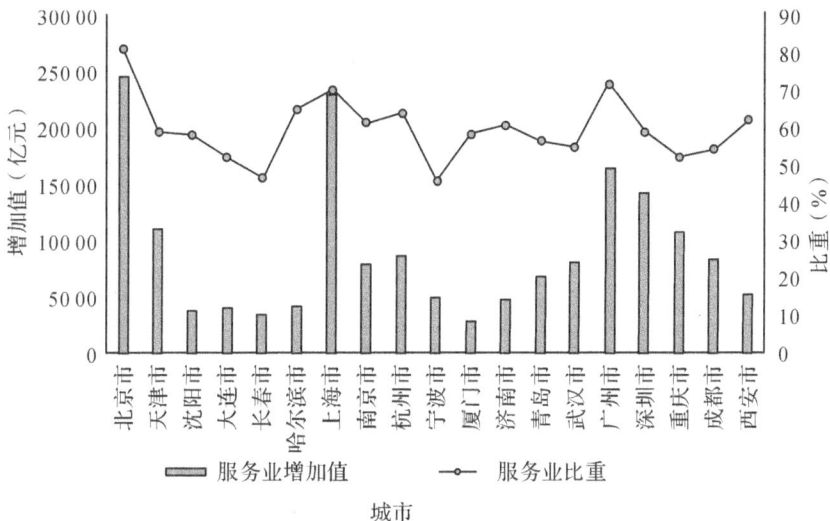

图 6-1　2018 年 19 个副省级以上城市服务业发展总体水平

(二)服务业平均产出

服务业带来的平均产出更能说明该产业作用于每个居民或者每个单元创造的财富。 如图 6-2 所示,从以常住人口计算的人均服务业增加值来看,2018 年超过 10 万元/人的城市有北京、广州、深圳;8 万—10 万元/人的城市有上海、南京和杭州;6 万—8 万元/人的城市有武汉、青岛、天津、厦门、济南、宁波;人均产出最低的是重庆(3.45 万元/人),占人均产出最高城市北京(11.35 万元/人)的比重仅为 30.39%;从以全域土地面积计算地均服务业增加值来看,城市之间差距更大,排在第一位的深圳地均服务业增加值达到 7.13 亿元/平方千米，而第二位的上海为 3.60 亿元/平方千米，加上广州、厦门、北京、南京，仅有 6 个城市的地均服务业增加值超过了 1 亿元/平方千米；排在最后一位的哈尔滨的地均服务业增加值（0.08 亿元/平方千米），仅为深圳的 1%。

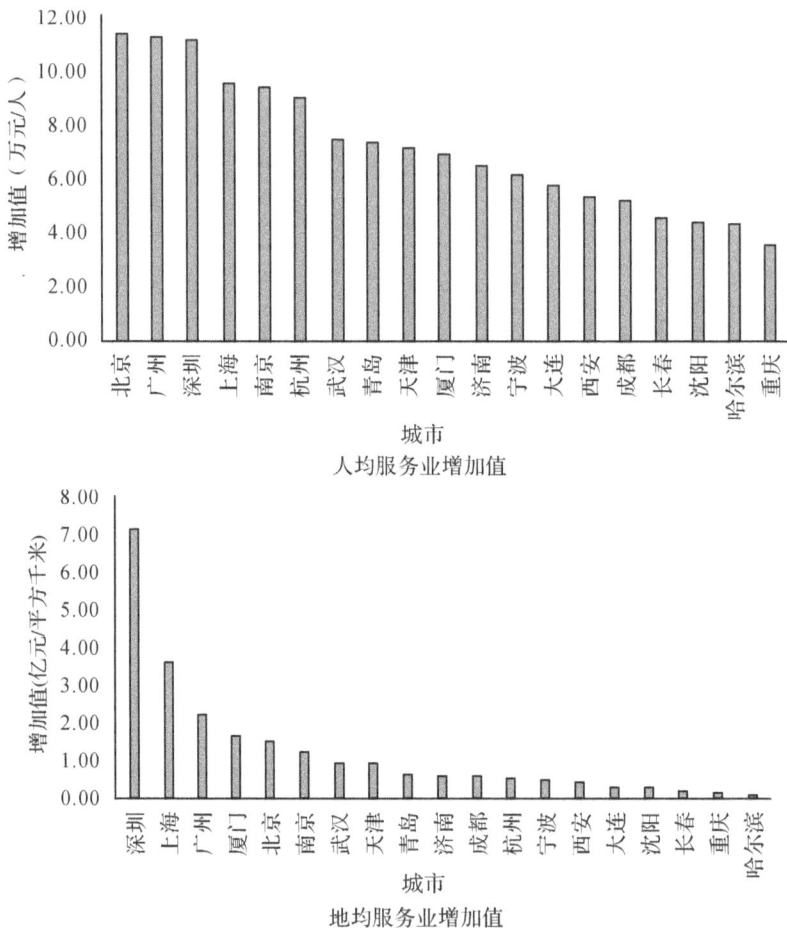

人均服务业增加值

地均服务业增加值

图 6-2　2018 年 19 个副省级以上城市人均服务业增加值和地均服务业增加值

（三）服务业就业

在能获取数据的 12 个城市中（见表 6-2），服务业从业人员数最高的是北京，达到了 1010.2 万人，占比更是高达 81.6%；第二名是上海，人数达 912.01 万人，比重为 66.30%；天津、广州的服务业就业比重也超过了 60.00％。 另外，有 3 个城市的服务业就业比重还没有达到 50.00％，分别是重庆（46.92％）、青岛（45.36％）和宁波（45.37％）。 可见，它们的服务业作为就业"蓄水池"的作用还没有完全发挥出来。

表 6-2　2018 年部分城市服务业就业情况（按服务业从业人员排序）

城市	全社会从业人员（万人）	服务业从业人员（万人）	服务业就业占比（％）
北京	1237.80	1010.20	81.61
上海	1375.66	912.01	66.30
重庆	1709.51	802.16	46.92
深圳	1050.25	603.87	57.45
天津	896.56	551.47	61.51
广州	896.54	546.51	60.96
成都	933.85	491.69	52.65
杭州	690.1	388.2	56.25
西安	621.22	365.95	58.91
武汉*	564.08	305.38	54.14
青岛*	603.9	273.90	45.36
宁波	560.0	254.05	45.37
济南	419.27	218.30	52.07

注：未统计沈阳、大连、长春、哈尔滨、南京、厦门的全社会从业人员数，故不在此表内。＊号表示该城市数据为 2017 年数据。

（四）服务业劳动生产率

"鲍莫尔成本病"主要源于服务业的劳动生产率滞后问题。 如果服务业的劳动生产率能高于全员劳动生产率，则说明服务业的发展是可以带来全社会经济增长的。 全员劳动生产率可以根据平均每一个从业人员在单位时间内的产出量计算，即地区生产总值/全社会从业人员数；服务业的劳动生产率则用服务业增加值/服务业从业人员数表示。 在此基础上，用地区生产总值的服务业构成与经济活动人口的服务业构成之间的比例来表示服务业的相对劳动生产率，若相对劳动生产率大于 1，则说明该城市的服务业发展是有效率的。 如表 6-3 所示，服务业劳动生产率最高的是广州，已经达到 30.01 万元/人；最低的是重庆，仅为 13.28 万元/人。 服务业劳动生产率越低，证明该城市的服务业的劳动密集型特征越明显，即在传统服务业行业集聚了大量劳动力。 除北京、天津以外，其余城市的服务业相对劳动生产率均大于 1，最高是青岛（1.24），最低是武汉（1.01），这表明这些城市的服务业单位产出水平超过了全社会单位产出水平，是拉动全社会效率提升的主要动力。 北京的服务业相对劳动生产率略低于 1，也就是服务业劳动生产率略低于全员劳动生产率，这表明尽管它的服务业劳动生产率在这些城市中还处于较高水平，但与北京的第二产业比，服务业的效率提升还存在较大空间。 天津的服务业相对劳动生产率略低于 1，且其服务业劳动生产率也排位靠后，说明该城市的服务业确实存在劳动率滞后的问题。

表 6-3　2018 年部分城市服务业劳动生产率情况（按服务业劳动生产率排序）

城市	服务业劳动生产率（万元/人）	全员劳动生产率（万元/人）	相对劳动生产率
广州	30.01	25.50	1.18
武汉*	26.55	26.32	1.01
上海	25.05	23.76	1.05
青岛*	24.70	19.87	1.24
北京	24.31	24.50	0.99
深圳	23.58	23.06	1.02
杭州	22.24	19.58	1.14
济南	21.78	18.74	1.16
天津	19.99	20.98	0.95
宁波	19.41	19.19	1.01
成都	16.89	16.43	1.03
西安	14.11	13.44	1.05
重庆	13.28	11.91	1.12

注：未统计沈阳、大连、长春、哈尔滨、南京、厦门的全社会从业人员数，故不在此表内。 * 号表示该城市数据为 2017 年数据。

二、部分行业发展情况

(一)商贸业

我国副省级以上城市都是国家级或区域性中心城市,最基本的服务功能就是商贸集散中心功能。 以社会消费品零售总额来看,它们基本上都在全国占据前列,即使是最低的厦门,2018 年社会消费品零售总额也已经超过 1500 亿元,上海和北京两地已超万亿元,广州也已接近万亿元。 随着数字经济的兴起,新零售也率先在这些城市得以蓬勃发展。 2018 年,数字经济智库发布了《中国新零售之城竞争力报告》,从数字化商业发展指数、消费升级支撑指数、政策环境指数等三大方面对全国数个城市做出综合评定,其中上海登顶全国新零售之城首位,北京、广州、杭州、深圳分列二、三、四、五位。 图 6-3 将二者结合起来进行分析,横轴是社会消费品零售总额,纵轴是《中国新零售之城竞争力报告》中的新零售城市排名。 从图 6-3 可以看出,上海、北京、广州的传统商贸与新零售的发展层次高度吻合。 杭州和深圳尽管社会消费品零售总额规模不靠前,但基于数字经济的新零售发展非常迅猛。 杭州是新零售的诞生地和试验场,也是"数字经济第一城"的开创者和建设者;深圳作为改革开放的创新前沿地带,拥有全国无与伦比的产业基础和信息技术水平。 重庆、南京、成都、武汉既有传统商贸市场规模,又积极探索新零售变革与转型,同时更多的人口和更多的消费量催生出更多的新型交易方式。

(二)旅游业

服务业中旅游业最能体现城市的国际化水平,国际游客越多,证明该城市在国际上的知名度越高、吸引力越强。 如表 6-4 所示,按旅游总收入排名,北京、上海、重庆、广州、天津、成都、杭州、武汉、西安、南京分别居前 10 位;而按旅游外汇收入排名,上海、广州、北京、深圳、厦门、杭州、重庆、武汉、西安、成都分别居前 10 位。 这其中,上海、广州、杭州、青岛、深圳、厦门、沈阳的入境游收入排名超过了国内游收入排名。

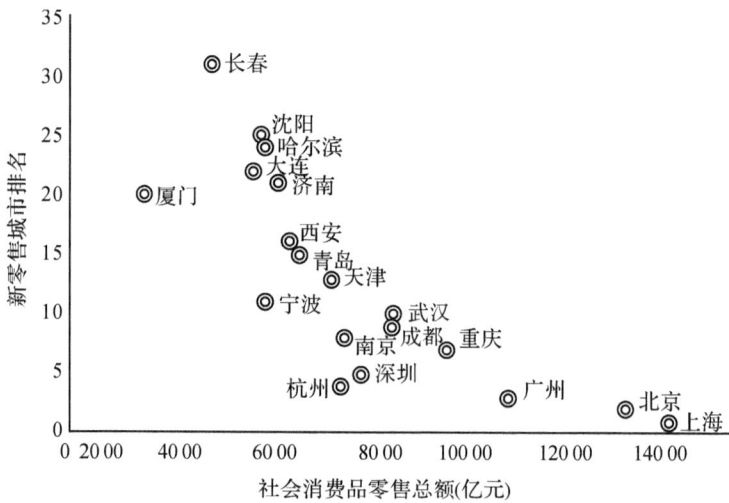

图 6-3 2018 年副省级以上城市社会消费品零售总额与新零售排名

资料来源:新零售指数排名来自数字经济智库.中国新零售之城竞争力报告[R].http://www.100ec.cn/detail-6495635.html,2018.

表 6-4 2018 年副省级以上城市旅游业发展情况

城市	国内游客（亿人次）	国内旅游收入		入境旅游人数（万人次）	旅游外汇收入		旅游总收入	
		收入（亿元）	排名		收入（亿美元）	排名	收入（亿元）	排名
北京	3.07	5556.2	1	400.40	55.2	3	5921	1
上海	3.40	4477.2	2	893.71	73.7	1	4931	2
重庆	5.93	4209.4	3	388.02	21.9	7	4344	3
广州	2.23	3609.3	6	900.63	64.8	2	4008	4
天津	2.27	3840.9	4	198.31	11.1	12	3909	5
成都	2.40	3617.0	5	340.60	14.5	10	3713	6
杭州	1.80	3353.3	7	420.50	38.3	6	3589	7
武汉	2.85	3037.6	8	276.23	18.8	8	3153	8
西安	2.45	2554.8	9	239.46	18.6	9	2555	9
南京	1.33	2400.4	10	81.01	8.8	13	2460	10
宁波	1.20	1977.9	11	84.00	4.2	15	2006	11

续　表

城市	国内游客（亿人次）	国内旅游收入		入境旅游人数（万人次）	旅游外汇收入		旅游总收入	
		收入（亿元）	排名		收入（亿美元）	排名	收入（亿元）	排名
长春	0.89	1750.5	12	45.60	3.0	17	1904	12
青岛	0.98	1651.0	13	153.60	11.6	11	1867	13
深圳	1.39	1270.4	16	3345.22	51.2	4	1609	14
大连	0.93	1402.2	14	110.30	5.7	14	1440	15
厦门	0.85	1141.4	17	430.43	39.4	5	1402	16
哈尔滨	0.85	1368.8	15	23.90	1.1	19	1376	17
济南	0.80	1054.7	18	39.90	2.2	18	1130	18
沈阳	0.82	734.2	19	81.90	4.0	16	759	19

注:大连的入境旅游人数和旅游外汇收入数据来自《辽宁省统计年鉴2019》。西安未分开统计国内游和入境游,其2018年入境旅游人数和旅游外汇收入依据西安2017年的基数和2018年旅游业总体增长情况测算得出,基本符合实际情况。深圳的入境旅游人数远远超过其他城市,是因为3000多万的入境旅游人数中有2000多万是当日往返深圳不过夜游客,实际过夜入境游客为1220.21万人次,其中1009.39万人次为港澳游客。

　　总的来看,中国城市的入境旅游发展水平远远落后于国内旅游(见图6-4)。除深圳外,其他城市境外游客数占游客总数的比重均低于5%;除上海、深圳、厦门外,其他城市旅游外汇收入占旅游总收入的比重均低于10%。可见,国际化程度有待进一步提升。

(三)物流业

　　图6-5是以铁路、公路、水运、航空为主要方式的货运量来表现城市的物流业发展情况。从图6-5可知,货运量总量排在前三的城市分别是重庆、广州和上海,总量均已超过10亿吨;排在第二方阵的城市是武汉、宁波和天津,总量超过5亿吨。这些城市的货运方式主要还是以公路运输为主,公路货运量基本占货运总量的一半以上,只有上海的水运货运量占总量的比重为62.3%,超过公路货运量,南京的水运货运量与公路货运量基本持平;在民用航空货邮运量规模总体偏小的情况下,北京和上海的发展水平远超其他城市。

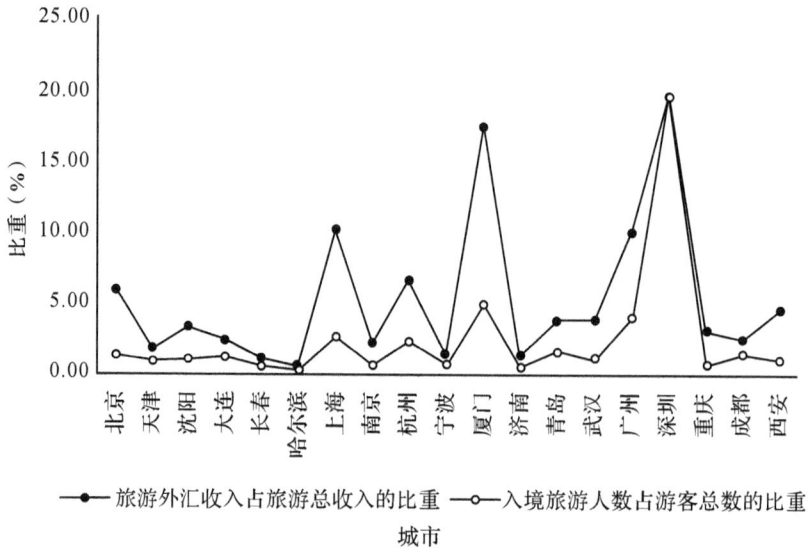

图 6-4 2018 年副省级以上城市入境游比重

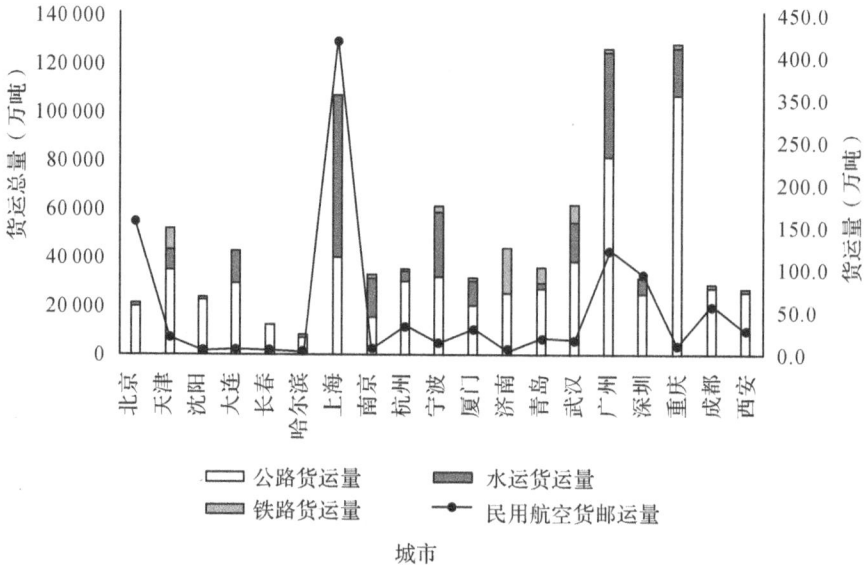

图 6-5 2018 年副省级以上城市货运总量

注:民用航空货邮运量与其他方式相比数量过小,在柱状图中无法显示,故用次坐标轴的折线图
单独体现。

2018 年,中国物流与采购联合会、中国物流信息中心研究建立了物流

绩效评价指标体系，对全国 37 个重点城市（含 19 个副省级以上城市）开展了物流绩效调查和评价工作，形成了首份全国重点城市物流绩效第三方评价报告，以此深化"放管服"改革，加强重点领域和薄弱环节建设，加快推进物流信息化、标准化、智能化，推动各地优化物流营商环境，推进物流降本增效。该报告从物流需求、基础设施、市场环境、经营便利度、经营成本、政策环境、城市信用等 7 个方面构建了物流绩效评价指标体系。评价结果显示，37 个重点城市中排名前 10 位的为重庆、上海、北京、武汉、深圳、广州、厦门、苏州、南京、大连，其中重庆是唯一的西部城市，武汉是唯一的中部城市，其余都是东部城市。东北的 3 个副省级城市沈阳、长春、哈尔滨甚至没进入前 20 位（见图 6-6）。

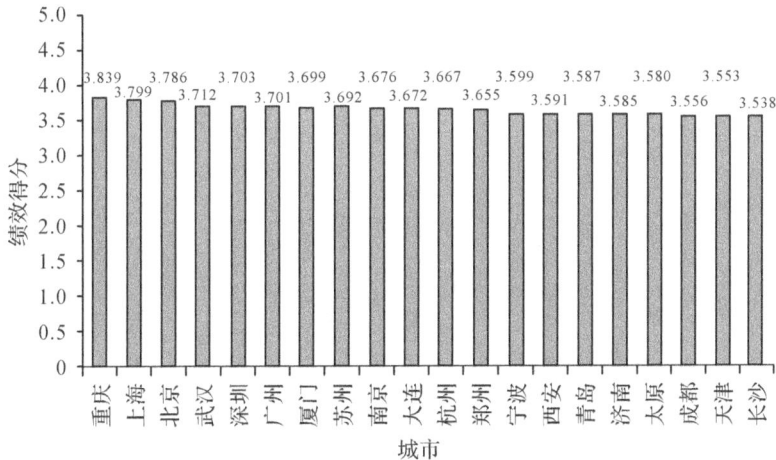

图 6-6 重点城市物流绩效评价前 20 位

资料来源：中国物流与采购联合会，中国物流信息中心.全国重点城市物流绩效第三方评价报告（2018 年）[R]. http://www.cn156.com/article-95045-1.html, 2018.

（四）软件与信息技术服务业

我国的 19 个副省级以上城市集聚了全国绝大部分软件与信息技术服务业份额。根据工信部的统计，2018 年，19 个副省级以上城市实现软件业务收入 51 237 亿元，同比增长 14.2%，占全国软件业的比重为 81.2%；2019 年，19 个副省级以上城市实现软件业务收入 59 636 亿元，同比增长 16.4%，占全国软件业的比重为 83.1%。其中，副省级城市实现软件业务收入 38640 亿元，同比增长 14.6%，占全国软件业的比重为 53.8%。 图 6-7 是 2018 年和 2019 年软件业务收入居前 10 位的副省级城市。 可以看出，深圳、南京、杭州、广州和成都稳居前 5 位，前 10 位城市的软件业务收入高速增长，呈现平稳向好的发展态势。

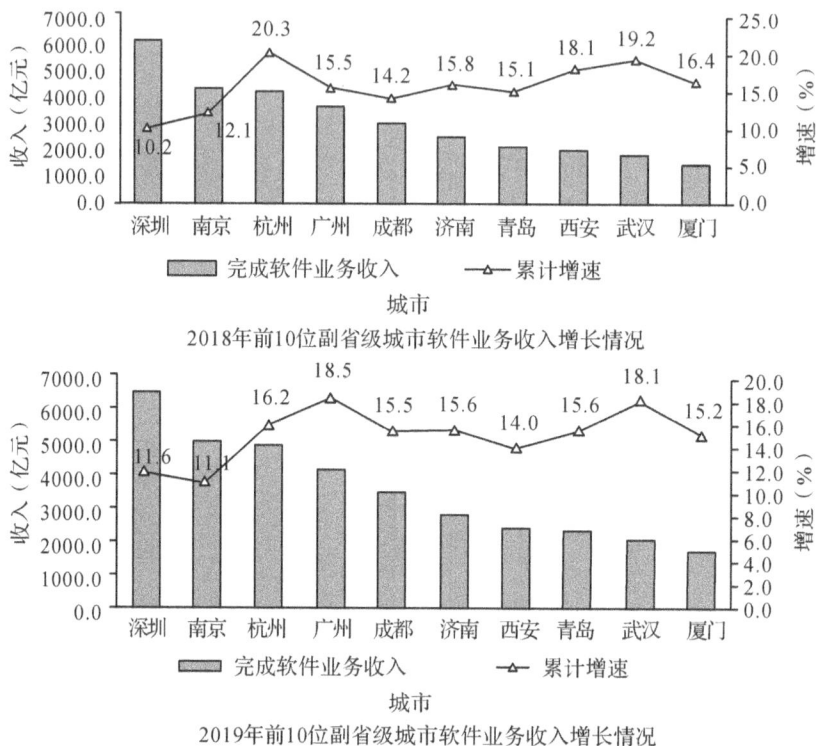

2018年前10位副省级城市软件业务收入增长情况

2019年前10位副省级城市软件业务收入增长情况

图 6-7　2018 年和 2019 年副省级城市软件业务收入增长情况前 10 位

资料来源：工信部《2019 年软件和信息技术服务业统计公报》和《2018 年软件和信息技术服务业统计公报》，http://www.miit.gov.cn.

中国软件与信息技术服务综合竞争力百强企业里，北京有 44 家企业入围，位居全国第一，其中百度、中国通信、京东、中软国际 4 家软件企业入选前 10 强。 在工业互联网领域，用友等企业纷纷建设工业互联网平台，石化盈科、东方国信等企业与制造业企业深入合作，带动工业企业数字化研发设计工具普及率和关键工序数控化率持续提升。 在人工智能领域，百度的深度学习算法框架达到国际先进水平，已形成一定的产业链带动效应。 在国际化拓展方面，中国通信、中软国际和软通动力等企业在境外设立了分公司、研发中心和分支机构，全面推进海外市场布局和本地化经营。 深圳有 12 家企业入围，华为、腾讯、中兴 3 家软件企业进入前10 强，华为更是位列百强之首。 杭州有 8 家企业入围，分别是阿里巴巴、海康威视、大华技术、中控科技、恒生电子、银江股份、新华三技术、浙大网新，其中阿里巴巴排第 2 位、海康威视排第 11 位、大华技术排第 30 位。

（五）文化相关服务业

为了规范反映文化产业在国民经济中的地位和对社会经济的作用，国家统计局颁布并修订了《文化及相关产业分类（2018）》，为全国各地的文化产业发展提供了统一的分类标准，并每年发布《中国文化及相关产业统计年鉴》。 国家统计局将文化产业细分为文化制造业、文化批发和零售业及文化服务业。 在此，本部分将文化批发和零售业及文化服务业统称为文化相关服务业，以此来对副省级以上城市进行分析。 如表 6-5 所示，2018 年，文化相关服务业主营业务收入排在前 5 位的城市分别是北京、上海、杭州、深圳和广州。 其中：北京的文化相关服务业主营业务收入已超万亿元；杭州表现得格外抢眼，不仅主营业务收入位列第 3，而且利润总额达 1150.6 亿元，位列所有城市首位。 所有城市中，哈尔滨 2018年文化相关服务业表现较差，主营业务收入排在末尾，利润总额为负数。

表 6-5　2018 年副省级以上城市规模以上文化相关服务业的主要指标
（按主营业务收入排序）

城市	企业单位数（个）	年末从业人员（人）	主营业务收入（万元）	利润总额（万元）
北京	3737	506 503	104 127 939	8 286 689
上海	1951	303 853	77 498 120	7 340 715
杭州	892	123 094	51 406 796	11 506 195
深圳	1806	220 357	47 097 360	6 470 117
广州	1985	228 683	31 307 958	2 966 050

续　表

城市	企业单位数（个）	年末从业人员（人）	主营业务收入（万元）	利润总额（万元）
南京	1556	226 062	26 096 934	1 853 683
武汉	839	202 378	15 991 125	1 499 959
天津	625	66 853	15 159 976	1 748 833
重庆	834	113 032	1 5048 553	810 751
青岛	375	38641	10941366	331 010
成都	407	83 042	10 450 586	1 920 944
宁波	491	28 094	6 082 622	348 076
西安	515	61 169	5 316 020	391 770
济南	270	34 644	4 604 121	421 343
厦门	325	33 561	3 858 310	425 325
大连	191	43 412	2 271 999	39 206
沈阳	228	25 571	1 918 170	37 798
长春	191	18 739	960 341	111 980
哈尔滨	107	18 962	834 439	−24 667

数据来源:《2019 中国文化及相关产业统计年鉴》。

再和文化产业整体的发展情况进行对比分析。 图 6-8 显示了文化相关服务业主要指标占该城市文化产业的比重,图中虚线表示比例 50%。可见,绝大多数城市的文化相关服务业是文化产业的主要支撑,大多数指标均超过了 50%,有些甚至在 80% 以上。[①] 值得关注的是,大连、宁波、厦门、青岛、深圳的部分指标比重低于 50%,这并不是说明这些城市的文化相关服务业发展得不好,而是表示它们的文化制造业比其他城市发展得更好,在文化产业中发挥了相当大的作用(见表 6-6)。 例如:深圳的文化制造业企业数为 969 家,从业人员为 31 万人,主营业务收入为3213.0 亿元,利润总额为 109.5 亿元,4 项指标均位居首位;青岛的文化

———————

[①] 哈尔滨文化服务与文化产业的利润总额均为负数,因此其利润总额占比不具有说明意义。

制造业主营业务收入达 902.4 亿元，利润总额 46.3 亿元，两项指标也跃居第 3 位。

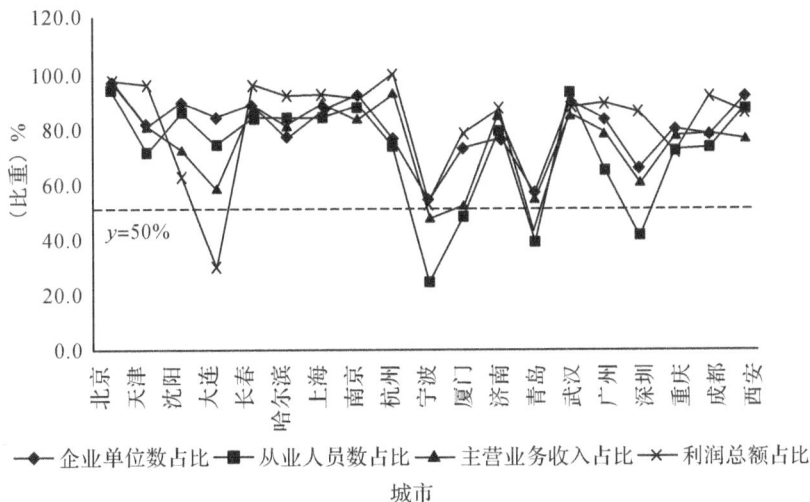

图 6-8　2018 年副省级以上城市文化相关服务业主要指标占文化产业的比重

数据来源：《2019 中国文化及相关产业统计年鉴》。

表 6-6　2018 年副省级以上城市规模以上文化制造业的主要指标

（按主营业务收入排序）

城市	企业单位数 （个）	年末从业人员 （人）	主营业务收入 （万元）	利润总额 （万元）
深圳	969	310018	31 229 529	1 094 717
上海	333	58812	10 377 866	715 159
青岛	291	60908	9 023 579	462 663
广州	410	124802	8876624	381 287
宁波	424	88890	6 620157	313 649
南京	150	32360	5 436 851	217 278
杭州	289	44915	4 521 925	135 010
重庆	218	44653	4 476 651	322 161
北京	150	30834	4 120 646	240 079
天津	150	27462	3 588 455	90 381

续　表

城市	企业单位数（个）	年末从业人员（人）	主营业务收入（万元）	利润总额（万元）
厦门	126	37283	3 552 165	122 703
成都	127	31115	2 931 091	192 050
武汉	96	17308	2 875 709	230 899
西安	49	9434	1 698 421	67 615
大连	37	15486	1 653 097	96 354
济南	86	9606	822 620	66 517
沈阳	31	4474	755 764	23 477
哈尔滨	34	3873	206 388	－2383
长春	27	3697	150 501	5940

数据来源:《2019 中国文化及相关产业统计年鉴》。

三、数字经济与服务业融合发展水平评价

在对 19 个副省级以上城市的服务业发展基本情况进行梳理的基础上,本部分尝试通过构建一个指标体系,对这些城市数字经济与服务业融合发展水平进行综合评价,目的在于测度在数字经济的影响下当前中国城市的服务业发展水平及城市之间的差距。

(一)指标体系构建

本部分考虑从 4 个方面构建指标体系。 首先,要把产业基础放在第一位,即服务业总体发展水平及市场规模等方面的支撑,这是服务业发展壮大的基本条件;其次,则是最核心的数字产业化评价,即"数字"直接转化为服务业产业优势的能力;再次,是服务业数字化评价,即服务业被"数字化"改造提升质变的情况;最后,要考虑全社会的数字基础设施支撑。 由于数字经济尚未有统一的统计体系,在指标选择和数据来源上,既采用《中国城市统计年鉴》及各城市统计年鉴的官方统计数据,也采用从第三方平台如百度地图爬取的大数据,还将采用一些第三方专业机构的调查评估公开数据,也许并不十分准确,但仍具有一定代表性。

1. 产业基础用经济发展水平、服务业发展水平和居民收入水平测度

经济发展水平用人均 GDP 代表，该指标反映城市的经济发展程度，该值越大，表明经济发展水平越高，越有利于服务业的发展及与数字经济的融合。

服务业发展水平用人均服务业增加值代表。 在这里，之所以未选取服务业增加值比重，而采用人均服务业增加值，是因为只是服务业增加值比重高并不能说明城市已进入服务经济阶段，用人均服务业增加值更能体现服务业的单位产出。 该指标越大，表明服务业的发展水平越高。

居民收入水平用城镇居民人均可支配收入代表，用以反映城市的消费能力。 该指标越大，表明服务业的市场需求越旺盛，城市接受数字转型的能力越强。

2. 数字服务业化用 ICT（Information and Communications Technology）等相关产业的发展水平和发展潜力来测度

ICT 等相关产业的发展水平用软件与信息技术服务业收入代表，根据工信部的统计，该收入包括软件产品收入、信息技术服务收入、信息安全收入、嵌入式系统软件收入，可以反映城市的数字服务业化水平。 该指标越大，表明城市的信息产业基础越好。

ICT 等相关产业的发展潜力用软件与信息技术服务业收入增速代表，用以反映数字产业化的潜力。 该指标越大，表明增长越快，越有潜力。

3. 服务业数字化用新零售发展水平和网上政务服务能力测度

新零售发展水平用新零售企业数量代表，该指标采用百度地图提供的盒马鲜生＋永辉超级物种的地点数据，用以反映新零售集聚程度。 新零售企业集聚度越高，说明服务业的数字化转型步伐越快。

网上政务服务能力采用中央党校（国家行政学院）电子政务研究中心发布的《省级政府和重点城市网上政务服务能力（政务服务"好差评"）调查评估报告（2020）》中提供的网上政务能力指数代表，用以反映公共服务领域的"数字化"程度。 该指数越高，说明网上政务服务能力和水平越高。

4.支撑条件用移动支付发展水平和信息基础设施发展水平测度

移动支付发展水平采用国家信息中心联合中经社、支付宝共同发布的《2019 中国移动支付发展报告——移动支付提升城市未来竞争力》中构建的移动支付发展指数代表，用以反映城市的智慧程度。该指数越高，说明用以支撑服务业与数字经济融合发展的能力越强。

信息基础设施发展水平用人均移动电话用户数、人均互联网宽带接入用户数代表，用以表示信息基础设施的支撑能力。该值越高，表明城市的信息基础设施条件越完善，数字经济的发展环境越好。

(二)评价方法

针对上述指标，在确定指标权重的基础上，本部分对各指标进行标准化处理，然后分组加权平均得出综合指数，由此对 19 个副省级以上城市的数字经济与服务业融合发展水平进行综合评价。

权重确定的科学、客观与否，将直接影响最终综合评价值准确与否。在此采用层次分析法（The Aralytic Hierarchy Process，AHP）确定各变量指标相应的权重。首先，建立递阶层次结构，把评价指标分为两个层次，即一级指标层和二级指标层。其次，分一级指标层及二级指标层，按照两两重要性程度之比的形式构造判断矩阵。再次，填写判断矩阵，填表人（专家）对每一个判断矩阵准则下元素间的重要性进行两两比较和分析判断，比较结果采用"1—9"标度表示。最后，在此基础上，应用Mathpro 得到一级指标和二级指标的权重。由此，形成副省级以上城市数字经济与服务业融合发展水平评价指标体系（见表 6-7）。

表 6-7 副省级以上城市数字经济与服务业融合发展水平评价指标体系

一级指标	一级指标权重	二级指标	二级指标权重
产业基础	0.253	人均 GDP(万元)	0.412
		人均服务业增加值(万元/人)	0.306
		城镇居民人均可支配收入(元)	0.282
数字服务业化	0.348	软件与信息技术服务业收入(万元)	0.457
		软件与信息技术服务业收入增速(%)	0.543

一级指标	一级指标权重	二级指标	二级指标权重
服务业数字化	0.237	新零售企业数量（家）	0.563
		网上政务能力指数	0.437
支撑条件	0.162	移动支付发展指数	0.447
		人均移动电话用户数（户/人）	0.282
		人均互联网宽带接入用户数（户/人）	0.271

鉴于各项指标属性不同，量纲不一，因此在计算之前必须对指标进行标准化处理。本部分采取极差变换法进行标准化处理，标准化后指标分值在0—1之间，越接近1表示该指标在比较对象中排名越靠前。具体处理方法为：

正向指标：$Z = (x_i - x_{min})/(x_{max} - x_{min})$；

逆向指标：$Z = (x_{max} - x_i)/(x_{max} - x_{min})$。

式中，Z是无量纲化后的指标值，x_i为原始数据，x_{min}为对比城市该指标实现值中的最小值，x_{max}为对比城市该指标实现值中的最大值。

最后，采取加权平均法得到综合评价指数，计量模型如下：

$$Y = \sum_{k=1}^{n}(b_k \sum_{i=1}^{n} a_{ki}C_{ki})。 \tag{6-1}$$

式中，Y为综合评价指标指数，a_{ki}是第k项一级指标中的第i项二级指标的权重，C_{ki}是第k项一级指标中的第i项二级指标的无量纲化标准数值，b_k是第k项一级指标的权重。由于本部分采用极差变换法进行标准化处理，综合得分分值在0—1之间，则越接近1表示综合排名越靠前。

（三）评价结果

综合得分显示（见图6-9），排在前两位的是北京和上海，得分分别为0.7799和0.7014；深圳超过了广州排在第3位，得分为0.6971；广州得分为0.6391，排在第4位；杭州得分为0.6203，排在第5位。得分在前10位的城市还有南京、宁波、武汉、青岛和厦门。可见，在服务业与数字经济融合方面表现较好的仍然是东部城市，中西部城市只有武汉进入了前10。东北城市得分较低，得分与排名靠前的城市差距非常大，哈尔滨、长春、沈阳的得分分别仅为北京的 10.6%、19.4% 和 25.5%。

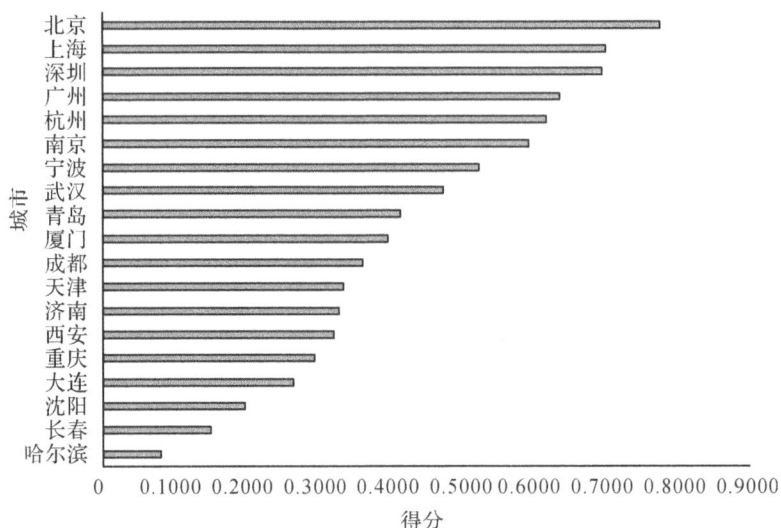

图 6-9 副省级以上城市数字经济与服务业融合发展水平综合得分

图 6-10 中的分项得分显示：在产业基础方面，排在前 5 位的城市分别是深圳、北京、广州、上海和南京；在数字服务业化方面，排在前 5 位的城市分别是北京、广州、上海、深圳和宁波；在服务业数字化方面，排在前 5 位的分别是上海、北京、深圳、杭州和南京；在支撑条件方面，排在前 5 位的分别是杭州、上海、广州、深圳和南京。

综上所述，深圳 4 项指标的排名分别是第 1、第 4、第 3、第 4，这主要得益于深圳经济发展的高效率，使城市产出和居民收入水平均居全国首位，这为服务业与数字经济的融合发展奠定了坚实的基础，同时全国领先的信息产业基础使深圳的数字服务业化、服务业数字化、信息化支撑条件均达到相当高的水平。 杭州 4 项指标的排名分别为第 6、第 6、第 4、第 1，可见城市数字基础设施发展较快，城市的移动支付能力超前，但在将"数字""数据""信息"等要素进行产业化形成若干核心产业方面落后于部分先进城市，城市的经济实力与北上广深相比还有差距。 南京 4 项指标的排名分别是第 5、第 7、第 5、第 5，分项发展较为均衡，与杭州存在同样的问题，即在数字服务业化方面相对较弱。

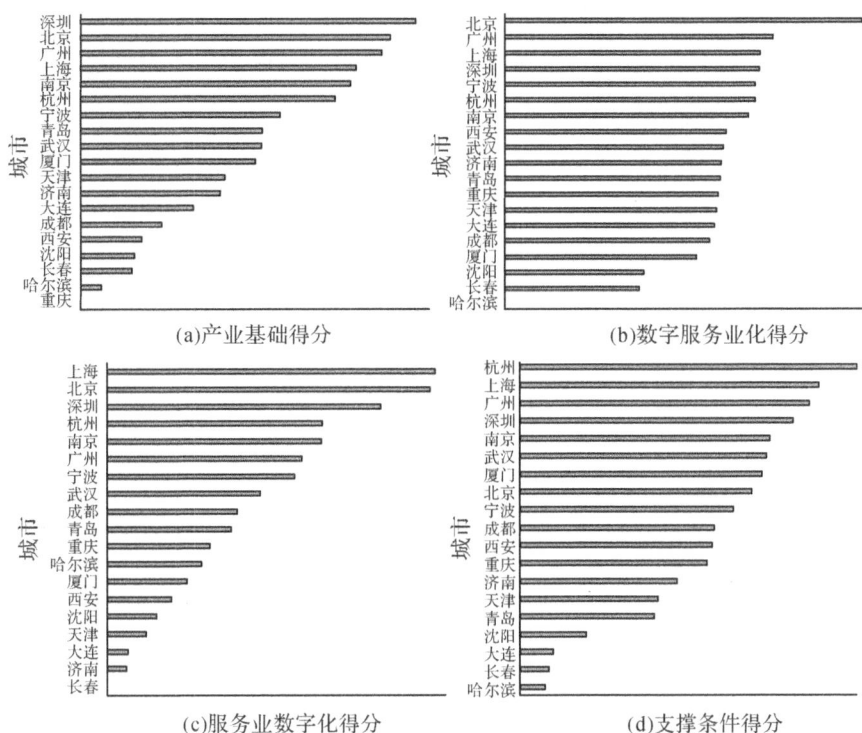

(a)产业基础得分

(b)数字服务业化得分

(c)服务业数字化得分

(d)支撑条件得分

图 6-10　副省级以上城市数字经济与服务业融合发展水平分项得分

第二节　副省级以上城市国际化历程与水平评价

一、城市国际化历程

(一)起步期("七五"计划末期至 20 世纪末)

我国城市迈向城市国际化始于"七五"计划末期,即将迈入 20 世纪 90 年代时,其间上海和北京首先提出要建国际化城市。① 北京在 1990 年

---

① 罗小龙,韦雪霁,张京祥.中国城市国际化的历程、特征与展望[J].规划师,2011,27
　(2):38-41,52.

承办了我国第一次综合性国际体育大赛——第 11 届亚运会，成功地让全世界了解了中国及亚洲。 上海在 1990 年提出要建设国际金融中心，1992 年提出建设国际经济、金融、贸易中心，并于当年成为全国第一个 GDP 超千亿元的城市。 1992 年邓小平同志的"南方谈话"、社会主义市场经济体制确立及上海浦东新区建设开启了我国全方位的对外开放新局面，我国城市纷纷意识到与世界接轨的重要性。 "国际化城市""国际性城市""国际化大都市"等新概念一时之间泛滥开来。 据相关统计：1995 年全国大约有 50 多座城市打出了建设"国际化大都市"等旗号；到 1996 年，全国已经有 75 个城市提出了建设"国际化大都市"的战略目标。①

（二）发展期（2000—2010 年）

进入 21 世纪，尤其是 2001 年中国正式加入 WTO，我国城市国际化发展迎来了蓬勃发展的周期。 一方面，通过"借船出海"等方式大力发展加工贸易，实现了"中国制造"遍布全球；另一方面，外商投资大规模进入中国，迅速带动了我国城市的技术进步与产业升级。 随着此阶段经济的高速增长，中国城市融入全球化的信心越来越足，对自身的国际化定位也在不断升级。 例如：深圳于 2003 年提出建设重要的区域性国际化城市，2007 年成为有中国特色、中国风格、中国气派的国际化城市，2008 年成为与香港共同发展的国际城市；北京于 2001 年提出建设现代化、国际化大都市，2010 年正式提出建设世界城市。

但是，在该阶段也出现了盲目性地发展城市国际化的问题，大家一哄而上，忽视了自身的现实基础和特定发展条件，过度重视城市的规模扩张和硬件建设，景观设置千篇一律，功能定位缺乏特色，出现了大批以"东方夏威夷""东方达沃斯""东方芝加哥"等作为宣传口号的城市。 这个阶段的城市国际化，实际只是依照国际通行标准建设城市框架和配置城市功能的早期国际化，也就是第四章提到的"国际城市 1.0 版"。

（三）升级期（2010 年至今）

在 2008 年全球金融危机爆发前后，我国的城市国际化开始由 1.0 版

---

① http://news.sina.com.cn/c/2005-08-18/05016718186s.shtml.

向 2.0 版全面升级。 我国城市在经过高速增长后加之国际环境的变化，开始理智客观地审视自身在全球化中的定位，为城市的国际化寻找新的驱动力与发展模式，探索如何差异化发展与特色化升级，即如何根据地方特色调整形成根植于本土的国际化模式。[①] 在这段时期，我国城市的主要做法有：

第一，规划引领，全方位推进城市国际化。 各大城市从战略层面对城市国际化进行部署与安排，将城市国际化的目标、阶段、举措、行动计划等内容以规划形式加以确定，为全方位推进城市国际化做好顶层设计（见表6-8）。 深圳于 2011 年发布了《深圳市推进国际化城市建设行动纲要》，提出未来 10 年，努力把深圳建设成为东南亚地区的明星城市、亚太地区有重要影响力的区域性国际化城市。 成都于 2012 年出台了《成都市国际化城市建设行动纲要（2012—2016 年）》，提出力争在中西部地区率先基本实现国际化，加快建设有重要影响力的开放型区域中心和国际化城市。 南京于 2012 年出台了《南京市加快推进城市国际化行动纲要（2012—2015）》，提出加快建设区域性国际化城市，打造世界软件名城、世界历史文化名城、世界科教名城和世界体育名城，把南京建设成为现代化和国际化性人文绿都。 杭州于 2015 年出台了《杭州市加快推进城市国际化行动纲要（2015—2017 年）》；2016 年 7 月，杭州市委第十一届第十一次全会又通过了《中共杭州市委关于全面提升杭州城市国际化水平的若干意见》，提出努力把杭州建设成为拥有"独特韵味、别样精彩"的世界名城的奋斗目标。 武汉先后出台了《武汉市国际化水平提升计划（2013—2016 年）》和《武汉市国际化水平提升计划（2018—2020年）》，提出建设中部地区国际交通枢纽、国际经贸合作高地、国际交往中心、具有全球影响力的产业创新中心和国际人才汇聚高地。 上海更是在《上海市城市总体规划（2017—2035 年）》（又称上海 2035）中，明确到 2035 年，上海要基本建成为卓越的世界城市，令人向往的创新之城、人文之城、生态之城，具有世界影响力的社会主义现代化国际大都市。

---

① 屠启宇.国际城市发展报告（2012）[M].北京:社会科学文献出版社,2012.

表 6-8　部分城市推进城市国际化的顶层设计

城市	城市国际化的顶层设计
上海	《上海市城市总体规划(2017—2035 年)》
深圳	《深圳市推进国际化城市建设行动纲要》(2011 年发布)
成都	《成都市国际化城市建设行动纲要(2012—2016 年)》(2012 年出台)
南京	《加快推进城市国际化行动纲要(2012—2015)》(2012 年出台)
杭州	《杭州市加快推进城市国际化行动纲要(2015—2017 年)》(2015 年出台) 《中共杭州市委关于全面提升杭州城市国际化水平的若干意见》(2016 年)
武汉	《武汉市国际化水平提升计划(2013—2016 年)》 《武汉市国际化水平提升计划(2018—2020 年)》
宁波	《宁波市加快推进城市国际化行动纲要》(2014 年发布)
西安	《中共西安市委关于高举习近平新时代中国特色社会主义思想伟大旗帜,加快大西安国际化进程的决定》(2017 年发布)

第二,创新驱动,夯实国际化城市内核。 在跨越了简单地以国际通行标准建设城市框架和配置城市功能的早期国际化阶段后,中国城市开始为城市国际化寻找新的驱动力和城市内核,以创新为驱动的国际化城市建设使我国城市的国际化起点更高、个性化特征愈加明显。 上海在建设 5G、全球数据港、专业服务网络等方面已经开始进一步拓展,未来上海将聚焦世界科技前沿,强化科技创新前瞻布局和融通发展,努力成为全球学术新思想、科学新发现、技术新发明、产业新方向的重要策源地。 深圳以打造"中国特色社会主义先行示范区"为目标,积极推动制度创新、管理创新和文化创新,成为国际新竞赛规则的重要制定者、新竞争场地的重要主导者,向着全球顶尖的高质量创新型经济体不断迈进。南京从 2018 年开始启动建设具有全球影响力的创新名城工作,连续 3 年召开创新名城建设大会,连续 3 年制定出台并打造一流创新生态的市委一号文件。

第三,文化彰显,形成城市国际化的特色化路径。 文化魅力在此轮城市国际化浪潮中得以彰显,多数城市都意识到只有充分突出文化基因的国际化,才是真正能够根植的国际化,也才能在世界城市中形成自己独一无二的标签。上海市第十一次党代会提出"人文之城"的内涵是"建筑是可以阅读的，街区是适合漫步的，公园是最宜休憩的，市民是尊法诚信文明的，城市始终是有温度的"。因此，上海不仅建成和开放了一大批重大的功能性文化设施和文化地标，同时，在完善基层文化设施方面也精雕细琢，让生活在上海的居民可以轻松地找到适合自己文化趣味的文化空间。西安紧紧围绕国际标准与城市特色的有机融合，突出文化特色，推动文化创新，"西安年·最中国"等成为展示西安城市文化品质的重要载体和世界认识中国的重要途径，大唐不夜城步行街的改造，曲江创意谷园区等一批大项目、园区建成并对外开放，《梦长安——大唐迎宾盛礼》《再回长安》《梦回大唐》等演艺活动的备受好评，将古城、文学、艺术等文化元素熔于一炉，形成沉浸式互动新场景。

第四，活动搭台，推动城市快速登上国际舞台。中国城市通过重大国际会展活动等大事件，不断走上国际舞台，拉近了与世界的时空距离，同时取得了重要的国际话语权。2000—2018 年间，上海共举办体育赛事 2045 次（见图 6-11），年平均增长率为 5.2%，其中国际赛事 824 次，年平均增长率为 7.1%，尤其从 2011 年开始，上海平均每年举办约 145 场体育赛事，国际体育赛事约占赛事总数的 40%。上海以大型体育赛事为利器，助力其在国际上的影响力逐步增强。广州展馆规模和硬件已超过或接近汉诺威、米兰、法兰克福等国际一流会展中心水平，2 个展览（广交会、照明展）的规模位居全球同类展览第一，3 个展览（家具展、建材展、美容美发展）位居亚洲第一。成都在 2013 年成功举办《财富》全球论坛和第十二届世界华商大会，超过 200 家境内外媒体前来采访报道，有力地推动了"让世界了解成都、让成都走向世界"的步伐。杭州在 2016年通过举办二十国集团（G20）领导人第十一次峰会快速跻身世界名城，迅速提高了城市知名度，还成为 2022 年第 19 届亚运会主办城市。

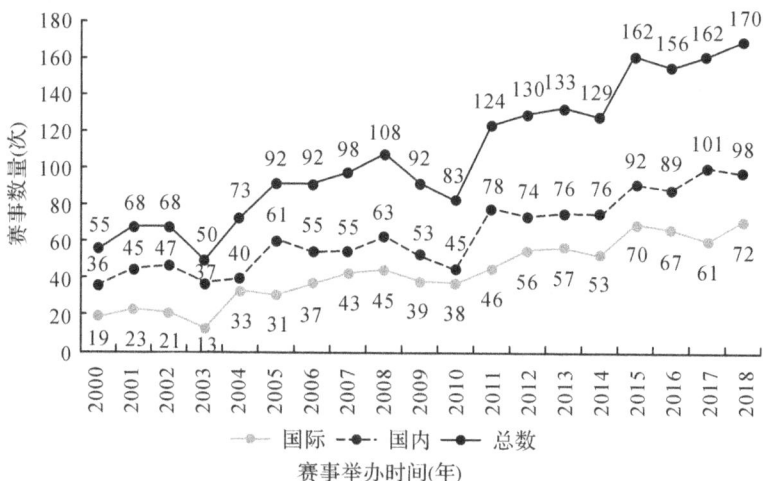

图 6-11　2000—2018 年上海赛事数量统计

资料来源：罗玉婷，陈林华，徐晋妍.大型体育赛事助力上海城市国际化历程、经验及启示[J].
体育文化导刊，2019(12)：37-43.

二、世界眼中的中国城市国际化

中国城市的城市国际化在世界眼中是什么样？　如果不放眼全球，那
么我们的城市国际化将是一种自娱自乐。　城市国际化水平的高低最为直
观的表现就是国内外有关城市指标体系的排名，这些排名的具体指标体系
依据的标准各不相同，采用的数据各有侧重，有时候并不能完全真实地反
映一个城市真正的国际化水平，特别是一些城市尚未建立完整而公开的数
据体系。　但是，不管何种世界城市排名方式，其采用的指标分析体系总
有一定的合理性，部分反映了一个城市的发展状况，特别是综合几种评价
体系，大致就能看出一些城市的真实水平。　第三章我们列举了几种典型
的城市评价体系，这里来分析一下 19 个副省级以上城市在这些评价体系
中的排名。

在 2018GaWC 世界城市名册中，我国 19 个副省级以上城市全部入
围，其中入围 Alpha 级别即全球一线城市的有北京、上海、广州和深圳；
入围 Beta 级别即全球二线城市的有成都、杭州、天津、南京、武汉、重

庆、大连、厦门、沈阳、青岛、济南；入围 Gamma 级别即全球三线城市
的有西安和宁波；入围 Sufficiency（＋／－）级别城市即全球四线城市的有
哈尔滨和长春。

布鲁金斯学会的 123 个世界城市分类里，除了厦门外，其余 18 个城
市均有入围，亚洲锚点里有北京和上海，新兴门户里有重庆、广州、杭
州、济南、南京、宁波、深圳、天津、武汉、西安，中国工厂有长春、成
都、大连、哈尔滨、青岛、沈阳。

科尼尔管理咨询公司的世界城市指数显示，2019 年，世界城市综合排
名中有 26 个中国城市上榜（共 130 个城市），其中我国副省级以上城市
中有 16 个上榜，排名最靠前的是北京，居第 9 位，依次是上海（19）、广
州（71）、深圳（79）、南京（86）、天津（88）、成都（89）、杭州
（91）、武汉（104）、重庆（105）、大连（108）、西安（109）、青岛
（110）、哈尔滨（114）、宁波（116）、沈阳（118）。 厦门、长春和济
南 3 个城市没有上榜。

在中国社科院开展的世界城市竞争力评价中（见表6-9），经济竞争力
进入全球前 200 名的我国副省级以上城市有 17 个，长春和哈尔滨未进
入；可持续竞争力进入全球前 200 名的我国副省级以上城市有 13 个，重
庆、济南、沈阳、西安、长春、哈尔滨未进入。

表 6-9　2018—2019 年度副省级以上城市的世界城市竞争力排名情况

城市	经济竞争力排名	可持续竞争力排名
深圳	5	48
上海	13	28
广州	14	59
北京	19	27
武汉	40	172
天津	42	159
南京	45	110
成都	60	153

城　市	经济竞争力排名	可持续竞争力排名
杭州	74	113
重庆	82	204
青岛	85	120
宁波	101	190
大连	125	183
厦门	143	108
济南	156	279
沈阳	170	256
西安	171	209
长春	232	233
哈尔滨	271	275

资料来源：中国社会科学院，联合国人居署.世界城市竞争力报告 2018—2019——全球产业链：塑造群网化城市星球[R].2018.

从上述评价体系可以看出，尽管我们国家的城市在国际上的竞争力有了明显提高，但除了北上广深以外，其他城市的排名浮动比较大，尤其是国外的几套评价体系对我国城市的评分并不高。 如：布鲁金斯学会把成都、大连、青岛等城市直接评为中国工厂；在科尼尔管理咨询公司的世界城市指数中，我国城市的排名普遍偏低，厦门在这两个体系里均没有上榜。 同时，从中国社科院开展的世界城市竞争力评价中还可以看出，尽管我国城市在产业发展、经济增长上的竞争力在全球已经凸显优势，然而更加全面发展和满足居民福祉的可持续竞争力普遍偏弱，除了北上广深，其他城市的可持续竞争力全部在 100 名以外。 因此，我们的国际化城市距离真正的国际化城市尤其是世界城市还有相当大的差距，只有正视这种差距，才能在新的国际环境中形成持续的正面影响力，进而引领全球化进程。

三、副省级以上城市国际化水平评价

(一)评价模型

借鉴国内外评价方法,本书尝试对我国副省级以上城市的国际化发展水平进行横向比较。 结合前文研究,本部分从两个维度进行评价(见图6-12):一是全球竞争力维度,也就是从创新引领和政治参与两个层次来评价城市的全球影响力,展现城市在世界城市网络中的控制力和支配力;二是全球吸引力维度,从文化包容和对外交往两个层次进行评价,展现城市在世界网络中的独特魅力与吸引力。

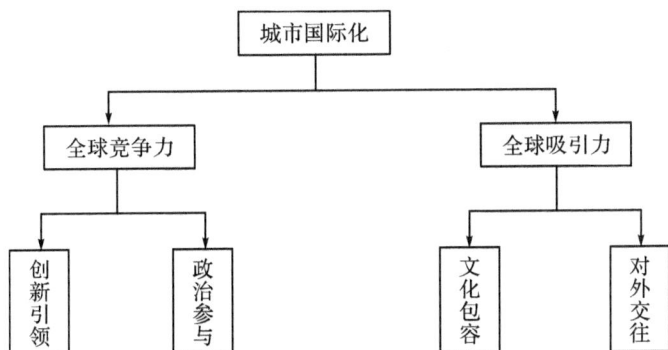

图 6-12　城市国际化评价模型

(二)指标选择与评价方法

指标选择上,本部分考虑以下几点:第一,为和前文中数字经济与服务业融合发展水平评价指标体系进行关联分析,故在此未加入服务业的相应指标,并不是服务业的发展对城市国际化不重要;第二,考虑指标的可测性,各项指标必须在定性的基础上能数据化显示;第三,要求各项指标既能反映城市国际化的一般规律,又必须经过一定的处理使得不同量纲的数据能进行计量分析。 在此基础上,建立以下指标体系(见表 6-10),其包含两大维度四大方面 16 项指标,指标权重与城市国际化水平综合评价指数计量模型的设置方法与上节相同。

表 6-10 我国副省级以上城市国际化综合评价指标体系

维度	一级指标		二级指标
全球 竞争力	创新引领	1	世界 500 强企业数量(家)
		2	发明专利授权数(件)
		3	高新技术企业工业总产值(亿元)
		4	城镇单位从业人员中从事科技研发和信息服务人员的比重(%)
		5	地方一般公共预算支出中科学技术支出和教育支出比重(%)
		6	高等学校数(所)
	政治参与	7	大使馆和领事馆数(家)
		8	国际友城数量(个)
全球 吸引力	文化包容	9	博物馆数(个)
		10	入境旅游人数(万人次)
		11	旅游外汇收入(亿美元)
		12	实际利用外资金额(万美元)
	对外交往	13	外贸依存度(%)
		14	民用航空客运量(万人)
		15	飞机起降架次(架次)
		16	国际会议数量(次)

1. 创新引领

世界 500 强企业数量[①]：来自 2019 年《财富》世界 500 强排行榜，该指标表征城市的企业在全球产业链中达到的高度，代表城市的竞争力。

发明专利授权数：鉴于 R&D 经费统计的不健全，本部分选用发明专利来表征城市的创新能力，且发明专利授权数比发明专利申请数更能表明城市的实际创新成果。

---

① 王碧琦.中国各城市世界 500 强数量一览表[J].决策,2019(8):7.

　　高新技术企业工业总产值[①]：用高新技术企业的发展来测度城市高新技术产业发展水平，这是创新在产业上的最好体现，同时也是服务业与工业融合发展的核心领域。

　　城镇单位从业人员中从事科技研发和信息服务人员的比重：该指标主要反映就业人员中的知识型人力资本情况，是创新的人才支撑。

　　地方一般公共预算支出中科学技术支出和教育支出比重：该指标主要反映地方政府对创新和人力资本的支持。

　　高等学校数：用于测度城市的创新氛围与人才储备情况。

　　2.政治参与

　　大使馆和领事馆数[②]：借鉴科尼尔"世界城市指数"设置，用于测度城市参与国际政治的程度。

　　国际友城数量[③]：指各城市结对的国际友好城市（不含国际友好交流城市），用于测度城市活跃于国际社会的官方程度。

　　3.文化包容

　　博物馆数：该指标主要用于测度城市的文化氛围与文化基础设施水平。

　　入境旅游人数：该指标主要用于测度城市对境外人士多元包容的吸引力。

　　旅游外汇收入：该指标主要用于测度城市文化吸引力的经济效益。

　　实际利用外资金额：文化包容不仅体现在对境外人士的友好方面，还体现在对境外企业与投资者的友好上，这里用实际利用外资金额也就是FDI来测度城市对境外投资的吸引力。

　　4.对外交往

　　外贸依存度：用进出口总额/地区生产总值表示，用于测度城市经济

---

① 科学技术部火炬高技术产业开发中心.2019 中国火炬统计年鉴[M].北京:中国统计出版社,2019.

② 数据截止时间为 2020 年 6 月,成都 20 个领事馆中,有 1 个暂时关闭,5 个还未开馆。重庆、昆明、武汉各有 1 个还未开馆。

③ 数据来源:各城市外事办官方网站公开数据。

的外向度。

民用航空客运量：该指标主要用于测度对外交往的人口活力。

飞机起降架次：该指标用于表征城市的航空运输能力对城市对外交往的支撑情况。

国际会议数量[①]：ICCA（国际大会及会议协会）是全球会议最主要的国际机构组织之一，该机构每年都会在年中发布上一年重大型社团会议在全球各地的举办情况，该指标可以反映以国际会议活动为代表的城市对外交往情况。

（三）评价结果

表 6-11 为副省级以上城市国际化分项指数与总指数得分情况。 总指数得分显示，北京稳居第一的位置，得分高达 0.7876，除文化包容指数排在第 2 位外，其余 3 项分项指数的得分均排在第 1 位。 上海总指数得分排在第 2 位，文化包容指数得分排在第 1 位，创新引领指数得分排在第 4 位，其余两项分项指数得分均排在第 2 位。 深圳总指数得分排在第 3 位，创新引领指数得分排在第 2 位，超过了上海和广州，但政治参与指数得分排名较低。 广州总指数得分排在第 4 位，创新引领指数、政治参与指数和对外交往指数得分均为第 3 位，文化包容指数得分排在第 4 位。从指数分值来看，这 4 座城市明显处于我国城市国际化的第一梯队，得分远远高于其他城市。 排在第 5 位的杭州总指数得分刚刚越过 0.3，第 6—10 位的成都、西安、武汉、重庆、南京的总指数得分才越过 0.2，与前四位城市的差距较大，但近些年中西部城市在城市国际化方面的努力得以体现，成都、西安、武汉、重庆 4 座城市进入了前 10。

---

① 数据来源：《会议》杂志. 2018 ICCA 国际会议数据分析报告［R］. http://www. hweelink. com/articles/1323. html,2019.

表 6-11　副省级以上城市国际化分项指数与总指数情况（按总指数得分排序）

城市	创新引领 指数	政治参与 指数	文化包容 指数	对外交往 指数	总指数
北京	0.7546	0.9107	0.6830	0.8957	0.7876
上海	0.3872	0.7836	0.7235	0.8131	0.6174
深圳	0.5442	0.1161	0.6301	0.4636	0.5027
广州	0.4187	0.4925	0.3971	0.5330	0.4493
杭州	0.3483	0.1875	0.3359	0.2496	0.3044
成都	0.2128	0.3068	0.3122	0.3383	0.2784
西安	0.2432	0.2203	0.2853	0.3498	0.2781
武汉	0.2898	0.1794	0.3357	0.1186	0.2475
重庆	0.1890	0.2055	0.3759	0.2067	0.2418
南京	0.3102	0.1161	0.1569	0.1725	0.2180
天津	0.1984	0.1518	0.1936	0.1564	0.1820
厦门	0.1075	0.1005	0.1677	0.3217	0.1755
青岛	0.1677	0.1451	0.1471	0.1981	0.1679
宁波	0.1376	0.0357	0.1503	0.1503	0.1337
济南	0.1784	0.1555	0.0882	0.0324	0.1170
大连	0.0906	0.0000	0.0697	0.1388	0.0884
哈尔滨	0.0751	0.2091	0.1132	0.0343	0.0878
沈阳	0.0755	0.1191	0.0439	0.0505	0.0657
长春	0.0989	0.0893	0.0334	0.0305	0.0645

第三节　数字经济时代服务业发展与城市国际化的关联分析

上文对数字经济与服务业融合发展水平、城市国际化水平进行了独立评价。接下来将就这两大维度进行关联分析，以此对中国城市在数字经济与服务业融合发展水平和城市国际化水平之间的联系进行实证说明。

一、两大维度的相关性

在实际应用中，我们经常遇到研究一部分变量与另一部分变量相关关系的问题，典型相关分析就是研究两组变量之间相关关系的一种统计分析方法，它能有效地揭示两组变量之间的相互线性依赖关系。 这一方法是由霍特林（Hotelling，1935，1936）首先提出的。 为了说明数字经济与服务业融合发展水平、城市国际化水平两组变量的相关关系，本书采用典型相关分析法进行分析。

（一）数据选择和指标确定

根据前两节的研究，本部分以 19 个副省级以上城市为基础来分析数字经济与服务业融合发展水平、城市国际化水平的两组经济社会指标。其中，数字经济与服务业融合发展水平代表指标有 10 个，城市国际化水平代表指标有 16 个。 具体用 X 代表数字经济与服务业融合发展水平指标，Y 代表城市国际化水平指标（见表 6-12）。

表 6-12 相关性分析指标体系

经济社会指标	具体指标
X：数字经济与服务业融合发展水平	$X1$：人均 GDP
	$X2$：人均服务业增加值
	$X3$：城镇居民人均可支配收入
	$X4$：软件与信息技术服务业收入
	$X5$：软件与信息技术服务业收入增速
	$X6$：新零售企业数量
	$X7$：网上政务能力指数
	$X8$：移动支付发展指数
	$X9$：人均移动电话用户数
	$X10$：人均互联网宽带接入用户数

经济社会指标	具体指标
Y：城市国际化水平	Y1：世界 500 强企业数量
	Y2：发明专利授权数
	Y3：高新技术企业工业总产值
	Y4：城镇单位从业人员中从事科技研发和信息服务人员的比重
	Y5：地方一般公共预算支出中科学技术支出和教育支出比重
	Y6：高等学校数
	Y7：大使馆和领事馆数
	Y8：国际友城数量
	Y9：博物馆数
	Y10：入境旅游人数
	Y11：旅游外汇收入
	Y12：实际利用外资金额
	Y13：外贸依存度
	Y14：民用航空客运量
	Y15：飞机起降架次
	Y16：国际会议数量

　　由于城市国际化水平指标的代表指标有 16 个，为了数据分析的便利性和可比性，在进行典型相关分析之前，需要运用逐步回归分析法对城市国际化水平指标进行降维处理。 逐步回归的基本思想是将变量逐个引入模型，每引入一个解释变量后都要进行 F 检验，并对已经选入的解释变量逐个进行 t 检验，当原来引入的解释变量由于后面解释变量的引入变得不再显著时，则将其删除，以确保每次引入新的变量之前回归方程中只包含显著性变量。 逐步回归后，得到的变量结果包含 Y2 发明专利授权数、Y11 旅游外汇收入、Y12 实际利用外资金额、Y15 飞机起降架次和 Y16 国际会议数量 5 个变量 （见图 6-13 ）。

Sample:1 19
Included observations:19
No always included regressors
Number of search regressors:17
Selection method: Stepwise forwards
Stoopping criterion:p-value forwards/backwards=0.5/0.051

Variable	Coefficent	Std.Error	t-Stati stic	Prob.*
$Y15$	3.63E-07	7.25E-08	5.005712	0.0002
$Y2$	1.12E-05	8.80E-07	12.71780	0.0000
$Y11$	0.002367	0.000413	5.736384	0.0001
$Y16$	-0.001668	0.000396	-4.209996	0.0009
$Y12$	4.24E-08	1.95E-08	2.170497	0.0477

R-squared	0.992889	Mean dependent var	0.263563
Adjusted R-squared	0.990857	S.D. dependent var	0.197014
S.E. of regression	0.018838	Akaike info criterion	-4.884955
Sum squared resid	0.004968	Schwarz criterion	-4.636418
Log likelihood	51.40707	Hannan-Quinn criter	-4.842893
Durbin-Watson stat	1.644468		

Selection Summary

图 6-13   逐步回归后得到的变量结果

(二)典型相关分析基本原理

通常情况下，为了研究两组变量的相关关系，可以用最原始的方法，分别计算两组变量之间的全部相关系数，一共有 pq 个简单相关系数如下式所示。

$$(x_1, x_2, \cdots, x_p)\ (y_1, y_2, \cdots, y_q) \tag{6-2}$$

在实际运用中，利用主成分分析的思想，可以把多个变量与多个变量之间的相关转化为两个变量之间的相关。 即

$$y_1 = a_{11}x_1 + a_{21}x_2 + \ldots + a_{p1}x_p \tag{6-3}$$

随之找出系数 $u = a_1x_1 + a_2x_2 + \cdots + a_px_p$ 和 $v = b_1y_1 + b_2y_2 + \cdots + b_qy_q$，使得新变量之间有最大可能的相关系数，即典型相关系数，即 $\rho(u, v) \rightarrow \max$。

然后再在每组变量中找出第二对线性组合，使其分别与本组内的第一线性组合不相关，第二对本身具有次大的相关性，直至进行到 r 步，两组变量的相关性被提取完为止。即通过第一对典型变量提取了原始变量 X 与 Y 之间相关的主要部分，如果这部分还不足以解释原始变量，可以在剩余

的相关中再求出第二对典型变量和它们的典型相关系数。

(三)典型相关分析及结论

表 6-13 为典型相关系数及其检验结果，从中可以发现，提取的 5 个典型相关系数分别为 0.998，0.910，0.823，0.752，0.544，但是经过检验，只有第一个相关系数是有意义的，其 F 值为 2.989，P 值为 0.004＜0.05。

表 6-13　典型相关系数及其检验结果

	相关性	特征值	威尔克统计	F	分子自由度	分母自由度	显著性
1	0.998	212.656	0.000	2.989	50.000	21.607	0.004
2	0.910	4.798	0.017	1.117	36.000	20.475	0.404
3	0.823	2.096	0.099	0.916	24.000	18.003	0.586
4	0.752	1.301	0.306	0.808	14.000	14.000	0.652
5	0.544	0.421	0.704	0.562	6.000	8.000	0.751

表 6-14 反映了代表数字经济与服务业融合发展水平因素与提取出的 5 个典型变量的标准化相关系数矩阵的情况；表 6-15 反映了代表城市国际化水平因素与提取出的 5 个典型变量的标准化相关系数矩阵的情况。

从表 6-14 与表 6-15 可以得出，集合 1 的第一典型变量：$V1 = -0.568X1 + 0.750X2 - 0.125X3 + 0.152X4 + 0.095X5 + 0.734X6 + 0.024X7 - 0.078X8 - 0.003X9 - 0.074X10$，其中 $X1$，$X2$，$X6$ 的系数绝对值较大，反映数字经济与服务业融合发展水平因素的第一典型变量主要由 $X1$（人均 GDP）、$X2$（人均服务业增加值）和 $X6$（新零售企业数量）构成。

同理，可以得出，集合 2 的第一典型变量：$W1 = 0.578Y2 - 0.027Y11 + 0.722Y12 + 0.409Y15 + 0.080Y16$，其中 $Y2$，$Y12$ 的系数绝对值较大，反映国际化水平因素的第一典型变量主要由 $Y2$（发明专利授权数）和 $Y12$（实际利用外资金额）构成。

因为第一典型变量间的相关性为 0.998，为高度相关，所以结合上述分析结果，可以得出人均 GDP、人均服务业增加值和新零售发展水平越高，发明专利授权数与实际利用外资金额越高。

表 6-14　集合 1 标准化典型相关系数

变量	1	2	3	4	5
X1	−0.568	0.712	0.181	−1.110	1.519
X2	0.750	−1.313	0.715	1.098	−1.038
X3	−0.125	−0.374	0.525	1.633	0.148
X4	0.152	2.286	−0.267	−0.578	0.430
X5	0.095	0.177	−0.321	−0.062	0.026
X6	0.734	−0.668	−0.602	−0.035	−0.045
X7	0.024	0.528	−0.530	−0.685	0.000
X8	−0.078	−0.984	−0.134	−0.377	−0.095
X9	−0.003	−0.469	0.592	−0.451	−0.643
X10	−0.074	−0.301	0.002	−0.069	0.298

表 6-15　集合 2 标准化典型相关系数

变量	1	2	3	4	5
Y2	0.578	1.801	0.857	−0.792	0.068
Y11	−0.027	−1.458	0.842	−0.049	1.700
Y12	0.722	−0.781	−1.377	−0.936	1.177
Y15	0.409	1.254	0.450	−0.790	−3.758
Y16	0.080	−1.128	−0.750	2.465	1.094

表 6-16 反映了数字经济与服务业融合发展水平因素和城市国际化水平因素中典型变量的相关系数情况。表 6-17 反映了城市国际化水平因素和数字经济与服务业融合发展水平因素中典型变量的相关系数情况。

表 6-16　集合 1 交叉载荷

变量	1	2	3	4	5
X1	0.432	−0.079	0.461	−0.166	0.348
X2	0.694	−0.073	0.468	−0.062	0.205
X3	0.646	−0.190	0.305	0.165	0.264

变量	1	2	3	4	5
$X4$	0.920	0.118	0.177	−0.052	0.111
$X5$	0.019	−0.206	−0.036	−0.037	0.237
$X6$	0.952	−0.091	−0.110	−0.040	0.095
$X7$	0.461	−0.162	0.254	−0.199	0.209
$X8$	0.724	−0.447	−0.082	−0.130	0.168
$X9$	0.427	−0.117	0.570	−0.312	−0.090
$X10$	−0.143	−0.317	0.065	−0.093	0.330

表 6-17　集合 2 交叉载荷

变量	1	2	3	4	5
$Y2$	0.955	0.201	0.037	0.002	0.099
$Y11$	0.778	−0.442	0.307	−0.099	−0.003
$Y12$	0.856	−0.181	−0.328	−0.191	0.018
$Y15$	0.911	−0.283	0.007	−0.041	−0.141
$Y16$	0.940	−0.104	−0.105	0.218	−0.006

　　3 个（软件与信息技术服务业收入、新零售企业数量、移动支付发展指数）反映数字经济与服务业融合发展水平的因素与第一对典型变量中 $V1$ 的相关系数分别为 0.920，0.952 和 0.724。可以看出，$V1$ 可以作为数字经济与服务业融合发展水平的指标。第一对典型变量中 $V1$ 与城市国际化水平为高度相关（$V1$ 和 $W1$ 的相关系数为 0.998），说明数字经济与服务业融合发展水平因素和城市国际化水平因素的关系高度相关。

二、两大维度的协调度

　　在对数字经济与服务业融合发展水平、城市国际化水平进行评价的基础上，本部分现将两项评价指数结合起来创建坐标系，以此来分析这些城市在两大维度中的协调度。 X 轴代表城市国际化水平指数，Y 轴代表数字经济与服务业融合发展水平指数。 19 个副省级以上城市的城市国际化水平指数的平均值为 0.2636，用 $x=0.2636$ 实线表示；数字经济与服务业融合发展水平指数的平均值为 0.4325，用 $y=0.4325$ 实线表示。由此，形成由新的坐标系构成的四大象限，见图 6-14。

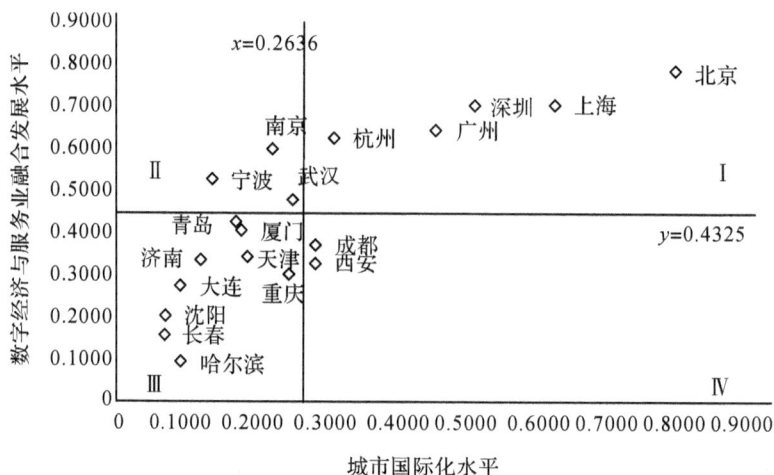

图 6-14　19 个副省级以上城市两项评价总指数情况

(一)象限 I 城市与起点值

象限 I：代表数字经济与服务业融合发展水平高、城市国际化水平高的城市，有北京、上海、深圳、广州和杭州。五大城市的两项指数均超过了平均值且协调发展，数字经济与服务业融合发展水平指数排名与城市国际化水平指数排名一致。可以认为，这五大城市基本实现了数字经济时代以服务业推进城市国际化的道路。为了分析其他 3 个象限的城市为什么没有实现两大领域的协调发展，我们将这五大城市的两套指标体系中的 26 个指标的最低值作为起点值来进行比较研究（见表 6-18）。

表 6-18　象限 I 城市两套指标体系中的 26 个指标值及起点值

指标	北京	上海	深圳	广州	杭州	起点值
人均 GDP(万元)	140 211	134 982	189 568	155 491	140 180	134 982
人均服务业增加值（万元/人）	11.35	9.44	11.14	11.16	8.96	8.96

续　表

指标	北京	上海	深圳	广州	杭州	起点值
城镇居民人均可支配收入（元）	67 990	68 034	57 543	59 982	61 172	57 543
软件与信息技术服务业收入（万元）	99 918 093	55 021 298	60 656 377	41 782 020	44 539 807	41 782 020
软件与信息技术服务业收入增速（%）	14.7	13	11.2	18.8	15	11.2
新零售企业数量（家）	94	87	50	18	27	18
网上政务能力指数	91.33	93.93	97.34	96.45	96.45	91.33
移动支付发展指数	161.25	200.18	137.94	134.23	166.89	134.23
人均移动电话用户数（户/人）	1.85	1.54	2.33	2.73	1.87	1.54
人均互联网宽带接入用户数（户/人）	0.29	0.36	0.40	0.37	0.53	0.29
世界 500 强企业数量（家）	56	7	7	3	4	3
发明专利授权数（件）	46 978	21 331	21 309	10 797	10 267	10 267
高新技术企业工业总产值（亿元）	7245.32	13 472.83	20 309.29	8065.57	5483.14	5483.14
城镇单位从业人员中从事科技研发和信息服务人员的比重（%）	19.01	9.75	8.12	10.39	8.92	8.12
地方一般公共预算支出中科学技术支出和教育支出比重（%）	19.44	16.10	26.61	24.12	25.25	16.10
高等学校数（所）	92	64	13	82	40	13
大使馆和领事馆数（家）	134	76	0	65	0	0
国际友城数量（个）	56	66	23	38	31	23

指标	北京	上海	深圳	广州	杭州	起点值
博物馆数(个)	179	131	50	31	76	31
入境旅游人数 (万人次)	400.40	893.71	3345.22	900.63	420.50	400.40
旅游外汇收入 (亿美元)	55.2	73.7	51.2	64.8	38.3	38.3
实际利用外资金额 (万美元)	1 731 089	1 730 009	820 301	661 108	682 658	661 108
外贸依存度(%)	89.65	104.07	123.79	42.92	38.83	38.83
民用航空客运量 (万人)	9123	5921	4935	8913	1956	1956
飞机起降架次 (架次)	614 022	771 584	355 907	477 364	284 893	284 893
国际会议数量(次)	94	82	12	20	28	12

(二)象限 II 城市的差距

象限 II：代表数字经济与服务业融合发展水平高，但城市国际化水平没有跟上的城市，有南京、宁波和武汉。3 个城市的城市国际化水平指数滞后于数字经济与服务业融合发展水平指数，意味着它们的数字经济与服务业融合发展还未能充分实现对城市国际化水平的带动效应。那么，我们来查找一下这 3 个城市的国际化水平究竟低在什么领域。如表 6-19 所示，南京的差距在于世界 500 强企业数量、高新技术企业工业总产值、入境旅游人数、旅游外汇收入、实际利用外资金额、外贸依存度、民用航空客运量、飞机起降架次；宁波的差距在于世界 500 强企业数量、发明专利授权数、高新技术企业工业总产值、城镇单位从业人员中从事科技研发和信息服务人员的比重、国际友城数量、入境旅游人数、旅游外汇收入、实际利用外资金额、民用航空客运量、飞机起降架次、国际会议数量；武汉的差距在于世界 500 强企业数量、发明专利授权数、高新技术企业工业总产值、入境旅游人数、旅游外汇收入、外贸依存度、民用航空客运量、飞机起降架次。可以看出，这 3 个城市的短板基本均在于本土企业的国际地位不高、高新技术企业发展不足，这主要是因为生产性服务业的作用发挥不够，对城市新型工业化进程的支撑不够；同时，国际旅游发展不足、航空运输条件也不足导致城市国际化水平不高。缺少这些条件的支撑，数字经济与服务业融合对城市国际化的潜力作用不一定能够转化为现实能力。

表 6-19　象限 II 城市的差距分析

城市国际化指标	起点值	南京	宁波	武汉
世界 500 强企业数量(家)	3	1	0	1
发明专利授权数(件)	10 267	11 090	5302	8807
高新技术企业工业总产值(亿元)	5483.14	4168.37	5021.77	3226.44
城镇单位从业人员中从事科技研发和信息服务人员的比重(%)	8.12	12.13	2.53	8.93
地方一般公共预算支出中科学技术支出和教育支出比重(%)	16.10	21.77	18.93	20.44
高等学校数(所)	13	53	13	84
大使馆和领事馆数(家)	0	0	0	5
国际友城数量(个)	23	23	14	28
博物馆数(个)	31	63	61	71
入境旅游人数(万人次)	400.4	81.01	84	276.23
旅游外汇收入(亿美元)	38.3	8.8	4.2	18.8
实际利用外资金额(万美元)	661 108	385 339	432 017	1 092 684
外贸依存度(%)	38.83	33.67	79.81	14.45
民用航空客运量(万人)	1956	1273	1172	1552
飞机起降架次(架次)	284 893	220 849	85 434	187 699
国际会议数量(次)	12	20	3	13

(三)象限 IV 城市的差距

象限 IV：代表数字经济与服务业融合发展水平滞后于城市国际化水平的城市，包括成都和西安。这两个城市的城市国际化水平超过了平均值，但数字经济与服务业融合发展水平较低，分列第 11 位和 14 位，与其城市国际化发展进程不相适应。 对数字经济与服务业融合发展水平的指标值与起点值进行分析（见表6-20）可知，这两大城市除软件与信息技术服务业发展速度、人均移动电话用户数、人均互联网宽带接入用户数均高于起点值，以及成都在新零售发展水平上高于起点值，其余指标均低于起点值。 这表明这两个城市数字"服务业化"的潜力较大、数字基础设施支撑力较强，但服务业的产业基础、数字"服务业化"实力和服务业"数字化"程度及移动支付发展水平还较低，制约了数字经济与服务业的融合发展，进而并没有完全发挥出二者融合对城市国际化的推动作用。

表6-20　象限IV城市的差距分析

数字经济与服务业融合发展指标	起点值	成都	西安
人均 GDP(万元)	134982	94782	85114
人均服务业增加值(万元/人)	8.96	5.13	5.27
城镇居民人均可支配收入(元)	57543	42128	38729
软件与信息技术服务业收入(万元)	41 782 020	30 349 607	20 916 700
软件与信息技术服务业收入增速(%)	11.2	12.5	17.9
新零售企业数量(家)	18	31	17
网上政务能力指数	91.33	84.72	80.31
移动支付发展指数	134.23	113.53	111.09
人均移动电话用户数(户/人)	1.54	1.77	1.89
人均互联网宽带接入用户数(户/人)	0.29	0.42	0.40

(四)象限 III 城市的差距

象限III：代表二者的发展水平均低于平均值的城市，包括剩下的9个城市，占总数的一半。 这些城市的数字经济与服务业融合发展水平和城市国际化水平处在低水平均衡状态，除了高等学校数、大使馆和领事馆数等指标，绝大多数指标都没有超过起点值（见表6-21），而高等学校数、大使馆和领事馆数优势多半是基于区域中心城市的地位而形成的，并没有与数字经济、服务业、城市国际化形成良性互动作用。 例如，大量的高等院校并没有与社会、企业形成"产学研"链条，科研资源没有转化为科研服务力量，生产性服务业具有基础优势但没有形成真实产出，无法赋予制造业更高的产业价值，也无法对城市国际化产生更有力的推动作用。对于这些城市而言，运用数字技术的力量深化全面创新，有力地推动城市的基础优势向产业优势、创新优势转型，才有可能走向高水平且均衡的城市国际化。

第四节　数字经济时代服务业驱动城市国际化实践的类型分析

为了研究数字经济时代服务业驱动城市国际化实践的类型模式，本部分将用 K—中心聚类算法进行聚类分析，再运用步进法进行判别分析，从而尝试对 19 个副省级以上城市进行初步类型划分，以验证前文中提出的服务业影响下中国城市国际化道路可能呈现 4 种类型模式的理论观点。

一、聚类分析

（一）聚类方法与指标体系

聚类分析是研究分类问题的一种多元统计方法。所谓类，就是指相似元素的集合。聚类分析的研究目的是把相似的东西归成类，根据相似的程度将研究目标进行分类。基于我们旨在对城市个体进行分类，故本部分选择 K—中心聚类算法。该算法重复迭代，直到每个代表对象都成为它的簇的实际中心点，或最靠中心的对象。该算法的基本思想为：选用簇中位置最中心的对象，试图对 n 个对象给出 k 个划分，代表对象也被称为中心点，其他对象则被称为非代表对象。最初随机选择 k 个对象作为中心点，该算法反复利用非代表对象来代替代表对象，试图找出更好的中心点，以改进聚类的质量。

为了更好地对服务业驱动的中国城市国际化实践的类型模式分析归类，我们对 19 个副省级以上城市的数字经济与服务业融合发展水平、城市国际化水平两大指标体系的 26 项指标进行聚类分析。

表6-21 象限 III 城市的差距分析

指标	起点值	天津	沈阳	大连	长春	哈尔滨	厦门	济南	青岛	重庆
人均 GDP(万元)	134 982	120 711	75 766	109 550	95 663	66 094	118 015	106 302	128 459	65 933
人均服务业增加值(万元/人)	8.96	7.08	4.40	5.69	4.48	4.29	6.86	6.43	7.24	3.45
城镇居民人均可支配收入(元)	57 543	42 976	44 054	43 550	35 332	37 828	54 401	50 146	50 817	34 889
软件与信息技术服务业收入(万元)	41 782 020	17 722 619	9 791 430	5 129 886	1 373 816	771 992	14 999 812	25 738 344	22 681 123	15 130 390
软件与信息技术服务业收入增速(%)	11.2	17.5	8.7	21	10.7	−9.2	15.2	15.8	16.6	18.6
新零售企业数量(家)	18	1	1	4	0	0	9	0	9	24
网上政务能力指数	91.33	81.49	82.76	78.38	76.88	88.76	84.36	79.44	90.13	83.14
移动支付发展指数	134.23	138.79	78.98	81.14	72.85	74.9	112.79	99.72	97.11	139.3
人均移动电话用户数(户/人)	1.54	1.08	1.59	1.28	1.39	1.26	1.55	1.37	1.35	1.18
人均互联网宽带接入用户数(户/人)	0.29	0.32	0.29	0.26	0.26	0.27	0.59	0.47	0.43	0.41
世界 500 强企业数量(家)	3	0	0	0	1	0	3	1	1	0

续　表

指标	起点值	天津	沈阳	大连	长春	哈尔滨	厦门	济南	青岛	重庆
发明专利授权数（件）	10 267	5626	2943	2614	2416	3635	2214	4887	6496	6570
高新技术企业工业总产值（亿元）	5483.14	4789.59	1674.35	2227.89	1452.61	1087.18	1943.05	3561.46	3686.91	6179.86
城镇单位从业人员中从事科技研发和信息服务人员的比重（%）	8.12	6.62	5.59	8.88	6.60	5.94	3.90	9.83	3.76	3.35
地方一般公共预算支出中科学技术支出和教育支出比重（%）	16.10	17.79	13.81	14.62	15.59	13.51	18.48	17.10	19.76	16.51
高等学校数（所）	13	56	47	30	40	51	16	43	25	65
大使馆和领事馆数（家）	0	0	8	0	0	1	3	1	3	12
国际友城数量（个）	23	27	20	10	20	33	20	27	25	28
博物馆数（个）	31	65	13	10	27	51	4	40	12	100
入境旅游人数（万人次）	400.40	198.31	81.90	110.30	45.60	23.90	430.43	39.90	153.60	388.02
旅游外汇收入（亿美元）	38.3	11.1	4.0	5.7	3.0	1.1	39.4	2.2	11.6	21.9
实际利用外资金额（万美元）	661 108	485 104	143 097	267 846	27 340	365 309	172 500	269 218	580 374	1 027 344

续 表

指标	起点值	天津	沈阳	大连	长春	哈尔滨	厦门	济南	青岛	重庆
外贸依存度（%）	38.83	42.94	15.64	61.31	14.70	3.33	125.27	10.50	44.34	25.65
民用航空客运量（万人）	1956	1915	714	927	653	1028	2655	894	2454	3047
飞机起降架次（架次）	284 893	179 414	137 661	146 652	92 807	146 416	193 385	126 828	182 642	300 745
国际会议数量（次）	12	7	5	6	4	2	7	1	13	8

(二)聚类实证过程

现拟将 19 个副省级以上城市分为 4 类,每一类选择一个类中心,初始聚类中心如表 6-22 所示。

表 6-22　初始聚类中心

指标	1	2	3	4
人均 GDP(万元)	140 211	189 568	94 782	66 094
人均服务业增加值(万元/人)	11.35	11.14	5.13	4.29
城镇居民人均可支配收入(元)	67 990	57 543	42 128	37 828
软件与信息技术服务业收入(万元)	99 918 093	60 656 377	30 349 607	771 992
软件与信息技术服务业收入增速(%)	14.7	11.2	12.5	−9.2
新零售企业数量(家)	94	50	31	0
网上政务能力指数	91.33	97.34	84.72	88.76
移动支付发展指数	161.25	137.94	113.53	74.9
人均移动电话用户数(户/人)	1.85	2.33	1.77	1.26
人均互联网宽带接入用户数(户/人)	0.29	0.40	0.42	0.27
世界 500 强企业数量(家)	56	7	0	0
发明专利授权数(件)	46 978	21 309	8304	3635
高新技术企业工业总产值(亿元)	7245.32	20309.29	2871.78	1087.18
城镇单位从业人员中从事科技研发和信息服务人员的比重(%)	19.01	8.12	8.46	5.94
地方一般公共预算支出中科学技术支出和教育支出比重(%)	19.44	26.61	18.44	13.51
高等学校数(所)	92	13	57	51
大使馆和领事馆数(家)	134	0	20	1
国际友城数量(个)	56	23	36	33
博物馆数(个)	179	50	35	51
入境旅游人数(万人次)	400.4	3345.22	340.6	23.9
旅游外汇收入(亿美元)	55.2	51.18	14.5	1.12
实际利用外资金额(万美元)	1 731 089	820 301	1 227 500	365 309

续　表

指标	1	2	3	4
外贸依存度(%)	89.65	123.79	32.48	3.33
民用航空客运量(万人)	9123	4935	5295	1028
飞机起降架次(架次)	614 022	355 907	352 124	146 416
国际会议数量(次)	94	12	16	2

针对给定初始聚类中心，需要不断迭代，找到最终聚类中心。本部分经过 5 次迭代收敛得到的最终聚类中心如表 6-23 所示。

表 6-23　最终聚类中心

指标	1	2	3	4
人均 GDP(万元)	140 211	154 621	111 751	94 803
人均服务业增加值(万元/人)	11.35	10.00	6.42	5.04
城镇居民可支配收入(元)	67990	61208	45359	44313
软件与信息技术企业收入(万元)	99 918 093	49 440 714	22 850 068	7 816 099
软件与信息技术服务业收入增速(%)	14.7	14.4	16.4	13.1
新零售企业数量(家)	94	42	14	8
网上政务能力指数	91.33	96.12	84.09	84.22
移动支付发展指数	161.25	153.71	118.17	96
人均移动电话用户数(户/人)	1.85	2.00	1.50	1.40
人均互联网宽带接入用户数(户/人)	0.29	0.44	0.41	0.37
世界 500 强企业数量(家)	56	4	1	1
发明专利授权数(件)	46 978	14 959	7024	3671
高新技术企业工业总产值(亿元)	7245.32	10299.84	3607.66	2798.10
城镇单位从业人员中从事科技研发和信息服务人员的比重(%)	19.01	9.86	8.22	5.26
地方一般公共预算支出中科学技术支出和教育支出比重(%)	19.44	22.77	18.56	15.92
高等学校数(所)	92	50	55	37
大使馆和领事馆数量(家)	134	28	6	3

续　表

指标	1	2	3	4
国际友城数量（个）	56	36	29	21
博物馆数（个）	179	70	54	38
入境旅游人数（万人次）	400.40	1128.21	208.02	166.31
旅游外汇收入（亿美元）	55.2	47.37	12.80	11.34
实际利用外资金额（万美元）	1 731 089	855 883	715 042	347 922
外贸依存度（%）	89.65	68.65	30.71	46.53
民用航空客运量（万人）	9123	4600	2763	1457
飞机起降架次（架次）	614 022	422 119	226 531	157 586
国际会议数量（次）	94	32	13	5

最终确定了城市所属的分类，聚类成员情况如表 6-24 所示。第 1 类仅有 1 个成员，为北京；第 2 类有 5 个成员，为上海、南京、杭州、广州、深圳；第 3 类有 6 个成员，为天津、济南、青岛、武汉、成都、西安；第 4 类有 7 个成员，为沈阳、大连、长春、哈尔滨、宁波、厦门、重庆。

表 6-24　聚类成员

编号	城市	聚类	距离
1	北京	1	0
2	天津	3	5 132 827.321
3	沈阳	4	1 986 113.982
4	大连	4	2 687 469.108
5	长春	4	6 450 586.099
6	哈尔滨	4	7 044 198.740
7	上海	2	5 659 471.696
8	南京	2	4 267 452.232
9	杭州	2	4 905 914.042
10	宁波	4	323 118.325
11	厦门	4	7 185 988.861
12	济南	3	2 924 191.742

编号	城市	聚类	距离
13	青岛	3	221 163.758
14	武汉	3	3 180 875.789
15	广州	2	7 661 372.750
16	深圳	2	11 215 976.015
17	重庆	4	7 347 238.309
18	成都	3	7 518 096.629
19	西安	3	1 937 994.393

表 6-25 为不同变量的单因素方差分析表，由显著性可知，除高等学校数、入境旅游人数、外贸依存度、软件与信息技术服务业收入增速及人均互联网宽带接入用户数外，其余均小于 0.05，说明变量间的确存在差异，可以用来作为分类依据。

表 6-25　单因素方差分析表 ANOVA

指标	聚类		误差		F	显著性
	均方	自由度	均方	自由度		
人均 GDP	3 732 764 567.0	3	530 579 977.1	15	7.035	0.004
人均服务业增加值	30.9	3	1.2	15	25.533	0.000
城镇居民可支配收入	435 076 315.7	3	49 744 490.1	15	8.746	0.001
软件与信息技术服务业收入	3 493 020 684 107 880.0	3	37 973 900 402 890.9	15	91.985	0.000
软件与信息技术服务业收入增速	11.7	3	56.8	15	0.207	0.890
新零售企业数量	2933.2	3	304.6	15	9.630	0.001
网上政务能力指数	176.9	3	22.6	15	7.820	0.002

指标	聚类		误差		F	显著性
	均方	自由度	均方	自由度		
移动支付发展指数	3795.1	3	645.3	15	5.881	0.007
人均移动电话用户数	0.4	3	0.1	15	3.520	0.041
人均互联网宽带接入用户数	0.0	3	0.0	15	0.826	0.500
世界500强企业数量	947.0	3	2.5	15	376.300	0.000
发明专利授权数	607 959 391.1	3	10 950 757.6	15	55.518	0.000
高新技术企业工业总产值	63 249 803.9	3	13 438 920.0	15	4.706	0.017
城镇单位从业人员中从事科技研发和信息服务人员的比重	63.8	3	5.0	15	12.685	0.000
地方一般公共预算支出中科学技术支出和教育支出比重	45.8	3	7.0	15	6.574	0.005
高等学校数	996.1	3	453.6	15	2.196	0.131
大使馆和领事馆数量	5464.9	3	428.7	15	12.749	0.000
国际友城数量	489.0	3	114.8	15	4.260	0.023
博物馆数	6088.0	3	1193.0	15	5.103	0.012
入境旅游人数	1 072 184.2	3	456 315.9	15	2.350	0.114
旅游外汇收入	1858.7	3	265.2	15	7.010	0.004
实际利用外资金额	678 994 369 266.0	3	159 130 545 095.2	15	4.267	0.023

续　表

指标	聚类		误差		F	显著性
	均方	自由度	均方	自由度		
外贸依存度	1875.3	3	1330.3	15	1.410	0.279
民用航空客运量	22 369 988.7	3	3 953 928.4	15	5.658	0.008
飞机起降架次	111 226 192 113.9	3	17 526 351 912.3	15	6.346	0.005
国际会议数量	2706.8	3	241.1	15	11.228	0.000

二、判别分析

(一)判别分析方法

判别分析方法，又称分辨法，是在分类确定的条件下，根据某一研究对象的各种特征值判别其类型归属问题的一种多变量统计分析方法。 本部分使用步进法尝试把自变量逐个代入函数式，如果进入函数式中的自变量符合条件，则保留在函数式中；否则，将从函数式中剔除。 在步进法中的威尔克统计是一种用于逐步判别分析的变量选择方法，表示组内平方和与总平方和之比。 当所有观测的组均值相等时，威尔克统计值为1；当组内变异与总变异相比小时，威尔克统计值接近于0。 因此，当威尔克统计值大时，表示各个组的均值基本相等；当威尔克统计值小时，表示组间有差异。 在判别分析中，只有组均值不等时，判别分析才有意义。

(二)判别分析过程

首先对组均值进行同等检验（见表6-26），可以看到，仅软件与信息技术服务业收入增速、人均互联网宽带接入用户数、高等学校数、入境旅游人数、外贸依存度的显著性未小于0.05，说明不同城市变量之间的均值是不同等的，具有明显的分类特征。

表 6-26　组平均值的同等检验

指标	威尔克统计	F	自由度 1	自由度 2	显著性
人均 GDP	0.415	7.035	3	15	0.004
人均服务业增加值	0.164	25.533	3	15	0.000
城镇居民可支配收入	0.364	8.746	3	15	0.001
软件与信息技术服务业收入	0.052	91.985	3	15	0.000
软件与信息技术服务业收入增速	0.960	0.207	3	15	0.890
新零售企业数量	0.342	9.630	3	15	0.001
网上政务能力指数	0.390	7.820	3	15	0.002
移动支付发展指数	0.460	5.881	3	15	0.007
人均移动电话用户数	0.587	3.520	3	15	0.041
人均互联网宽带接入用户数	0.858	0.826	3	15	0.500
世界 500 强企业数量	0.013	376.300	3	15	0.000
发明专利授权数	0.083	55.518	3	15	0.000
高新技术企业工业总产值	0.515	4.706	3	15	0.017
城镇单位从业人员中从事科技研发和信息服务人员的比重	0.283	12.685	3	15	0.000
地方一般公共预算支出中科学技术支出和教育支出比重	0.432	6.574	3	15	0.005
高等学校数	0.695	2.196	3	15	0.131
大使馆和领事馆数量	0.282	12.749	3	15	0.000
国际友城数量	0.540	4.260	3	15	0.023
博物馆数	0.495	5.103	3	15	0.012
入境旅游人数	0.680	2.350	3	15	0.114
旅游外汇收入	0.416	7.010	3	15	0.004
实际利用外资金额	0.540	4.267	3	15	0.023
外贸依存度	0.780	1.410	3	15	0.279
民用航空客运量	0.469	5.658	3	15	0.008

指标	威尔克统计	F	自由度1	自由度2	显著性
飞机起降架次	0.441	6.346	3	15	0.005
国际会议数量	0.308	11.228	3	15	0.000

如表 6-27 所示，我们建立的特征表达式 1 可以在 99.7% 的水平上解释城市之间的分类。表达式 2 可以在 98.0% 的水平上解释城市之间的分类，表达式 3 可以在 62.4% 的水平上解释城市之间的分类。而且，如表 6-28 所示，显著性均小于 0.05，说明建立的特征表达式是合适的。

表 6-27 特征值

特征表达式	特征值	方差百分比(%)	累积百分比(%)	典型相关性
1	173.400	87.8	87.8	0.997
2	23.898	12.1	99.9	0.980
3	0.139	0.1	100	0.624

表 6-28 威尔克统计

表达式检验	威尔克统计	卡方	自由度	显著性
1 直至 3	0.000	119.083	12	0.000
2 直至 3	0.035	46.825	6	0.000
3	0.878	1.818	2	0.031

最终的判别结果显示（见表 6-29），采用原始方法被认为正确地对 100.0% 的个案进行了分类，而采用交叉验证法（刀切法）被认为对 94.7% 的个案进行了正确分类。

表 6-29　判别结果[a,c]

		个案聚类编号	预测组成员信息				总计
			1	2	3	4	
原始	计数	1	1	0	0	0	1
		2	0	5	0	0	5
		3	0	0	6	0	6
		4	0	0	0	7	7
	%	1	100	0	0	0	100
		2	0	100	0	0	100
		3	0	0	100	0	100
		4	0	0	0	100	100
交叉验证[b]	计数	1	0	1	0	0	1
		2	0	5	0	0	5
		3	0	0	6	0	6
		4	0	0	0	7	7
	%	1	0	100	0	0	100
		2	0	100	0	0	100
		3	0	0	100	0	100
		4	0	0	0	100	100

注：a.正确地对 100.0% 已分组的个案进行了分类。b.仅针对分析中的个案进行交叉验证。在交叉验证中，每个个案都由那些从该个案以外的所有个案派生的函数进行分类。c.正确地对 94.7% 已进行交叉验证的、已分组的个案进行分类。

三、结论分析

通过对 19 个副省级以上城市样本所包含的 26 个评价指标分布规律进行分析，将这些城市分为 4 类，分别含有 1，5，6 和 7 个城市（见表 6-30），这是一个金字塔形的城市网络体系，和城市国际化的规律基本吻合。

表 6-30　数字经济时代服务业驱动城市国际化实践的城市分类

类别	城市
第一类	北京
第二类	上海、南京、杭州、广州、深圳
第三类	天津、济南、青岛、武汉、成都、西安
第四类	沈阳、大连、长春、哈尔滨、宁波、厦门、重庆

由表 6-31 可以直观地看到，从第一类到第四类城市，在数字经济影响下，服务业驱动城市国际化的能力逐渐变差，处于同一类的城市在某些方面存在相似的特征或者发展趋势。 分类结果分析如表 6-31 所示。

表 6-31　不同类型城市的平均值统计(归一化值)

指标	第一类	第二类	第三类	第四类
人均 GDP	0.759	1.000	0.283	0
人均服务业增加值	1.000	0.786	0.219	0
城镇居民可支配收入	1.000	0.714	0.044	0
软件与信息技术服务企业	1.000	0.452	0.163	0
软件与信息技术服务业收入增速	0.494	0.403	1.000	0
新零售企业数量	1.000	0.392	0.072	0
网上政务能力指数	0.602	1.000	0	0.011
移动支付发展指数	1.000	0.884	0.340	0
人均移动电话用户数	0.758	1.000	0.165	0
人均互联网宽带接入用户数	0	1.000	0.820	0.530
世界 500 强企业数量	1.000	0.069	0.005	0
发明专利授权数	1.000	0.261	0.077	0
高新技术企业工业总产值	0.593	1.000	0.108	0
城镇单位从业人员中从事科技研发和信息服务人员的比重	1.000	0.335	0.215	0
地方一般公共预算支出中科学技术支出和教育支出比重	0.513	1.000	0.385	0
高等学校数	1.000	0.238	0.316	0

指标	第一类	第二类	第三类	第四类
大使馆和领事馆数量	1.000	0.190	0.016	0
国际友城数量	1.000	0.439	0.244	0
博物馆数	1.000	0.228	0.113	0
入境旅游人数	0.243	1.000	0.043	0
旅游外汇收入	1.000	0.821	0.033	0
实际利用外资金额	1.000	0.367	0.265	0
外贸依存度	1.000	0.644	0	0.268
民用航空客运量	1.000	0.410	0.170	0
飞机起降架次	1.000	0.580	0.151	0
国际会议数量	1.000	0.308	0.088	0

　　第一类：北京。 作为我国的政治、经济、文化中心，北京在服务业驱动城市国际化的表现上远远高于其他城市，归一化后有 18 项指标在 4 类城市中位居第一，代表了我国城市发展的最高水平，走上了数字经济时代以服务业推进城市国际化的道路。 因此，北京归类为全面登顶型城市是当之无愧的，有条件代表我国城市参与最高层级的全球竞争，实现在世界城市网络中的登顶之举。

　　第二类：上海、南京、杭州、广州、深圳。 这 5 座城市处于沿海门户地位，服务业驱动城市国际化的水平较高，归一化后，人均 GDP、网上政务能力、人均移动电话用户数、人均互联网宽带接入用户数、高新技术企业工业总产值、地方一般公共预算支出中科学技术支出和教育支出比重、入境旅游人数等 7 项指标在 4 类城市中位居第 1。 这表明，这些城市的经济实力、数字技术服务能力、城市创新实力非常具有优势，尽管和首都北京的综合水平相比还有差距，但作为全球性的平台门户型城市应该是实至名归的。 它们依托创新实力与数字经济的先发优势，充分发挥服务业的作用，集聚辐射能力大大增强，具有向全面登顶型城市跨越的潜力。 特别需要说明的是，上海作为长三角世界级城市群的核心城市，在研究预判中，我们认为它将和北京一起成为全面登顶型城市，但数据表明它和北京仍然有差距，数字经济与服务业融合发展水平总指数与北京差了 0.0785，城市国际化总指数与北京差了 0.1702，导致它尽管排在 19 个城市的第 2 位，但距离成为全面登顶型城市还需要持久发力。

第三类：天津、济南、青岛、武汉、成都、西安。这类城市服务业驱动城市国际化的水平一般，但在部分指标上仍表现突出，归一化后，软件与信息技术服务业发展速度在 4 类城市中位居第 1，人均互联网宽带接入用户数、高等学校数排在 4 类城市的第 2 位。这类城市尽管整体发展水平不及前两类，但都是具有特色魅力的城市，例如：天津是我国北方重要的港口城市和北方第一个自由贸易试验区，曾被誉为中国经济第三增长极，拥有"近代中国看天津"的城市特质；武汉、成都、西安是我国中西部的区域性中心城市，历史文化与现代产业交相辉映，近年来经济增长速度更是远超沿海城市。这类城市有条件充分发挥数字经济与服务业的融合作用，在城市特色塑造上做好文章、讲好故事，发展成为特色专业型国际化城市，并具有向平台门户型城市提升的潜力。

第四类：沈阳、大连、长春、哈尔滨、宁波、厦门、重庆。这类城市服务业驱动城市国际化的水平较低，除网上政务能力、人均互联网宽带接入用户数、外贸依存度 3 项指标外，其余指标在 4 类城市中均居末位。本部分将它们归类为节点融入型城市，旨在强调这类城市要进一步融入全球化进程，就要不断与高等级城市互动联系，就必须要更加重视数字经济与服务业的融合作用，尤其是东北 4 座城市及工业强市重庆：既要通过推动服务业与制造业融合发展，对传统产业进行改造提升，促进它们向新型工业化道路转型升级；又要通过服务业的在地性匹配机制去改善城市的人居环境与就业环境；通过服务业强大的融合力量去成为节点融入型城市，进而逐步向特色专业型城市乃至平台门户型城市升级。就此意义来讲，我国大多数城市属于这种类型。

第七章

数字经济背景下以服务业推进城市国际化的杭州实践

近几年崛起的新一线城市杭州的城市国际化水平大幅提升,在世界城市网络中的影响力明显增强,数字经济与服务业融合发展之路在全国更是具有代表性。在本书建立的两套评价体系中,杭州均排在 19 个城市中的第 5 位;其两大维度的步伐是相对协调的,处在第一象限;且其在实践类型分析中被划分为平台门户型城市。在数字经济背景下,杭州以服务业推进城市国际化的实践价值在于:既能为城市产业与新技术、新经济的融合发展贡献新经验,为城市在跌宕起伏的全球化中高质量突围探索新方案,又能为中国城市国际化进程中遇到的共性问题提供新思考。

第一节　杭州的城市国际化战略及成效

一、杭州城市国际化历程

古代，杭州就是一座国际化城市。700多年前，意大利著名旅行家马可·波罗在闻名于世的《马可·波罗游记》中列举了自己所游历的十多个中国城市，其中介绍篇幅最多、内容最丰富的就是杭州，他赞誉杭州是"世界上最美丽华贵之天城"。改革开放以来，杭州高度重视城市国际化工作，始终将城市国际化作为对外开放的重要环节，先后实施了"强市名城"、世界生活品质之城、东方品质之城、创新活力之城等城市国际化发展战略，特别是2016年G20杭州峰会的成功举办，把杭州前所未有地推向了世界舞台，杭州乘势而上加快推进城市国际化，对外开放水平迈上了一个新台阶。

20世纪90年代初，邓小平的"南方谈话"激发了沿海城市的发展热情。当时的杭州城市发展面临很多突出的困难和瓶颈，坊间广泛流传"美丽的西湖，破烂的城市"这样的调侃。1992年，杭州市委六届十一次全会通过了《关于贯彻党的十四大精神，加快杭州现代化建设步伐的决议》，1999年前后先后出台了《关于杭州建设经济强市的若干意见》《关于杭州建设文化名城的若干意见》和《关于加快建设杭州城市化发展的若干意见》。这个时期，杭州的城市国际化重心就是推进城市化，着重突出杭州特色，接受上海辐射，提高城市现代化水平。2000年，杭州恢复了中断71年的西湖博览会，其成为新世纪"世界了解杭州、杭州走向世界"的大窗口。尤其在习近平总书记主政浙江期间，做出"八八战略"的重大决策部署，亲自描绘杭州对外开放的宏伟蓝图，要求把杭州建设成为世界一流的现代化国际大都市。由此，杭州城市发展进入快车道。

21世纪以来，杭州形成了以旅游国际化为突破口建立东方品质之城的国际化路径。2003年，杭州推出西湖景区免门票举措，推全国景区免门票之创举。随后，杭州积极利用"西博会""休博会"和各类节庆活动积极吸引国内外游客。《杭州市国民经济和社会发展第十一个五年规划纲要》提出，要"建设国际风景旅游城市和'东方休闲之都'"，"扩大开放提高经济国际化水平"。2008 年 7 月，杭州市委十届四次全会首次将"城市国际化"列为杭州发展"六大战略"之一，将"城市国际化"提升到新的战略高度。2009 年 6 月，杭州市委、市政府发布了《关于实施城市国际化战略提高城市国际化水平的若干意见》，提出了推进政府管理、社会服务、经济贸易、城市设施、科教文化、生活居住和市民观念等 7 个方面国际化的具体意见，明确加快共建共享与世界名城媲美的"生活品质之城"步伐，加快实施城市国际化战略，提高城市国际化水平。2012 年 2 月，杭州市第十一次党代会上明确将"城市国际化"作为杭州今后发展的"主抓手"之一，把"生活品质之城"建设提高到新水平。

G20 峰会在杭州召开是杭州城市发展千载难逢的历史机遇。为抓住和用好这一战略机遇，杭州从 2015 年开始便把城市国际化战略作为首位战略，全方位高质量推进城市国际化。2015 年 4 月，杭州发布了《杭州市加快推进城市国际化行动纲要（2015—2017）》，以建设"国际电子商务中心城市与国际重要的旅游休闲中心城市"为重点，构筑国际产业、国际会展、国际创业、国际交流等四大平台，建设国际交通、国际场馆、国际教育、国际医疗等四大设施，营造国际宜居、国际营商、国际语言、国际宣传等四大环境，提升杭州产业实力、开放活力和人文美丽，加快推进杭州迈入国际化城市行列，努力建设现代化、国际化大都市。《杭州市国民经济和社会发展第十三个五年规划纲要》指出，"城市国际化是杭州'十三五'时期的首位战略、首要任务，既要举全市之力保障 G20 峰会，更要借好东风，抢抓机遇，放大后峰会、前亚运国际效应，争当'一带一路'建设排头兵，建设'网上丝绸之路'，推动城市国际化水平跃上新台阶"。2016 年 7 月，杭州市委十一届十一次全会通过《全面提升杭州城市国际化水平的若干意见》，确定"三步走"战略目标和"四大个性特色""四大基础支撑"八大重点任务，形成了推进城市国际化的"四梁八柱"，完成了城市国际化的顶层设计。2017 年 2 月，杭州市第十二次党代会上提出"以城市国际化为主抓手，以筹办重大赛事活动为牵引，不断厚植创新活力之城、历史文化名城、生态文明之都和东方品质之城特色，率先高水平全面建成小康社会，当好全省'干在实处、走在前列、勇立潮头'的排头兵，为加快城市国际化、建设独特韵味别样精彩世界名城而不懈奋斗"，建设世界名城的目标就此确立。 2018 年 4 月 27 日，杭州市人大表决通过了《杭州市城市国际化促进条例》，这是全国首部地方城市国际化工作立法，还确定将每年的 9 月 5 日设立为杭州市永久节日——"杭州国际日"，从制度层面夯实了城市国际化战略的保障。 2018 年 7 月，杭州出台了《关于以"一带一路"建设统领全面开放进一步提升城市国际化水平的实施意见》，提出了优化发展布局、建设亚太门户枢纽、建设高能级开放平台、优化国际营商环境等近 30 条举措。

二、杭州城市国际化成效

在"一张蓝图绘到底"的城市国际化战略引导下，面对复杂多变的国内外经济形势，杭州将加快城市国际化进程融入日常工作中，扎扎实实，循序渐进，在扩大对外开放和交流、提升城市竞争力等诸多方面，取得了较大突破和进展。

(一)综合实力显著提升,城市竞争力与日俱增

图 7-1 显示，2015 年杭州地区生产总值突破万亿元大关，2019 年杭州生产总值突破 15 000 亿元大关，达到 15 373 亿元，是 2010 年的 2.6 倍，年均增长 8.7%，经济总量保持在 19 个副省级以上城市的第 5 位、全国大中城市的第 9 位。 图 7-2 显示，2019 年按常住人口计算的人均 GDP 为 15.2 万元（折算后为 22 102 美元），对照世界银行最新标准，达到富裕国家水平，与世界排名第 42 位的葡萄牙（23 408 美元）相当。 在 GaWC 的世界城市排名中，前几年杭州一直没有进入其编制的 3 个等级中，2017 年首次进入 Gamma＋级（三线城市），2018 年又升至 Beta＋级（二线城市），世界城市排名达到第 75 位；科尼尔"世界城市指数"排名中，杭州于 2015 年初次进榜，排名第 113 位，2019 年已升至第 91 位；在由《瞭望东方周刊》和瞭望智库共同主办的 2018 年"中国最具幸福感城市"评选活动中，杭州荣获 2018 年中国最具幸福感城市之一，杭州成为全国唯一

一座连续 12 年获此殊荣的城市；在第一财经·新一线城市研究所每年对全国地级以上城市进行的排名中，杭州已经连续 4 年保持在 15 个新一线城市的第 2 位，仅次于成都。 此外，联合国"最佳人居奖"、"国际花园城市"、跨境贸易电子商务服务试点城市、中国最具幸福感城市、中国大陆最具软实力城市、中国创业之城、中国民生成就典范城市最高荣誉奖等多项荣誉，均体现了杭州的综合竞争力所在。

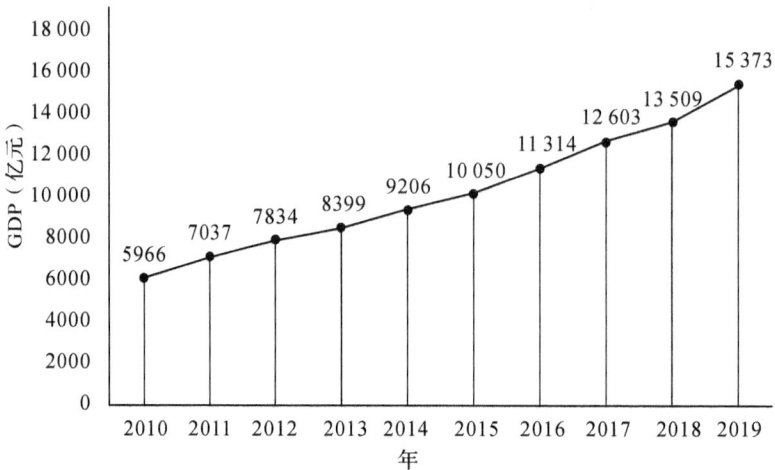

图 7-1　2010—2019 年杭州 GDP

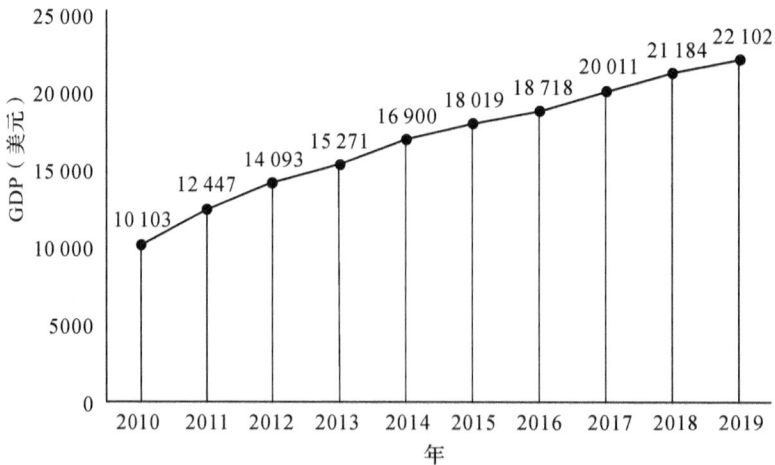

图 7-2　2010—2019 年杭州人均 GDP

(二)加速融入国际分工,开放型经济日趋发达

长期以来,杭州坚持实施"开放带动"战略,充分利用两个市场、两种资源,积极有效利用外资,加快推动企业"走出去",力争在更大范围、更广领域和更高层次上参与国际经济合作与竞争,促进经济国际化水平进一步提高。

其一,外贸外资不断拓展。 2019 年,杭州市货物进出口总额达 5579 亿元,增长 6.7%,其中进口总额为 1984 亿元,增长 8.5%,出口总额为 3613 亿元,增长 5.7%,对"一带一路"沿线国家出口 1177 亿元,占出口总额的 32.6%(见图 7-3)。 服务贸易出口总额为 124.9 亿美元,增长 19.0%。 跨境电商进出口总额为 952 亿元,增长 28.8%。 同时,利用外资保持增长,新引进外商投资企业 736 家,实际利用外资 69.4 亿美元,增长 1.7%。 截至 2019 年底,有 126 家世界 500 强企业来杭投资 219 个项目。

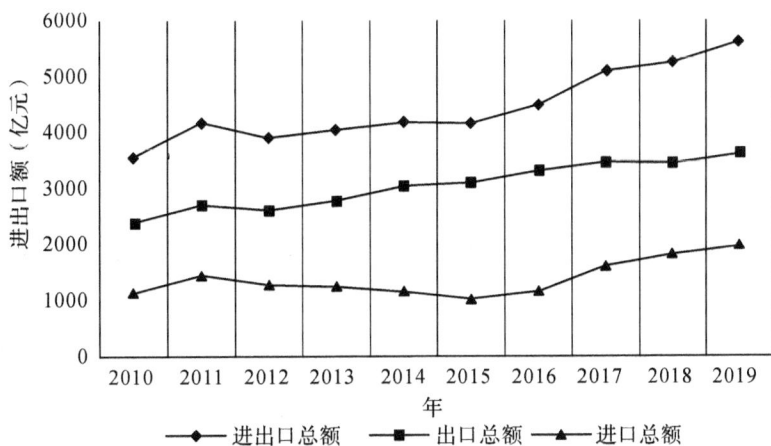

图 7-3　2010—2019 年杭州货物进出口情况

其二,境外投资步伐加快。 杭州不断助力企业有序"走出去",2019 年末设立各类境外投资企业(机构)2237 家,其中非贸易性企业 992 家,其全年对外承包工程和劳务合作营业额为 27.4 亿美元,增长 6.0%。 民营企业是杭州"走出去"的主力军,华立、万向、富通等一大批民营企业赴境外投资,华立泰中罗勇工业园成为我国首批 19 个"境外经济贸易合

作区"之一；民营企业对外投资方式也从简单的劳动密集型产品输出，升级到资本与管理输出、平台输出，甚至构建全球研发、制造、营销网络。如表 7-1 所示，万向通过海外并购构建全球研发和市场营销网络，海康威视通过构建海外综合服务体系转型成为海外综合系统服务和解决方案提供商，正泰参与发起"绿丝路基金"致力于丝绸之路经济带生态改善和光伏能源发展等。民营经济主体优势使杭州不仅拥有向"一带一路"输出产能的基础条件，还拥有了发挥企业家创新精神推动越来越多的民营企业占据全球价值链高端的潜在机会。

表 7-1　杭州"走出去"的企业代表案例

代表企业	"走出去"的主要动向
万向	构建全球研发和市场营销网络：从 1994 年开始实施"走出去"战略，以汽车零部件为主业，先后在美国、英国、德国、加拿大等地设立多家境外公司，通过一系列并购活动获取境外设备、品牌、技术专利及市场网络。同时，逐步实现资源外部化、经营本土化和产业国际化，建立起海外生产基地、研发中心和涵盖 50 个国家和地区的万向国际市场营销服务网络，大大增强了企业的国际竞争力
海康威视	转型为海外综合系统服务和解决方案提供商：自 2009 年以来，海康威视已向全球 100 多个国家和地区输出产品和解决方案，拥有 20 家全资或控股海外子公司，建立起由 20 家海外客服分公司和遍布全球的授权客户服务站组成的三级全球服务体系，转向以销售解决方案（服务、维护、集成方案）为主
华立	打造海外园区综合服务商：2006 年，华立与泰国安美德集团合作开发"泰中罗勇工业园"，目标是建成中国传统优势产业在泰国的产业集群中心与制造出口基地，以及面向中国投资者的现代化工业区。2007 年开始招商，有 60 余家企业签订合同入驻园区，有 38 家企业投产，创造了 4000 多个就业岗位，带动中国企业对泰国的直接投资达 12 亿美元。"泰中罗勇工业园"现已经发展成为中国企业在东南亚最大的产业集聚地，被商务部授予首批"国家级境外经贸合作区"，成为杭州企业乃至中国企业"走出去"的一面旗帜，是企业从单独"走出去"向抱团"走出去"的一个重要平台，它最大的优点是减少了企业境外投资的成本和风险，因为企业可以将境外投资过程中涉及的繁杂手续交给平台负责，而且还可以通过利用平台的配套设施和服务，使企业尽快适应东道国的环境，尽快开展企业的生产经营活动
正泰	面向"一带一路"创新金融供给：于 2016 年 3 月参与发起"绿丝路基金"，致力于丝绸之路经济带生态改善和光伏能源发展；并以正泰为主发起成立了浙江民营企业联合投资有限公司（简称"浙民投"），募集资金 300 亿元，预计可撬动 3000 亿元的资金规模，主要关注并积极参与"一带一路"在内的重大投资和并购项目

续　表

代表企业	"走出去"的主要动向
浙江信保	为企业构建融资保险平台:中国出口信用保险公司浙江分公司(以下简称"浙江信保")充分发挥政策性保险职能,积极为浙企"走出去"保驾护航。2014 年,浙江信保共支持了浙江省(不含宁波)50 多个海外投资及对外承包工程"走出去"项目,累计实现承保规模 17.8 亿美元。其中,为浙企赴境外投资提供中长期政治风险保障服务,实现承保金额 13.5 亿美元,同比增长 10%;为支持对外承包工程及带动大型成套设备出口提供综合性金融服务,实现承保规模 4.3 亿美元
万事利	推动产品输出向文化与产品输出:2013 年底,万事利积极跨出国门,收购有着 120 多年历史的法国知名丝绸企业 MARC ROZIER,实现民族品牌法国制造,以丝绸为载体,以品牌为核心,以科技为支撑,以文化为依托,开启从"文化创造"到"品牌塑造"的飞跃,实现从"服务型品牌"向"消费型品牌"的转型,致力于成为中国丝绸第一高端品牌。2014 年 7 月 2 日,爱马仕核心管理层成员、爱马仕丝绸控股集团 CEO Patrick Bonnefond(巴黎特)正式加盟万事利,全面推进万事利"法国制造"高端丝绸品牌及旗下法国百年丝绸品牌 MARC ROZIER 在中国市场及欧洲市场的重点布局,成为万事利品牌向国际化迈出的又一个坚实步伐

(三)对外交流跃上台阶,国内外影响力不断扩大

通过官方、民间、半官方等多种渠道,杭州在文化、教育、人才培养等多领域均搭建了良好的交流平台。截至 2019 年底,杭州已与 31 个城市建立了友好城市关系;通过举办"一带一路"地方合作委员会全体大会、云栖大会、2050 大会等国际性会展论坛,全球影响力和美誉度显著提升。亚运会进入"杭州时间",2018 年世界游泳锦标赛(25 米)成功举办,亚运场馆及设施建设全面铺开;跨境电商综试区和 eWTP 杭州实验区加快建设,在全国率先建设"数字口岸","六体系两平台"经验先后 3 次经国务院常务会议向全国复制推广。2018 年,杭州旅游总收入、国内旅游收入均列全国副省级以上城市第 7 位,旅游外汇收入列第 6 位,获"中国旅游休闲示范城市"称号,跻身全球 100 强国际会议目的地城市。

(四)创新创业氛围浓厚,国际化要素吸纳能力持续增强

杭州作为我国"大众创业、万众创新"战略的策源地,"双创"生态优,氛围浓,活力足,创新创业要素加快集聚。同时,杭州实施了新一轮"人才新政",先后出台人才政策 22 条、全球聚才政策 10 条、开放育才政策 6 条等，集聚了各类创新创业主体。 杭州的人才净流入率、海外人才净流入率和互联网人才净流入率连续 3 年位居全国第一，连续 9 年入选"外籍人才眼中最具吸引力的中国城市"。 根据科技部火炬中心 2018 年 3 月发布的《2017 年中国独角兽企业发展报告》，截至 2017 年底，杭州共有蚂蚁金服等 17 家独角兽企业，数量仅次于北京、上海，居全国第 3 位；总估值达 1.2 万亿元，仅次于北京，居全国第 2 位。

其一，科技创新投入不断增加。 杭州市 R&D 经费支出占 GDP 的比重由 2015 年的 3.0% 提高到 2019 年的 3.4%，投入强度达到上中等经济发达国家水平。 其二，国家自主创新示范区建设步伐加快。 杭州高新区综合排名全国第 3，城西科创大走廊成为有重要影响力的创新策源地。 其三，"三名工程"取得阶段性成效。 西湖大学获批成立，之江实验室、阿里达摩院的成效突出，超重力离心模拟与实验装置启动建设工作。 其四，创新成果得以显现。 2018 年，杭州发明专利授权量达 10 267 件，在副省级以上城市中排第 6 位，副省级城市中排第 4 位（见图 7-4）。 PCT 国际专利①由 2017 年的 564 件、2018 年的 768 件增长至 2019 年的 1106 件。

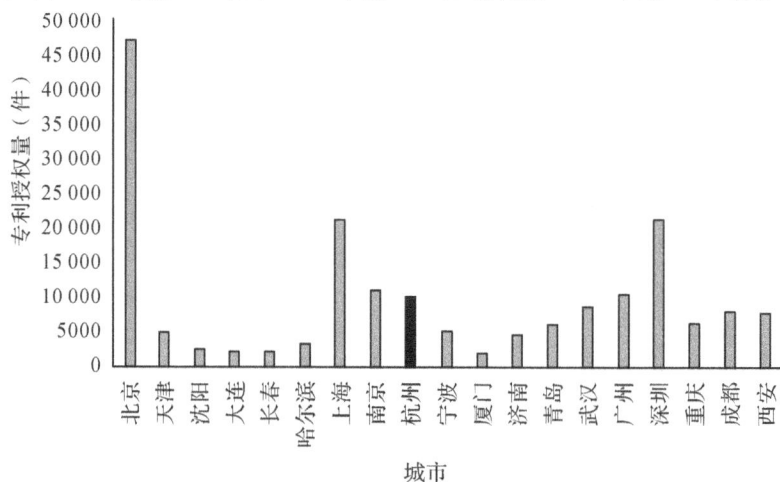

图 7-4 2018 年副省级以上城市发明专利授权量

---

① PCT 是《专利合作条约》(*Patent Cooperation Treaty*)的英文缩写，其是有关专利的国际条约，反映了专利申请人利用专利制度保护创新成果的意愿和在多个国家获得技术合法垄断的需求。

（五）城市品质优化提升，和谐包容宜居城市初步建成

杭州坚定不移地践行"绿水青山就是金山银山"理念，把保护好西湖和西溪湿地作为城市发展和治理的鲜明导向，最大限度地促进环境与经济社会的协调发展，经济绿色发展指数位居全国第2。市区人均公园绿地面积达14平方米，建成区绿化覆盖率达40%，公园成为人民群众共享的绿色空间。2019年，实证中华5000多年文明史的良渚古城遗址被列入世界遗产名录，加上西湖景区和京杭大运河，杭州在短短8年内拥有了3处世界文化遗产，一跃成为拥有大型世界文化遗产数量仅次于北京的城市。杭州拥有的世界文化遗产分布面积之广、时代跨度之长、文化内涵之丰富，是杭州在未来中国乃至世界城市间开展文化竞争的底蕴优势。同时，杭州又是一个有温度的城市，2009年5月，杭州开始倡导机动车司机斑马线前"车让人"行动，开全国文明城市风气之先河，其他城市也纷纷借鉴杭州这一创举。

杭州还根植本土，不断完善国际化社区建设政策体系。2018年发布了《国际化社区评价规范》地方标准，创新提出"六化促一化"实施策略，指导各地营造开放、包容、友善的社区建设"软环境"，因地制宜发展产业集聚型、教育辐射型、商业生态型、改善提升型等国际化社区建设模式。建成的21个具有杭州特色、国际视野、自由开放、美丽和谐的国际化社区示范典型，推动了社区的国际化建设，为外籍人士在杭州居住创业营造了友好包容的城市环境。据杭州民政部门对国际化社区的统计：2018年境外居民在国际化社区的居住人数比原来增加了26%，居民满意率平均达到95.91%，上升了2.64个百分点；居民幸福感达到96.34%，上升了2.29个百分点。

第二节 杭州的数字经济与服务业融合发展之路

近年来，杭州提出深入实施"一号工程"，加快数字科技创新中心建设，努力打造"全国数字经济第一城"。其间，数字经济核心产业高速增

长，2015—2019 年间增加值年均增长 15％以上，对全市经济增长贡献率
保持在 50％左右。 在数字经济发展研究小组、中国移动通信联合会区块
链专委会及数字岛研究院共同出品的《中国城市数字经济发展报告 2019—
2020》中，杭州和北上广深一起位居全国第一方阵，综合得分超过 90 分。
在数字经济蓬勃发展的时代背景下，服务业面临新的动力变革、效率变革
与质量变革，与"数字经济第一城"建设互促互融。

一、数字经济助推服务业克服"鲍莫尔成本病"

(一)服务业首位产业地位突出

2010—2019 年，杭州服务业始终以高于 GDP 增速的速度快速增长，
自 2011 年开始，进入占经济总量过半的快速发展阶段，并在 2019 年实现
增加值 10172 亿元，占 GDP 的比重达 66.2％（见表 7-2），是继北京、上
海、广州和深圳之后，又一服务业占比超过 60％的副省级以上城市。 可
见，杭州服务业的首位产业地位越来越突出。

表 7-2　2010—2019 年杭州服务业比重及增速

(单位:%)

年度	服务业占 GDP 的比重	服务业增速	GDP 增速	服务业增速高于 GDP 增速
2010	49.2	13.3	12.0	1.3
2011	50.0	12.0	10.1	1.9
2012	52.1	11.2	9.0	2.2
2013	54.3	9.3	8.0	1.3
2014	55.2	8.6	8.2	0.4
2015	58.2	14.6	10.2	4.4
2016	60.9	13.5	9.6	3.9
2017	62.9	10.5	8.1	2.4
2018	63.9	7.5	6.7	0.8
2019	66.2	8.0	6.8	1.2

　　数据来源:根据《2019 年杭州统计年鉴》《2019 年杭州市国民经济和社会发展统计公报》相关数
据计算得出。

（二）数字经济带动服务业劳动生产率提升

然而，关于服务业对经济增长的贡献一直存在着"鲍莫尔成本病"迷思，这是由新古典经济学家鲍莫尔（Baumol）于 1967 年在经典论文《非均衡增长的宏观经济学：一个关于城市危机的解剖》中提出的，他认为服务业属于技术停滞部门，由于生产过程本身就是最终产品，这种工作过程基本上没有引入资本和新技术的空间，劳动生产率也就没有提高的可能，因此依赖服务业的增长将最终使经济增长逐渐停滞。"鲍莫尔成本病"迷思主要源于服务业的劳动生产率滞后问题，在今天的杭州，可以通过数据简单检验一下这个问题。如图 7-5 所示，2010 年以来，杭州市的第三产业劳动生产率就一直高于第二产业劳动生产率，尤其是 2012 年杭州的第二产业劳动生产率开始低于全员劳动生产率；换句话说，杭州全员劳动生产率的提高开始主要依赖于第三产业，第二产业反而成了劳动生产率相对滞后的部门。到 2018 年，全员劳动生产率、第二产业劳动生产率、第三产业劳动生产率分别为 19.58 万元/人、18.87 万元/人、22.24 万元/人，相比 2010 年分别增长 106％，92％，100％。

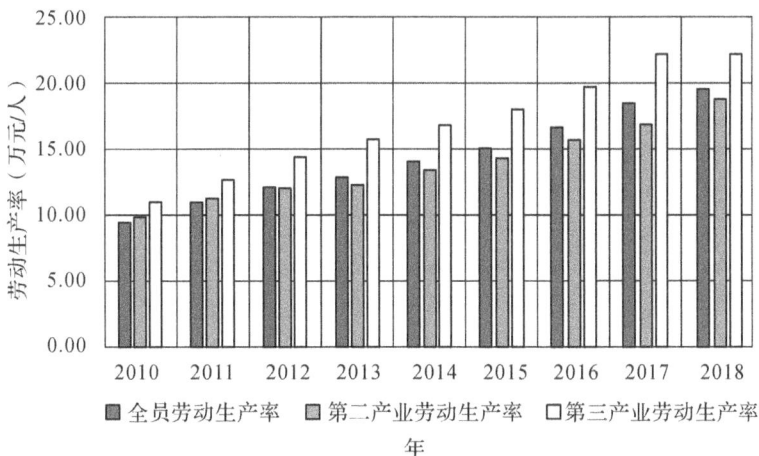

图 7-5　2010—2018 年杭州劳动生产率情况

数据来源：根据《2019 年杭州统计年鉴》相关数据计算得出。

杭州的经济发展并没有陷入"鲍莫尔成本病"，这在很大程度上得益于以数字技术为代表的新技术在服务业中的引入。2018 年，杭州的电子

商务产业增加值为 1529 亿元，2015—2018 年间年均增长 31.7%；云计算
与大数据产业增加值为 1332 亿元，年均增长 25.7%；物联网产业增加值
为 492 亿元，年均增长 14.3%；软件与信息服务产业增加值为 2508 亿
元，年均增长 25.2%；数字内容产业增加值为 2098 亿元，年均增长
27.3%（见表 7-3）；同期，杭州 GDP 年均增速为 8.5%，这些产业的增
长速度远远高于总体经济增长水平。同时，杭州的文化创意、旅游休
闲、金融服务、物流服务、健康服务等多个服务业领域的数字化程度已经
达到全国领先水平。随着信息技术的大幅进步，服务的可贸易性明显增
强，服务业正在突破时间、空间限制，劳动生产率的提高成为必然。

表 7-3　2015—2018 年杭州数字经济部分产业发展情况

产业	2015 年		2016 年		2017 年		2018 年		2015—2018 年
	增加值（亿元）	增速（%）	增加值（亿元）	增速（%）	增加值（亿元）	增速（%）	增加值（亿元）	增速（%）	年均增速（%）
电子商务产业	827	34.5	1027	45.5	1316	36.6	1529	17.5	31.7
云计算与大数据产业	829	29.6	961	28.2	1207	31.9	1332	16.5	25.7
物联网产业	307	12.7	335	8.8	430	18.0	492	21.0	14.3
互联网金融产业	326	33.5	230	7.0	191	6.6	207	6.5	10.0
智慧物流产业	58	8.4	96	18.5	119	15.8	137	12.1	13.1
数字内容产业	1234	35.5	1499	35.0	1870	28.5	2098	15.8	27.3
软件与信息服务产业	1596	29.4	1869	28.8	2318	27.8	2508	17.0	25.2
移动互联网产业	845	37.5	1034	45.1	1333	35.0	1548	14.3	30.3
信息安全产业	222	15.3	250	14.6	336	24.9	268	20.6	18.4

数据来源：《2019 年杭州统计年鉴》《2018 年杭州统计年鉴》《2017 年杭州统计年鉴》。

二、数字经济与生产性服务业互相促进

(一)软件与信息技术服务业带动效应明显

在数字技术的作用下,生产性服务业的发展明显加快,数字服务业化成效显著。 2018年,以交通运输、仓储和邮政业,金融业,信息传输、软件和信息技术服务业,租赁和商务服务业,科学研究、技术服务业等五大行业为主体的生产性服务业占杭州市服务业增加值的比重达56.4%(见图7-6)。 其中,仅信息传输、软件和信息技术服务业一个行业的比重就达到28.6%,而该行业连续3年的增速分别为32.6%,25.6%,15.4%。杭州软件和信息技术服务业的营业收入占到全市数字经济的70%以上,占浙江省软件和信息服务业的80%以上,居全国中心城市第5位(北京、深圳、上海、南京、杭州)。 其间,明星企业地位不断显现,海康威视、大华技术、新华三技术等10家企业上榜第17届中国软件业务收入前百家企业,阿里巴巴、海康威视等8家企业上榜2019中国软件和信息技术服务综合竞争力百强。

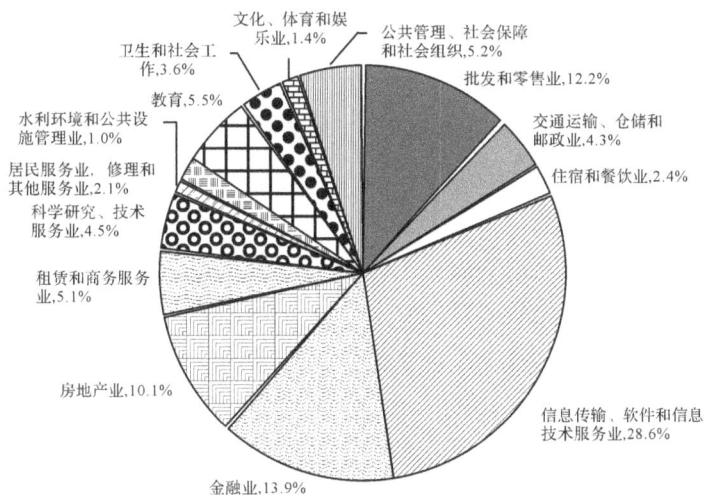

图 7-6　2018 年杭州市服务业增加值结构

数据来源:根据《2019 年杭州统计年鉴》相关数据计算得出,图中数据为约数,因此相加后不为100%,为99.9%。

(二)新一代信息技术产业发展迅速

云计算、大数据、物联网、人工智能等新一代信息技术产业发展迅速,培育出了阿里云、每日互动、同盾科技等一批高成长性行业龙头。阿里云在国内公共云市场的占有率近50%,其计算能力全球第一,已经成长为全球第三大公共云计算服务商,旗下的AliOS跻身全球三大移动终端系统,2018年的营业收入为231亿元,曾连续13个季度保持3位数增长,员工数由2017年的3000人增长到2018年的6000人。杭州从2015年开始,连续实施推广工厂物联网和工业互联网专项行动,正在加速构建由阿里云牵头的以SupET为核心的"1+N"①工业互联网体系。目前,SupET工业互联网平台已接入离散工业设备约46万台、流程工业成套设备2.5万套,提供云化通用软件1000多款,托管工业App 1.3万个。同时,杭州还拥有网易云、传化智联、迈迪网等26个省级行业特色平台;杭州还建设了全国第一个以云计算大数据为核心的小镇——云栖小镇,政企联动举办"杭州云栖大会",创新举办首届"2050大会",积极打造云计算大数据产业链和生态圈;杭州已经探索形成了从"机器换人""工厂物联网"到"ET工业大脑""企业上云"的智造之路,推动了制造业与服务业的融合升级。

专栏7-1　阿里云

2009年,阿里巴巴成立阿里云,致力于打造公共、开放的,全球领先的云计算服务平台。2015年起,阿里云在物联网、人工智能、虚拟现实、芯片等多个领域布局爆发;2016年,马云提出"新零售、新金融、新制造、新技术、新能源"的五新战略,持续加码"新技术";2017年,阿里巴巴启动"阿里巴巴NASA"计划,围绕机器学习、芯片、IoT、操作系统、生物识别等核心技术组建崭新团队,建立新机制和新方法进行技术研究和突破。2017年10月,承载"阿里巴巴NASA计划"的实体组织"达摩院"

---

① "1"指培育一个跨行业、跨领域、具有国际水准的国家级工业互联网平台——supET工业互联网平台,"N"指培育一批行业级、区域级、企业级等多级工业互联网平台。

成立。至此,阿里巴巴的"新技术"战略,在组织保障和新技术研发体系上搭建出地基。2018年9月,阿里云实现史上最大的技术升级:面向万物智能的飞天2.0研制成功;11月,阿里云升级为阿里云智能。

2019年中国公有云市场份额与2018年全球公有云市场份额如图1、图2所示。

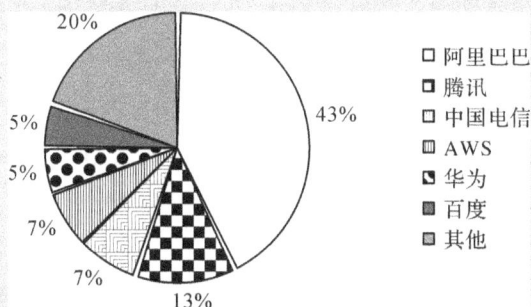

图1　2019年中国公有云市场份额(Iaas+Paas)

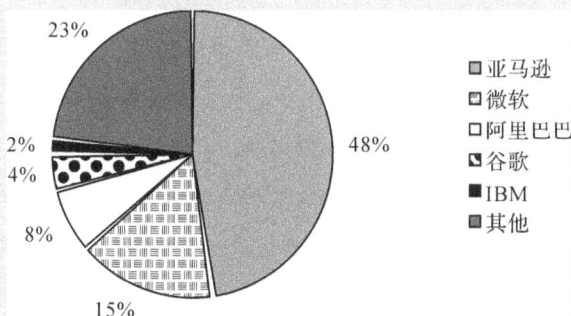

图2　2018年全球公有云市场份额(IaaS)

资料来源:招商证券。

(三)互联网金融、智慧物流等数字化领域不断拓展

数字经济对生产性服务业的改造提升作用进一步彰显,生产性服务业数字化水平不断提高。同时,互联网金融、智慧物流等数字化领域不断拓展。杭州大力鼓励金融大数据技术、金融领域人工智能技术等金融科技核心技术研发,重点发展智能移动支付、数字普惠金融、金融信息系统技术服务与智能投顾、分布式金融服务等相关领域,致力于打造国际金融

科技中心和全国互联网金融创新中心。2018年，杭州互联网金融产业增加值达到207亿元，占全市金融业增加值（1196.92亿元）的比重为17.3%，同比增长6.5%，2015—2018年间年均增长10.0%，蚂蚁金服、恒生等智慧金融服务业企业正在打造行业高地。同年，杭州智慧物流产业实现增加值137亿元，占整个交通运输、仓储和邮政业增加值（371.28亿元）的比重为36.9%，同比增长12.1%，年均增长13.1%，拥有国家A级物流企业85家，其中最高等级的5A级物流企业9家，居全国城市前列。例如：传化物流以"物流＋互联网＋金融"的创新模式，打造全国首创的公路物流服务平台，服务覆盖全国27个省区市；菜鸟网络等智慧物流企业正在建构一张数字化、智能化和社会化的物流网络，以支撑全社会的商品配送需求。

专栏7-2 传化物流的"物流＋互联网＋金融"模式

传化物流是国内最早采用平台经营模式对行业转型升级提出系统解决方案的企业之一。早在2000年，传化物流便建成了杭州公路港，在全国首创"公路港物流服务平台"模式，实现"物流＋信息化"的创新。2012年，传化物流尝试在实体公路港中引入互联网、云计算等技术，实现线下线上融合，这就是传化智能物流平台的雏形。此后，支付和金融服务等场景陆续叠加，逐渐形成一个"物流＋互联网＋金融"的智能生态圈。截至目前，传化物流在全国建有65个公路港，遍布全国27个省区市，同时构建了一张遍布全国的智能物流网络。

传化物流紧紧围绕"物流价值链"与"增值服务价值链"，逐步构建公路港平台和信息服务系统的共享平台。其创新业务平台主要基于大数据中心，通过打造陆鲸、易货嘀和传化运宝等开放的物流互联网产品，形成"共创、共赢、共享"的创客平台，在货源端提供多维度的物流服务体系，最后通过产业供应链营运体系来提供包括物流在内的一系列供应链增值服务，从而为货主企业、物流企业及个体货运司机等公路物流主体提供综合及配套服务，发展公路物流O2O全新生态圈。其供应

数字经济时代的服务业与城市国际化

链金融的特色在于,通过将物流基础设施的节点布局切入供应链环节,帮助金融机构识别风险、管理风险、了解客户,从而更好地服务那些值得服务的客户。帮助金融机构解决"有金融产品、缺场景应用""有风控技术、缺风控抓手"等问题。以 2019 年 5 月上线的"网络货运平台"为例,它一头连着货车司机,一头连着生产制造企业及物流企业,不仅可以实现发单、接单、货物轨迹全程追踪,还可以完成订单支付、金融管理等增值服务。

资料来源:作者根据公开资料整理。

三、消费性服务业与社会性服务业的数字化进程加快

数字经济还对杭州传统的消费性服务业与社会性服务业进行了全方位、全角度、全链条改造,通过数字化技术与这些传统行业融合,提高了城市服务业劳动生产率,实现了城市、企业、员工效率的普惠式提升。

(一)新零售引领商贸业变革

杭州开创了运用人工智能及大数据等先进的技术手段,将线上服务和线下体验完美融合的零售新模式。新零售对生产效率的提高作用是明显的,据阿里研究中心测算,网络零售的交易效率是实体零售的 4 倍,同样 1 元的成本投入,通过实体零售实现的商品成交额是 10.9 元,而通过网络零售实现的商品交易额是 49.6 元。2018 年,杭州社会消费品零售总额为 5715 亿元,增长 9.0%,而限额以上批发与零售企业通过公共网络实现的商品零售额同比增长 30.1%,快于社会消费品零售总额增速 21.1 个百分点。同时,电子商务成为杭州经济增长的重要增长极,2018 年的增加值为 1529 亿元,增长 17.5%,占 GDP 的比重为 11.3%,杭州继续占据中国"电商百佳城市"首位。

专栏 7-3　银泰百货的"数字化"再造

自 1998 年在延安路开出第一家银泰百货以来,目前银泰在全国已有 30 多家百货商场和 40 多家购物中心。随着电子商务的发展,从 2012 年开始,百货公司迎来关店潮,仅 2017 年一年,国内就关停了 55 家。但 2018 天猫"双 11"期间,银泰仅全国 59 家店的销售额增长 37%,同店同比增长 36.7%。这主要归功于银泰的"数字化"再造。

第一,阿里巴巴对银泰的私有化。2016 年,阿里巴巴以 26 亿美元(当时约 177 亿元)的价格收购了银泰集团,使其成为阿里新零售八路大军的一支。直到 2017 年 5 月,银泰的数据系统和阿里数据库正式打通,银泰对消费者和商品的管理正式进入了数字化时代。银泰优化了会员系统,和阿里巴巴天猫在数据方面予以统一,通过淘宝可获得号码,以此在店中消费,同时协助支付宝,诞生了银泰宝。

第二,新渠道布局。其一,银泰构建了自家网站,并和天猫合作建立银泰旗舰店。其二,在银泰百货中加入喵街应用,消费者可以通过喵街 App 获知商场有哪些品牌、有没有车位、有没有优惠活动等信息。其三,创建喵客,整合销售与强化社交。

第三,线上线下全渠道运营。其一,为优化消费者体验,建立跨境电商精品超市。其二,开展银泰定制化服务,创建线下试衣间和意大利法国跨境电商轻奢精品店,帮助消费者体验欧洲轻奢精品。其三,与淘宝、天猫联合推出"淘柜姐",让顾客在手机淘宝的首页上就能看到熟悉的银泰导购。其四,银泰还成为阿里新零售业态布局的试验场,承担零食店、智慧家居店、无人服饰店等新业态的落地孵化。

第四,优化物流体系。其一,银泰百货与阿里巴巴菜鸟网络联手,对仓库(场)做了数字化改造,形成了适用于百货行业的一套仓配物流体系,促进了网络渠道物流的高效发展。其二,通过大数据精选门店 TOP 级品牌构建数字化门店仓,销售后的订单打印、分拣、验货、打包、发货全部在银泰门店数字仓完成,这解放了专柜导购员的生产力,提高了仓储配送的效率。

资料来源:作者根据公开资料整理。

跨境电商成为杭州世界级金名片。 作为全国首个跨境电商综试区城市，杭州已成为跨境电商龙头企业全球布局的首选城市，因此跨境电商制造生产、平台营销、风险投资、金融信保、仓储物流、综合服务等产业链企业均汇聚杭州。 2019 年，杭州跨境电商进出口额达 952 亿元，增长 28.8%，同期的货物进出口增长率仅为 6.7%，其中跨境电商出口额为 658.8 亿元，占全市货物出口额的 18.2%。 杭州还依托阿里巴巴深度参与 eWTP（世界电子商务平台）建设工作，并将在马来西亚打造中国以外的第一个集物流、支付、通关、数据于一体的 eWTP "实验区"，使其成为丝绸之路的 "新驿站"。 在 eWTP 推进建设的过程中，杭州跨境电商龙头企业的全球化布局同步铺开：阿里巴巴收购了东南亚最大的电商运营商 Lazada；浙江执御旗下移动端 App JollyChic 的用户量达 1000 万，销售额的 95% 来自中东地区；浙江聚贸电子商务有限公司定位于工业全产业链及全服务业 E4B 生态化跨境电商平台，为全球 157 个国家搭建起了一条互联互通、合作共赢的 "数字丝绸之路"。

（二）全国数字内容产业中心建设卓有成效

杭州围绕建设 "全国文化创意中心" 的战略定位，坚持基础建设、产业发展、应用服务 "三位一体"，以数字娱乐、数字传媒和数字出版为主攻方向，大力发展数字内容产业。 杭州通过积极布局 "内容产生—内容包装—内容展现与运营—内容用户管理—内容衍生品开发" 的生态循环产业链条，进一步带动了关联产业的聚集，助推了杭州全国数字内容产业中心的建设工作。 2018 年，杭州的文化创意产业实现增加值 3347 亿元，增长 11.6%，占 GDP 的比重达到 24.8%，成为绝对的支柱产业。 其中，数字内容产业实现增加值 2098 亿元，占文创产业增加值的比重达到 60% 以上。 居于音乐行业第一阵营的网易云音乐，自 2012 年在杭州成立以来，目前已经完成 B2 轮融资，用户数突破 8 亿。 以数字阅读为主营业务的互联网企业咪咕数媒，自 2015 年公司化转型以来，月访问用户量已达到 2.5 亿，年业务收入超过 72 亿元。 2018 年，杭州 12 部文艺精品荣获全国 "五个一" 工程奖，连续 4 届位居全国同类城市前列。 杭州动漫作品推优数量连续多年保持全国第一，《阿优》科普动画获国家科学技术进步二等奖,动画电影《大世界》获得第 54 届台湾"金马奖"最佳动画长片奖,《昆塔·盒子总动员》获"白玉兰"奖最佳中国动画片,在全国动画领域均为首次。

(三)旅游会展业与数字经济全面融合

2018 年,杭州累计接待中外游客 18 403.35 万人次,实现旅游总收入 3589.12 亿元,分别比 2017 年增长 13.00% 和 18.01%。 旅游休闲产业实现增加值 1037.77 亿元,同比增长 13.0%。 杭州运用大数据和数字化手段推动公共文化旅游服务向优质化方向转变,依托旅游大数据中心成为城市大脑旅游系统这一平台,实施"一部手机游杭州"行动计划,"人在线下游、数在线上跑"的数字旅游时代已经到来。 2018 年,杭州上线自助入住系统的酒店 31 家,总使用人数达 128 693 人次,平均入住办理时间为 49 秒,每个人节省 251 秒,总共节省 8972 小时。 口碑平台上,近 13 万名游客成为"杭州城市会员",领取了 32 万张优惠券,直接拉动消费超过 9600 万元。

会展业的发展更是与杭州的数字经济优势相得益彰。 2016 年,G20 峰会的召开为杭州以重大会议展览事件为突破口提升城市国际化水平创造了条件,杭州的会展业进入了突破发展的新阶段。 近年来,云栖大会、2050 大会、Money20/20 全球金融科技创新大会、淘宝造物节、中国国际动漫节、世界工业设计大会等一系列行业标志性品牌会议在杭州召开,意味着杭州的会展业已处于与产业优势融合升级的阶段。 在 2019 年 ICCA (国际大会及会议协会)发布的全球会议城市排名中,杭州因在 2018 年举办国际会议 28 次,排名跃居全球第 97 位,亚太第 21 位,中国大陆第 3 位,仅次于北京和上海(见图 7-7)。

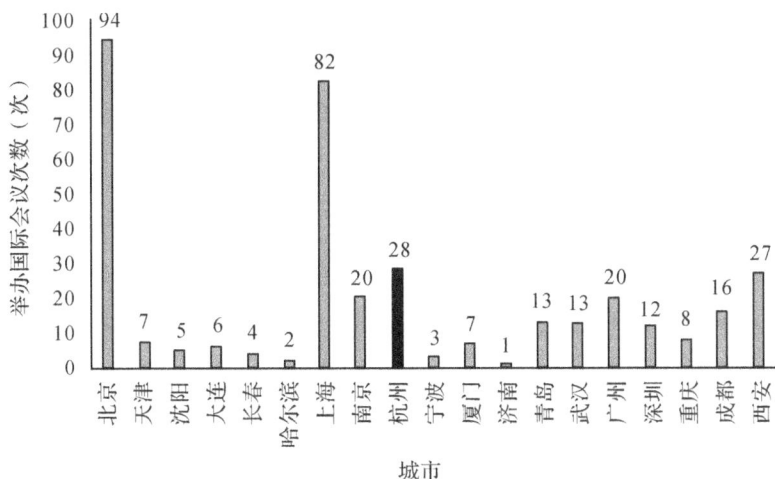

图 7-7 副省级以上城市 2018 年举办 ICCA 国际会议情况

资料来源:《会议》杂志.2018 ICCA 国际会议数据分析报告[R]. http://www.hweelink.com/articles/1323.html,2019.

(四)数字健康服务领先全国

杭州从 2012 年以来就开始推广一系列的智慧医疗应用,彻底改变了老百姓的就医体验,提高了医疗服务这种公共服务业的服务质量水平与服务效率。 2016 年,杭州的信息化改善医疗服务的一套组合拳,作为国务院医改办 15 个医改典型案例之一,向全国推广。 同时,智慧医疗企业也在不断地对传统医疗服务领域进行无限拓展,通过"互联网＋"连接医院、医生、医保和患者,进而改善医疗服务水平。 例如:微医集团推出了互联网医院,开创了在线电子处方、延伸医嘱等先河,实现了医患间的在线诊疗与医医间的远程会诊。 纳里健康提供技术支持建设的邵逸夫医院健康云平台,涵盖远程手术指导、手术直播、远程视频教学、多学科联合会诊、云药房、云影像、移动支付等方面功能,构建了以分级诊疗为核心的医疗新秩序、新生态,促进了各级医疗机构的协同发展,为大众提供了便捷可及、优质高效的服务。 联众医疗推出"全球影像"医疗云服务平台,省去患者拿着胶片奔波寻医的劳苦。 华卓科技将树兰医院 100 多套信息系统全部在私有云上运行,使树兰医院成为国内第一家整体在私有云上运行的医院。

专栏 7-4　微医集团

微医集团的发展经历了 3 个发展阶段：挂号网（Guahao.com）、微医（We Doctor）和互联网医院（wu.gov.cn）。微医集团致力于以信息技术推动中国医疗健康产业的变革，通过互联网连接医院、医生和患者，促进三者间信息的高效共享，并提供先进且受信任的移动医疗服务，打造互联网全国分级诊疗平台和良性互动的医疗服务与健康产业生态圈。2018 年，位于美国硅谷的全球数据研究机构——Pitch Book 公布了"全球 30 家估值最高的私营科技公司"榜单，来自杭州的微医集团成为榜单中唯一一家医疗健康科技公司。其优势主要体现在以下几点：

其一，微医专家团队。重新定义了医生的组织和协作形式，通过互联网将专家的品牌、经验和年轻/基层医生的时间进行匹配优化，使跨区域甚至跨学科的医生可以结成团队。

其二，乌镇互联网医院。通过互联网连接全国的医院、医生和患者，成为全国第一个大规模实现在线复诊、第一个实现电子病历共享、第一个实现在线医嘱与在线处方的互联网医疗服务平台，开启了"互联网＋医疗"的全新模式探索。

其三，全科医学中心。微医集团在东西南北中每个大区和当地的医疗机构合作共建手术中心。这些手术中心可以保证微医上顶尖的专家在护理条件具备且数目足够的手术室中给对症的患者做手术。

其四，分级诊疗。上述平台既连接大医院，也连接基层医院。平台根据病情优先原则，将患者转诊到合适、对症的大医院里。对大医院来说，接纳对症的转诊病人符合三甲医院对教学、科研和疑难症诊治的需求；对于基层医院来说，微医平台提供了顺畅的向大医院转诊的通道。微医平台上的医生可以实现医生间的团队协同，包括协同科研。同时，可以实现会诊和帮助患者转诊。

其五，责任医疗计划（ACO，Accountable Care Organization）。微

医 ACO 中会为每一个会员配一个基于个人或家庭的健康账户。在建立健康账户的基础上，微医会再配上以"三师管理"为代表的整个医疗服务保障体系，从家庭医生、责任医生到专家团队，起到为会员个人和家庭做健康把关人的作用。微医 ACO 有医疗费用保障，即与保险合作，从而减轻会员或者会员家庭的医疗负担。

资料来源：作者根据公开资料整理。

（五）"城市大脑"推动政务服务全面提升

杭州"城市大脑"建设起步于 2016 年 4 月，其以交通领域为突破口，开启了利用大数据改善城市治理的探索。如今，"城市大脑"已实现从"治堵"向"治城"的实质性跨越，大数据神经网络联系着城市的各个角落。杭州"城市大脑"包括公共交通、城市治理、卫生健康等十一大系统 48 个应用场景，日均协同数据达 1.2 亿条，总体架构如图 7-8 所示。杭州"城市大脑"体现在智慧政务服务领域上，则是开展"最多跑一次"政务改革，通过建设统一的智慧政务云平台，推动各类政务数据归集，成立数据资源管理局，让数据"多跑路"，让群众和企业少跑腿甚至不跑腿，全力打造最优政务服务环境。截至 2018 年底，杭州"最多跑一次"实现事项 9593 项，其中市本级 771 项；公布凭居民身份证即可办理的事项 296 项；不动产登记实现全流程 60 分钟领证，商事登记新设企业 85％可按"一件事"标准进行网上办理，投资项目审批周期再提速。

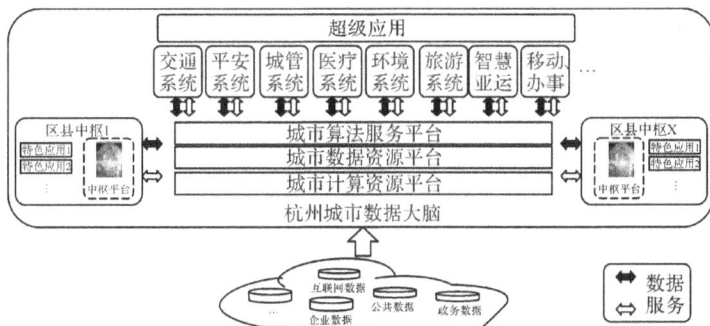

图 7-8　杭州"城市大脑"总体架构

资料来源：《杭州市城市数据大脑规划（2018—2022）》。

第三节　数字经济背景下杭州以服务业推进城市国际化的实践价值

如图 7-9 所示，在数字经济与服务业融合发展水平评价体系中，杭州的综合得分为 0.6203，排在 19 个副省级以上城市中的第 5 位；在城市国际化水平评价体系中，杭州的综合得分为 0.3044，同样排在第 5 位；两大维度的步伐是相对协调的，处在第一象限，且在实践类型分析中被划分为平台门户型城市。 杭州在数字经济的影响下通过服务业驱动城市国际化，对我国的部分城市而言具有实践价值，可供参考。

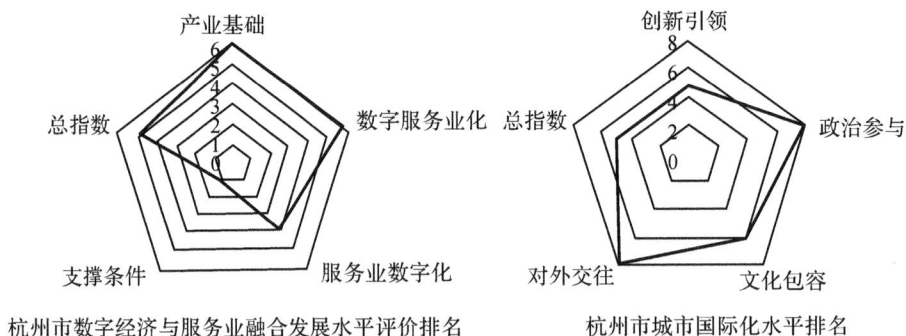

杭州市数字经济与服务业融合发展水平评价排名　　杭州市城市国际化水平排名

图 7-9　杭州在两项评价中的总指数和分项指数排名情况

一、为城市产业与新技术、新经济的融合发展贡献新经验

从本质上来讲，数字经济是一种新的经济形态或是经济进入一种新的发展阶段。 其核心技术主要包括：以信息通信技术为基础形成的互联网、大数据、云计算、物联网、人工智能等数字技术，以及在数字技术的支撑下得到长足发展的智能制造、生命科学、材料科学、能源科学等新兴技术。 当前，这些技术变革已经拓展到企业运行、产业融合、商业运营、社会生活、人类交往的各个维度，正在展现它推动产业融合、实现新旧动能转换和社会变迁进步的巨大能量。

　　一是新技术推动的颠覆性创新成为新产业。随着新的数字技术逐渐成熟、成本持续降低，不断被激发的市场需求会吸引大量资本进入，当新技术的产业化形成一定规模后，云计算、大数据、物联网等产业就会快速形成。杭州在这方面推动高端科创平台和人才大量集聚，推动关键核心技术率先取得突破，推动重大原始创新成果率先实现转化，为经济社会的颠覆性创新创造机会。例如：达摩院量子实验室的首个可控量子比特研发、博雅鸿图的首颗数字视网膜芯片、平头哥开源项目——低功耗微控制芯片（MCU）设计平台等等。2019年，杭州新增上市公司22家（其中科创板5家），上市公司总数达到192家，居全国第4位。新增的上市公司中，虹软科技、安恒信息、鸿泉物联网等与数字经济相关的企业占到半数以上，其中嘉楠耘智成功在纳斯达克上市。

　　二是新技术催生的新模式发展成为新产业。基于新技术而出现的新的商业模式因为解决了用户痛点，满足了新的消费需求而获得快速发展。例如，直播电商就因为具备直播信息的实时输出、明星网红的流量效应、对营销链路的缩短及更为丰富深入的用户体验等优势成了异军突起的新业态。杭州可谓是商业模式创新的鼻祖，尤其是以阿里巴巴为代表的主体开创了从模式创新到产业创新再到理论创新的新零售变革，从电商的商业模式创新开始，到产业生态的全面创新——电商与线下实体店不再是竞争对立的关系，而是融为一体共促共赢的关系，此时的零售不再是简单地进行销售导流，而是融入了企业文化、品牌价值的消费体验享受。新零售的最终形态是现有电子商务平台逐渐消失，取而代之的是企业拥有自己的"线上云平台＋线下个性体验门店＋新物流"的生态体系，该体系最终将改变全球的商业生态。这是商业模式创新在全球领先并产生标准的实践典范。

　　三是新技术赋能传统产业。新技术通过引入创新、提高效率、降低成本、提升质量等维度对传统产业进行全方位、全链条的改造，体现在服务业领域：一方面是代表新技术的生产性服务业对传统制造业、传统农业的改造；另一方面则是新技术对传统服务业的赋能。因此，从这个层面来看，我们的社会并没有传统产业，正如李克强总理在一次考察中讲到，只要下大力气创新研发，加快新旧动能转换，不断满足各类消费者升级需求，传统产业做好了照样可以不"传统"。 杭州探索形成的从"机器换人""工厂物联网"到由"ET工业大脑""企业上云"驱动的智能制造之路，正是对总理话语最好的诠释。 杭州制造业企业正在加快向"网络驱动""数据驱动"等新制造模式转型，如：娃哈哈、华立等项目列入国家智能制造试点示范，中控、传化等项目列入国家服务型制造试点示范，万向集团、中电海康等企业入选国家制造业"双创"平台。 同时，数字技术对杭州金融、物流、文化、旅游、健康服务、教育等领域的赋能作用也愈加显现。 2019年，经中国人民银行同意，由中国互联网金融协会和世界银行共同支持建设的全球数字金融中心在杭州成立。

二、为城市在跌宕起伏的全球化中高质量突围探索新方案

"杭州实践"走出的是一条以服务业推动的高质量的城市国际化道路，也就是本书倡导的"国际城市3.0版"，即搭上数字经济的"快车"，强调在城市发展中加入服务业"数字化"质变的影响，推动城市的全面创新，进而形成本土化优势与国际化能级共同提升的创新型城市国际化道路。 服务业尤其是生产性服务业本来就是衡量城市国际化水平的重要标志，有数字经济的"加持"，服务业更加成为城市国际化的核心动力。 这样一条高质量的城市国际化道路主要体现在以下几方面。

第一，产业更加有国际竞争力。 遍布全球的"中国制造"，便是我们的城市最早实现的国际化。 这条道路在当初是有效率的，带动了中国工业化进程的快速追赶。 随着工业化、城市化进程的加快，粗放型的经济增长使我国资源环境承载力不断下降，产业低端化陷阱被暴露出来，因此必须占据"微笑曲线"两端高附加值环节，同时提高中间制造环节的利润率，成为中国制造业转型升级迫在眉睫的任务，尤其是随着中美贸易摩擦愈演愈烈，越来越多的中国城市和中国企业意识到必须拥有自己的核心技术，才能在跌宕起伏的全球化中不受制于他人，进而实现突围。 杭州的民营经济一向发达，入选中国民营企业500强企业的数量连续16次蝉联国内城市第一，但领域仍以传统产业为主，特别是传统制造业和传统商贸

业的比重较大，但目前纺织、化纤、化工等传统优势产业面临转型升级的阵痛，其产品附加值与技术含量较低，产品的质量档次和安全标准也亟须提高。近年来，杭州民营企业加速向服务型制造、"互联网＋"、绿色环保产业等新兴产业转变，智能、互联、融合正成为推动杭州制造业转型升级的重要力量。例如，前文中提到的传化物流，目前其业务涵盖化工、物流、农业、科技城、投资等，现拥有"传化智联"（002010）、"新安股份"（600596）2 家上市公司和"环特生物"（834413）1 家新三板挂牌公司，以及 7 家国家级高新技术企业、2 家国家级技术中心，公司已实现了由传统制造业向制造与服务融合发展的转型。

第二，在国际竞争中更加有话语权。数字经济背景下的服务业对杭州国际化的重要影响之一是用标准来推动城市国际化的质量升级。标准是经济和社会活动的技术依据，瞄准国际标准、盯上国际标准，最终成为新的国际标准的输出者和引领者，在国际上拥有更大的话语权，是城市国际化高质量发展的方向。针对这点，杭州在两个方面表现得格外出色：其一，创新主导产业国际标准。杭州牢牢抓住自身的产业优势，创新实施新产业新动能标准领航工程，积极主导国际标准制修订工作。例如，2016 年 4 月，"全国电子商务质量管理标准化技术委员会"（SAC/TC563）正式成立，秘书处落户杭州，杭州牢牢抢占全国电子商务质量管理标准话语权；2019 年，杭州又积极推动设立国际标准化组织电子商务交易保障标准化技术委员会（ISO/TC321），并成功实现 ISO/TC321 秘书处落户杭州，这标志着中国成了 ISO/TC321 秘书国，杭州成了全球电子商务交易保障标准研制"策源地"。同时，与会展旅游业的发展相呼应，杭州还是国际标准化组织（International Organization for Standardization，ISO）授权的全球首个"国际标准化会议基地"，这打破了日内瓦作为国际标准化会议唯一举办城市的垄断，众多国际标准化会议将分流到杭州举办，也带来了近年来杭州会议业的蓬勃发展。其二，创新社会服务和社会治理国际标准。与过去的城市国际化道路偏重于产业竞争不同，杭州的城市国际化以社会性服务业的标准化为突破口开启了城市环境与氛围的竞争。2017 年，杭州发布实施了《国际化社区评价规范》《国际化医院建设》《高铁站枢纽区域综合管理规范》等 3 项国内一流、国际领先的城市国际化"杭州标准"，这为我国城市国际化建设提供了"杭州方案"。杭州的"城市大脑"更是运用现代科技手段唤醒沉睡的数字资源，促进公共服务数字化转型，形成具有国际一流水平的数字治理系统解决方案。而且"城市大脑"可以为新时期国家之间开展文明对话提供数字解决方案，如"城市大脑"首次海外输出是在马来西亚吉隆坡，第一阶段主要是交通治堵。实地测试显示，通过"城市大脑"的调节，吉隆坡救护车和消防车的通行时间节省了 48.9%。

第三，城市更具独特魅力。杭州的独特魅力在于，既拥有厚重的人文历史底蕴，又拥有创新创业的活力，使其成为一座历史文化与现代文化交相辉映的城市。这种魅力成为吸引国内外人士竞相来杭创业或工作的重要因素。其一，杭州曾经是古代海陆丝绸之路的重要节点。中国古代外贸中最主要的三大商品——丝绸、瓷器、茶叶，都是杭州地区的传统优势产品，同时，杭州还拥有极其丰富的丝路文化资源，如印学文化、佛教文化、茶文化、山水文化及西湖、大运河、良渚等世界文化遗产，绚烂的历史文化与当代创新创意方式相结合，诞生的旅游、会展、商贸、文创等产业将更具杭州的独特性，并成为将中国的传统文化重新输送出去的重要基石。其二，数字技术引发的产业变革形成了城市的现代魅力，高校系、阿里系、海归系和浙商系等创业"新四军"异军突起，创客经济风起云涌，杭州形成了若干个"5 公里创新圈"，整个杭州城成为一个"大孵化器"。过去两年，杭州创业的人均密度位居全国第一，超过北京、上海、深圳，在企业服务、医疗健康、教育、文娱、电商、金融这六大领域的创业密度最大。其三，作为支付宝的发源地，数字经济带来的便利生活也使被称为"移动支付之城"的杭州充满魅力，移动支付在极大程度上突破了时间及空间对支付行业的限制，不仅改变了民众的支付生活，也走进了公共服务领域，甚至走向海外，将中国移动支付技术标准和影响力迅速拓展到全球。在国家信息中心联合中经社、支付宝共同发布的《2019中国移动支付发展报告——移动支付提升城市未来竞争力》中，杭州移动支付指数仅次于上海，排在全国第 2 位。

三、为中国城市国际化进程中的共性问题提供新思考

杭州能采取这条发展道路自有它独特的条件，如区域中心城市的地位、深厚的文化生态本底支撑、城市的创新创业氛围、民营经济的集聚优势、阿里巴巴等头部企业的贡献等，尽管并不是所有城市都具备这样的条件，但其开拓领先的思路、勇于革新的勇气是值得所有发展中的城市借鉴的。但是，杭州的发展也存在着诸多问题，这些问题也让我们对我国的城市国际化提出了新思考。

第一，模式创新强于技术攻坚，如何推动"虚"与"实"的共振。其一，杭州已经在数字安防、工业"互联网＋"、云计算与大数据等领域处于全国领先地位，但多数企业偏重于应用层开发和商业模式创新，而在人工智能、光电芯片、生物技术、智能制造、新材料、新能源等硬技术领域创新资源有限，创新能力欠佳，独角兽企业也较少涉猎先进制造领域。据 2017 年《中国城市硬科技发展综合指数排行榜》显示，杭州位列第 8，居于南京、武汉、西安等城市之后。商业模式的创新还没有完全发挥出对技术攻坚的推动作用，进而没有形成强大的科技研发能力。2018 年，杭州数字经济中，电子信息产品制造产业增加值为 847 亿元，集成电路产业为 65 亿元，机器人产业为 24 亿元（见表7-4），分别仅是软件和信息服务技术业的 33.8％，2.6％和 1％。其二，关键共性技术、前沿引领技术、颠覆性技术创新能力不突出，重量级研究机构、研发平台、科学装置较少。在这点上与深圳相比，杭州差距比较明显，例如：2018 年，杭州高新技术企业工业总产值为 5483.14 亿元，在 19 个副省级以上城市中排名第 6 位，但仅占深圳的 27.0％；发明专利授权数为 10 267 件，排名也是第 6 位，但仅占深圳的 48.2％。如何实现由应用层开发向核心层研发延伸，如何推动商业模式创新向关键技术创新延伸，是杭州这类城市要进一步凸显全球竞争力的当务之急。这就引出了第二项思考——城市群的合作。

表 7-4　2015—2018 年杭州数字经济中制造部分发展情况

产业	2015 年		2016 年		2017 年		2018 年		2015—2018 年
	增加值（亿元）	增速（%）	增加值（亿元）	增速（%）	增加值（亿元）	增速（%）	增加值（亿元）	增速（%）	年均增速（%）
电子信息产品制造产业	558	12.5	621	11.0	733	10.7	847	10.0	11.0
集成电路产业	43	8.6	53	21.5	59	18.8	65	8.1	13.0
机器人产业	16	1.5	20	4.2	21	9.8	24	16.9	5.7

第二，城市分工合作尚未取得实质性进展，如何推动城市与区域协同。 2019 年，国务院政府工作报告提出要"坚持以中心城市引领城市群发展"。 2019 年 8 月，习近平总书记在中央财经委员会会议上做了题为"推动形成优势互补高质量发展的区域经济布局"的重要讲话，指出"我国经济发展的空间结构正在发生深刻变化，中心城市和城市群正在成为承载发展要素的主要空间形式"。 截至 2019 年，国家已经批复了京津冀城市群、长三角城市群、粤港澳大湾区、成渝城市群、长江中游城市群、中原城市群、关中平原城市群等 11 个城市群规划，以城市群、都市圈为代表的区域一体化格局必将成为中国城市化的未来趋势。 2019 年，中共中央国务院印发了《长江三角洲区域一体化发展规划纲要》（以下简称《纲要》），杭州所处的长三角一体化的发展上升为国家战略。 尽管《纲要》提出要"发挥上海龙头带动作用，苏浙皖各扬所长，加强跨区域协调互动，提升都市圈一体化水平，推动城乡融合发展，构建区域联动协作、城乡融合发展、优势充分发挥的协调发展新格局"，但实际上，城市协作更多地体现在基础设施共建方面，基于产业的分工协作并没有取得实质性进展。 因此，长三角主要城市在产业发展上仍然为竞争多于合作，新一代信息技术、5G、生命健康、高端装备制造等产业是各大城市竞相抢占的环节。 中国共有 4 座综合性国家科学中心城市，其中长三角就有上海及合肥入选，但是杭州在借力上海、合肥的研发平台及科学装置方面仍停留在计划中。 有研究机构（第一太平戴维斯、MobTech，2020）指出，杭州

对浙江省内城市的影响力远高于省外城市，与杭州商务流动强度最高的 3 座城市分别是嘉兴、湖州和绍兴，杭州与上海的商务流动强度还较低，与合肥尚未形成一定规模的商务流动，这对杭州实现技术攻坚、提升城市的多样性与国际化程度是非常不利的。但要真正实现长三角一体化，还需要完善政策配套、立法和资金等保障机制，健全利益协调机制，完全打破行政壁垒。

第八章

数字经济赋能服务业，推动城市国际化向更高层次迈进

"十四五"乃至更长的时期内，世界大变局加速演变的特征更趋明显，外部环境不确定性显著加剧，中美贸易摩擦持续发酵、贸易保护主义重新抬头、地缘冲突明显增多等，导致世界经济增长放缓，国际经贸规则重构加速、逆全球化趋势显现、外需低迷将常态化、发达国家产业转移动力削弱导致我国对外开放不确定性增加。中国城市应该抓住数字经济发展机遇，在工业化进程中强化服务业的作用机制，以创新、融合、协作、开放为路径，形成各具特色的城市国际化道路，力争能形成若干个"国际城市3.0版"，推进城市国际化向更高层次迈进。

第一节　创新：深化服务业创新，增强城市竞争优势

服务业创新是数字经济时代服务作为一种元素投入，在全方位的技术、流程、管理和制度变革中所产生的创新行为或活动，其不只局限于服务业，还包括其他行业中的服务投入，甚至涵盖具有很强社会维度的公共部门创新。在创新型的城市国际化道路中，有必要充分发挥数字经济赋能下服务业的普惠性、独特性、在地性机制，推动城市全面创新，从而增强城市国际化的竞争力与吸引力。

一、鼓励技术颠覆式创新，塑造生产性服务业的硬核优势

20世纪90年代以来，随着知识经济的快速发展，生产性服务业逐渐成为发达国家特别是国际大都市的主导产业和经济增长的亮点，尤其是生产性服务业在加强全球、区域及中心城市经济联系，实现中心城市引领区域创新发展方面发挥了重要作用。在"中国制造2025"的时代背景下，生产性服务业更是决定中国制造业质量变革、效率变革与动力变革的关键因素。2019年11月，国家发展改革委等15部门联合印发了《关于推动先进制造业和现代服务业深度融合发展的实施意见》，首次出台了关于"两业融合"的专项实施意见，彰显了"两业融合"的重要意义，更进一步地突出了生产性服务业之于制造业转型升级、现代产业体系构建、经济高质量发展的核心地位。

当前，我国面临重大的科技瓶颈，关键领域核心技术受制于人的局面没有从根本上得以改变，科技创新能力特别是技术原创水平与发达国家相比还有很大差距。要成为世界城市，必然要担负起我国技术颠覆式创新的重任，抓住人工智能、大数据、量子信息、生物技术等新技术革命加速突破的契机，实现关键核心技术自主可控，在战略必争领域占领制高点。这就需要更高水平的研发设计、科技服务等生产性服务业来支撑，而这单靠单个城市自身的力量是远远不够的，因此必须推动城市之间共建、共享

国家实验室、世界一流重大科技基础设施、交叉前沿研究平台和产业创新转化平台等重大创新平台，合力攻克关键核心技术，加强产业关键共性技术、前沿引领技术、颠覆性技术等领域创新能力建设，大力建设产业创新服务综合体，加快科技成果转化应用，形成具有全球影响力的科技成果和产业成果。 这需要重点突破不利于创新的体制机制障碍，加快政府权力运行方式变革和政府治理技术变革，探索发挥市场和政府作用的有效机制，消除经济发展体制障碍，消除资源合理流动和配置障碍；加快形成科技与经济深度融合的有效途径，消除创新机制障碍，促进更多的智力成果转化为技术成果、产业成果，充分激发创新主体的内生动力。

同时，要以全球视野推进生产性服务业的发展，充分发挥生产性服务业对城市在全球价值链分工地位的提升作用，形成与国际化城市相匹配的服务业行业结构。 例如：要大力发展高端软件、大数据、云计算、网络安全、地理信息、数字创意等信息服务业，加速人工智能、物联网、区块链等新技术的服务化应用，推广智能制造服务、工业互联网、云服务、城市大脑、大数据增值利用等服务。 围绕我国物流成本偏高的问题，以数字化、网络化、国际化为导向，提升发展港航、铁路、公路运输物流，加快发展航空物流、管道运输物流；大力发展多式联运，探索"一票到底"的联运服务，推进江海联运服务中心、航空物流多式联运中心等的建设工作；提升物流园区、物流企业智能化水平，推进智能仓储、全自动码头、无人场站等设施的建设工作；培育一批具有全球供应链资源整合能力的综合性物流服务商。 充分发挥金融对实体经济的支撑作用，大力实施融资畅通工程，全力破解融资难、融资贵、融资慢等问题，加快打造集金融科技、网络金融安全、网络金融产业、移动支付等于一体的新兴金融中心，重点推进大数据、云计算、人工智能、分布式技术、信息安全技术等在金融领域的融合创新；创新金融科技监管方式，大力发展支付清算、大数据、征信、智能投研等金融科技新兴产业。 全面提升检验检测供给质量水平，重点发展检验、检测、标准、计量、认证认可等第三方检验检测认证服务，引进培育一批国内外知名检验检测品牌机构，推广"智慧检测""共享实验室"等检验检测新模式。

生产性服务业的发展还需要从供给面和需求面政策同步创新来推动形成新兴增长点。供给面政策创新可以从支持鼓励制造业企业实施主辅分离角度来考虑。鼓励有条件的企业特别是大型制造业企业,将产业链条两端的服务部门或二级法人企业与主营业务进行分离,设立面向社会开展服务的独立法人单位。对分离后新设立的生产性服务业企业,在政策上给予支持和倾斜。鼓励企业整合现有资源,设立全国性或区域性的营销总部、研发总部和物流总部等,加快从生产企业向总部企业的转变,努力形成龙头带动效应。需求面政策创新则可以从支持和鼓励制造业企业将非核心业务向市场释放、持续释放政府服务需求市场方面来考虑。一方面,拓展制造业信息化建设与转型升级需求,推动制造业信息系统、人力资源、物流等非核心业务外包,更加充分地利用外部专业化资源,降低自身的经营成本,并扩大信息服务、科技服务、流通服务等服务需求市场;另一方面,加大政府采购服务力度,对于新开展或新增加财政拨款的公共服务项目,具备服务外包条件的,一般应当通过服务外包的方式进行,以此扶持生产性服务业企业的发展,探索推进信息安全、云计算、物联网、合同能源管理等新型服务业态的政府采购工作。

二、围绕人的需求推动产业集成,释放消费性服务业的国际化潜能

消费性服务业是一种需求型产业,如果不能围绕需求来开展产业活动,再优越的原生型资源都会面临消费不足的困境。产业集成理论为此提供了思路。"产业集成是指在产业发展中两个以上的集成单元为了某种特定的目的,通过人为的作用而结合成新的产业集成体的过程、行为和结果"[①],而旅游、商贸、文化等均属于产业边界动态变化的无边界产业,导致这些新型产业边界不确定的正是消费需求的多元和变化。

以旅游业为例,旅游业是由众多旅游集成单元构成的,这些单元本身可能与旅游并不相关,但当它们因为旅游而联系在一起时,就成为旅游集成单元;换句话说,旅游集成单元本身可以有旅游之外的功能与属性,而

---

① 王慧敏.旅游产业的新发展观:5C 模式[J].中国工业经济,2007(6):13-20.

在旅游需求作为转换前提下，任何单元都具有理论上转化为旅游集成单元的可能性。例如，现在涌现的很多"网红打卡地"，在之前从来没人想过其能成为旅游景点。这意味着，只要有市场需求，任何要素都可能成为旅游资源。因此，由产业集成形成的消费性服务业才是顺应当代消费需求的，城市可在原生型资源的基础上，通过运用创意的手法，引入时尚元素，配以高科技手段，打造创新型资源，吸引现代消费者的眼球，并增强消费欲望，进而突破原生型资源的静态和单调之限。具体而言，有以下几种方式：一是集成旅游活动、文化演艺与数字技术等，形成具有地域特色与品牌的旅游产品，如《印象丽江》等"印象"系列剧目；二是集成商务会展活动与本土美食、生态、文化资源等，形成知名的节会品牌，扩大本土文化的辐射范围和国际影响力；三是集成生态旅游资源与体育、运动、养生、康复等元素，形成更具体验性和功能性的复合型产品；四是加快与国际接轨的标准化、信息化建设和对本土文化特色的塑造，推动城市旅游的产品、购物、服务和营销等全面执行国际惯例和标准体系，加快发展智慧旅游、共享旅游等新业态。

同时，还可加强旅游业与制造业的联动。某些制造业的发展与资源环境保护并不矛盾，与旅游业等消费性服务业不仅不冲突，反而会产生产业联动效应，使旅游产业链既具有生产属性又具有消费属性，进而支撑起从上游生产到下游消费的"大旅游"格局，这将对区域经济起到强力支撑作用，并为服务业和现代农业的发展及城乡融合发展提供强大的资金支持。与文化相关的制造业是旅游型城市的首选，如意大利的威尼斯在发展旅游业的同时，通过旅游业拉动了玻璃制品业的发展，通过独特的水上交通拉动了造船业的发展，实现了旅游业与制造业的和谐统一；尤其是我国大部分城市的旅游工艺品都存在着产品雷同、千篇一律的问题，具有独特性的文创产品将增添城市旅游产品的吸引力。这种独特性，一方面要有代表地方特色的地域品牌作为支撑；另一方面，则要运用新技术、新工艺、新材料尤其是新设计，不断开发技术含量高、文化内涵丰富的文创产品，提高文创产品工业附加值。

会展活动的重大意义在前文已经反复强调，当前绝大多数的中国城市能够在世界舞台上快速提高影响力都离不开重大会展、会议、赛事活动的举办。因此，我国各大城市未来仍然要积极开展与国际大会及会议协会、全球展览业协会（Union of International Fairs, UFI）等国内外会议展览组织的合作，争取成为国际会展组织向国际会展主办者推荐的举办地。积极申办联合国及其附属机构、专门机构和其他重要国际组织的年度大会，并吸引一批国际性组织总部落户中国，让专业性国际活动和国际组织的高峰会议在我国城市举办成为常态。与外交部、商务部、科技部、中国贸促会等国家部委，以及中科协、中华医学会等国家级行业协会建立合作关系，引进有国际影响力的经济、科技、文化等领域内的高端论坛和国际性展览。整合会展、科技、商务、投资促进、产业等部门资源，引进对口部委主办的重大会展活动，形成一批彰显城市特色产业、城市特质的国际会展项目资源。

在有条件的城市还要推动商旅文跨界融合，建设一批标志性的国际化街区。商务部在 2018 年 7 月和 2019 年 1 月分别出台了《商务部办公厅关于推动高品位步行街建设的通知》和《商务部关于开展步行街改造提升试点工作的通知》，启动了北京市王府井等 11 条步行街①的改造提升试点工作，旨在培育一批在国际国内具有领先水平的步行街。截至 2020 年 1月，11 条步行街 2019 年的客流量普遍高于 2018 年同期客流量。各步行街业态多样丰富，涉及民生的购物、生活服务、美食等多种业态占各步行街的 60％—85％；文化旅游类业态聚集度高，各步行街均设有展览馆、美术馆、文化宫、博物馆等文化展示及体验互动场所，如综合性步行街天津金街步行街、广州北京路步行街的文化展览及体验互动类业态的占比分别达到 63.22％和 61.06％，特色型步行街成都宽窄巷子文化展览及体验互动类业态的占比达 33.33％。经改造后，综合性步行街的本市客流量增长显著，如北京王府井步行街和上海南京路步行街 2019 年本市客流量同比

---

① 11 条步行街分别是北京王府井步行街、天津金街步行街、上海南京路步行街、重庆解放碑步行街、沈阳中街步行街、南京夫子庙步行街、杭州湖滨步行街、武汉江汉路步行街、广州北京路步行街、成都宽窄巷子步行街、西安大唐不夜城新唐人街步行街等。

增长领跑其他同类型步行街；特色型步行街客流辐射范围更广，如成都宽窄巷子步行街和杭州湖滨步行街 2019 年全年客流量同比增长领跑其他试点改造步行街（见图 8-1），同时吸引了更多的外地客流。[①] 这样的国际化街区将是国际化城市的重要支撑，因此要不断丰富街区的业态与活动，并通过大数据与 AI 赋能实现线上线下一体化发展，提高街区的数字化治理水平，实现街区发展与国际交流的密切融合。

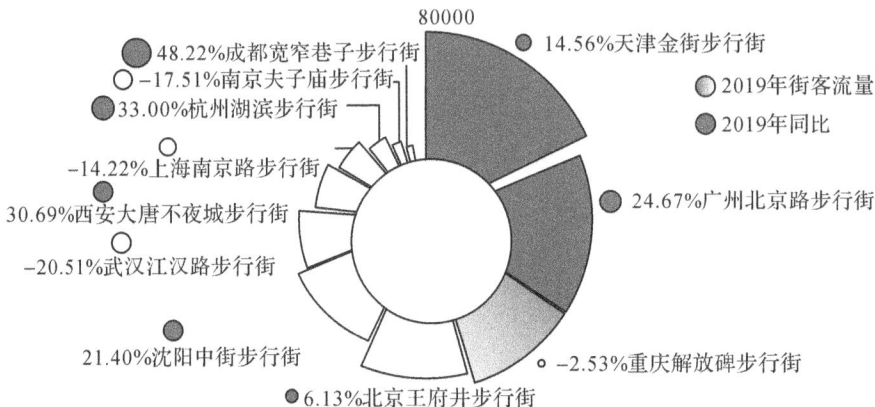

图 8-1 2018—2019 年 11 条步行街客流总量同比变化情况

资料来源：21 世纪经济研究院. 2020 中国步行街智能化发展报告［R］. http://www.199it.com/archives/1063415.html，2020.

三、多角度探索破题，推动在地生活国际化

党的十八届三中全会以全面深化改革为主题，审议通过的《中共中央关于全面深化改革若干重大问题的决定》，标志着我国的改革进入了全新阶段。党的十九大做出坚持全面深化改革的明确宣示。全面深化改革的战略导向为服务业政策环境优化带来机遇，进而推动服务业尤其是一部分社会性服务业实现突破发展。国家发改委从 2010 年就开始在全国进行服务业综合改革试点工作，先后实施了几轮以后，试点城市在服务业改革领

---

① 21 世纪经济研究院. 2020 中国步行街智能化发展报告［R］. http://www.199it.com/archives/1063415.html，2020.

域探索出了不少经验，但是也存在一些问题。例如：服务业创新政策体系未能跟随产业发展进行分类引导，缺少促进新型服务方式、新兴业态和先进商业模式快速发展的扶持政策和激励机制；在审批程序简化、行业协会改革推动、政府职能转变等方面还需深入完善；医疗卫生、文化教育、环境保护、交通运输等行业对外资的开放程度仍然滞后于第二产业；监管体系建设相对滞后，将资质要求等同于监管、以考试培训替代监管等误区在不同程度上依然存在，互联网出险事件频繁，敲响警钟。只有多角度持续探索破题，才能为城市实现在地生活国际化提供动力。为解决以上问题，可以考虑从如下几点着手。

第一，应放宽服务业市场准入门槛，打破垄断，推进要素自由流动，扶持民营经济发展。市场准入限制与微观管制问题一直存在于金融、电信、教育、医疗卫生、文化传媒等行业和领域，在义务教育等基本公共服务领域坚持政府主导性是必要的，但不少行业则是以此为借口限制竞争者进入，这对提高服务质量水平、降低服务成本、丰富服务种类是极大的抑制。因此，应该继续放宽准入领域，降低准入条件，推进国有企事业单位改革，鼓励、支持、引导民营资本、外资进入服务业领域；推进社会组织登记制度改革，健全直接登记和双重管理相结合的登记管理制度；鼓励支持行业协会商会发展，加快社会组织、行业协会法律法规和政策体系建设，健全社会组织内部治理结构，完善政府向社会组织转移职能、提供资金支持和建设人才队伍等的培育扶持政策，推动政府向社会组织开放更多的公共资源和领域。

第二，推进市场监管体制改革。推进政府管理由注重事先审批转为注重事中、事后监管。按照"谁审批许可谁监管"的原则，明确各审批部门的职责分工，各相关部门共同探索构建权责一致的后续管理模式。建立企业信息动态数据库，积极整合相关管理部门的监管信息需求，建立行业信息跟踪、监管和归集的综合性评估机制。加强移动互联、大数据、云计算、物联网等先进技术与监管业务的全面融合。加快社会信用体系建设，建立多方共享的信用信息服务和监测平台。加强食药监、质监、知识产权、工商、税务等管理领域的监管协作，建立集中统一的市场监管综合执法体系。积极鼓励社会力量参与市场监督，形成政府监管与社会监督相结合的市场管理机制。推进对要素市场的监管，在完善市场化配置机制的基础上，建立资源配置综合效益评价体系，树立产业立城高端取向和配置导向。

第三，创新国际化公共服务的提供模式。鼓励中外合作办学、海外名校办学、外籍知名人士创办、本市学校开办国际班等方式提供国际化教育服务，满足公众和外籍人员子女在各大城市接受优质国际化教育的需求。加快国际化医院布局，鼓励建设外商独资医院、外资综合医院，探索设立符合外籍人士就医习惯的全科门诊，建立健全国际医疗服务结算体系、国际赛事活动医疗保障机制等；充分融合中医诊疗与旅游资源的优势，鼓励医疗机构开发医疗旅游项目，并提供联络大使馆及国际组织、帮助延长签证、联络保险公司申请理赔、旅游建议咨询等服务。

第四，探索国际化城市的"数字治理"路径。目前除杭州外，全国还有 20 多个城市在建设"城市大脑"，但是突如其来的新冠疫情也暴露出绝大部分城市的数字治理水平还较为落后，多数时候的防控措施仍然依赖于人力。因此，迫切需要持续推广"城市大脑"建设，坚持动态时空数据的高效支撑、智能技术响应手段普惠赋能、与城市域内域外大数据的全方位协同，将智能化技术与城市的基础设施、民生服务、治理体系等有机融合，并通过数据要素和智能技术，服务城市经济社会的发展。同时，还应以数字治理来优化国际化营商环境建设，这是城市国际化的重要目标和内容，重点对标国际贸易与投资法律法规、规则管理，以及先进的经济体经验，在建设国际大通道、参与国际产业分工、打造国际合作平台、便利国际人员出入境、建设国际化社区等方面，建立起完全符合国际规范和灵活高效的开放管理体制。

第二节 融合:产业深度融合,提高城市经济韧性

2008 年全球金融危机发生后，世界各国和地区的表现大相径庭，有些

城市从此陷入困境，有些城市则快速恢复崛起。全球环境的不确定性使得经济韧性的概念被广泛使用。城市的经济韧性包括：抵御冲击、吸收冲击的能力；遭遇冲击后恢复的速度与程度；经济系统在遭遇冲击后重新调整自身结构形成新的环境适应能力；改变原有增长方式，创新发展路径的能力（Martin，2012）。数字经济时代产生的全新经济模式，其特点包括合作、扁平化、网络化、利益共享和可持续发展等。这些转变使制造业与服务业之间的边界越来越模糊，产业融合创新成为趋势，产业融合形成的新产业、新模式、新业态，不仅使传统产业更具竞争力，且赋予了城市在国际化进程中的更强韧性，使城市在世界大变局发生扰动时更易恢复。

一、推进二、三产业融合，实现工业"服务业化"转型

工业"服务业化"是第三次产业革命的演进趋势，不同层级的城市对于工业"服务业化"有着不同的策略。

一是高能级中心城市的工业"服务业化"。作为经济"黏合剂"的服务业，在高能级中心城市中应当发挥以服务渗透生产过程、服务作为一种投入对经济发展和社会进步的作用，加速推动这些城市率先向服务型社会转变，促进产业生产效率大幅提高，从而获得分工深化的报酬递增效应。一方面，这些城市要舍得将低端制造业转移出去；另一方面，则要致力于制造业的服务化改造，担负起区域制造业创新的主要职责，重视技术研发和生产方式的变革，加速生产性服务业的嵌入，推动制造业逐步向产业链两端延伸，推动制造业内部结构高级化，并通过"总部＋基地"、工业互联网等模式，实现在不同城市间的分工协作、资源优化配置。因此，要大力满足大型企业横向整合制造企业设计、采购、仓储、配送、检测、营销、后服务等环节的共性服务需求，推动产业链上下游企业纵向协同，优化产业集群技术结构和组织结构，提升产业集群核心竞争力；鼓励大型制造企业向产业链两端延伸，拓展研发设计、解决方案、维护管理、仓储物流、技术培训、融资租赁等增值服务，促进制造企业由提供产品向提供"产品＋服务"转变；鼓励大型服务企业（平台）利用信息技术、营销渠

道、创意设计等优势，向制造环节延伸拓展业务范围，实现服务产品化发展，并支持互联网企业建设制造网络共享平台，推动创新资源、生产能力和市场需求的智能匹配和高效协同。

二是中小城市的新型工业化道路。新型工业化道路必须依赖高度发达的生产性服务业，尽管高端的、具备控制力的生产性服务业只会集聚在少数的高等级城市，但低等级城市在依赖大城市为其提供所需要的服务时，仍然需要发展专业化特色服务，来弥补高等级城市部分生产性服务行业发展的不足及辐射范围的空缺。因此，中小城市要与高等级城市错位发展，围绕企业需求，发挥自身优势，在物流、专业市场、专业技术服务等领域成为区域的专业化中心。值得注意的是，目前有大量的外资制造企业在我国新建基地，因此应加强外资制造企业与本地生产性服务业的产业关联，有针对性地瞄准外资制造企业的服务供应商引入相关的服务企业，这些外资服务企业具备的知识溢出效应通常能使本土服务企业获取先进的知识与经验，从而使本土企业有能力融入外资制造企业的生产性服务供给体系，形成外资制造企业带动本地生产性服务业企业发展的联动格局。

二、推进一、三产业融合，增强国际化城市的现代农业支撑

如果说在农业工业化阶段，农业的转型主要依靠工业发展带来的机械化，那么在工业"服务业化"阶段，农业的转型则与工业一样，主要依靠生产性服务投入的不断增加。从农业与服务业联动的角度看，国外现代农业的高度发达均和完善的农业服务体系分不开，农业产业链的构建使农业部门内部的经济结构发生变化：传统农业部门经济占比逐渐减少，而产前、产中、产后等服务性部门的产值却呈上升趋势，农业产前—产中—产后的一体化服务模式正在形成。因此，除了要继续以工业化的物质成果装备农业，更应通过生产性服务业的发展与投入来帮助拉长农业产业链，拓展以信息、金融、农业科技、生产销售服务为重点的农业社会化服务市场，促进农业分工细分，提高生产效率，从而带动农业的产业化和市场化。

第一，生产性服务业对传统农业的改造。 也就是充分利用生产性服务业将人力资本和知识资本引入生产过程的特性，通过发展农业科技服务、农产品物流、农产品连锁经营、农业金融、农业信息服务等生产性服务业，对传统农业加以升级改造，提高农业种子培育、耕种、植保、收割、仓储、营销等全产业链的专业化服务水平，从而带动农业发展方式转变，进而推动农业规模化、高质量发展。

第二，消费性服务业与农业之间的一、三产业互动，这主要反映在旅游业、商贸业与农业的融合发展方面。 一方面，可以积极发展以乡村旅游、农家乐、休闲垂钓、观光体验为主要内容的休闲观光农业，来实现旅游业与农业的融合，加大数字技术对乡村旅游的支撑力度，这对于吸纳农村劳动力就业、促进农民脱贫致富和城乡融合发展及扩大内需具有重要的推动作用；另一方面，要加强现代农业营销体系建设，通过农产品批发市场、农超对接、农产品电子商务、直播带货等方式，实现现代商贸与农业的融合。

第三，社会性服务业对农业现代化的支持。 其一，建立完善的社会性服务业体系，从教育、医疗、社保等方面来真正促进农业劳动力脱离土地，使农民从职业转化到真正实现市民身份的转化。 其二，应充分联结各类教育培训机构，一方面，加强对农民职业技能的培训，使留在农业经济中的劳动力具备更高的素质与技能；另一方面，则要加强对进城农民的教育与培训，顺利实现劳动力转移。

第三节　协作：强化分工协作，打造世界城市区域

具有国际竞争力的中心城市向来不是孤立的，而是和区域联动共同实现城市群国际化，中心城市的发展与周边城市群都市圈的发展相互支持与依托。 城市产业体系相互整合的动力在于基于交换产生的分工协作，正如亚当·斯密的绝对优势论、大卫·李嘉图的比较优势论、赫克歇尔-俄林的要素禀赋论等分工与协作的基本原理所阐述的，城市会按

照各自具有的比较优势来分工进行生产,并在协作的基础上整合形成地域联盟。

一、以城市群国际化打造世界城市区域

2020 年,国务院政府工作报告中提出要"深入推进京津冀协同发展、粤港澳大湾区建设、长三角一体化发展……推动成渝地区双城经济圈建设",这四大城市群分别位于我国东西南北四大区位,已经成为拉动经济增长、促进区域协调发展、参与国际竞争合作的重要平台(见图 8-2)。同时,可发挥这四大城市群的引领作用,以世界级城市群为目标,建设富有全球竞争力和影响力的城市区域。这就需要城市群实施协同创新发展战略,构建"核心城市研发孵化、周边城市制造转化"的格局,在城市间建立起分工明确、各具特色、优势互补的密切经济联系。

一方面,区域中心城市要敢于取舍,与周边城市深入开展产业合作,围绕区域的产业集群构建,积极探索区域合作利益分配机制。凡是周边城市能够发展的产业,中心城市要舍得让它们承担,不符合中心城市功能定位的传统产业及部分可以分离出去的配套产业或协作企业也要舍得转移到周边中小城市,中心城市则主要发展周边城市不具备条件发展的高端产业或产业的高端环节,从而在区域内形成大中小城市横向分工协调互动的格局。同时,在国际国内产业转移浪潮中,可运用中心城市的优势去帮助周边城市承接国内外产业转移的项目。

另一方面,则要围绕中心城市与腹地区域的联动发展,依托周边区域先进制造业和现代农业产业集群,大力发展金融、物流、商务、科研及信息服务等生产性服务业,使区域中心城市成为生产性服务业高度集聚的中心,为其自身及区域城市提供强大的生产性服务支持;同时,中心城市也可以发挥消费性服务业对区域的带动作用,联动周边城市的旅游资源,共同打造精品旅游路线等,扩大区域服务业的服务半径。

图 8-2 四大城市群的 GDP 占全国 GDP 的比重情况

资料来源：来自 wind 数据库、方正证券研究所。

二、建立城市群城市之间的良性分工合作机制

现实中，产业结构是开放的。随着全球化进程的加速，国家与国家之间、地区与地区之间、城市与城市之间无时无刻不在发生着交互作用，信息、资金、人才等要素均处于流动之中。因此，一个城市的产业结构必然会受到城市外部因素的影响，那么，开放系统中一个城市的产业结构演进已经不再是自身产业结构的孤立变化，而是若干城市的产业体系在一定范围内的地域空间（如城市群）相遇后，整合为一个新的产业系统，这个城市的产业体系将成为这个新的产业系统中的一部分。服务业对城市国际化影响的实现一定是建立在这样的开放系统中，并基于城市的良性分工合作机制，只有这样的机制才能保障城市之间主动开展产业之间的合作。

因此，可围绕重点城市群积极探索城市之间的合作方式。这种合作的方式方法是灵活的，一般是以组织协调机制为中心，派生出投融资机制、利益分配机制、利益补偿机制、评价激励机制、行为约束机制等一系列机制，来有效推进区域合作。其中，组织协调机制是区域合作的组织保障，投融资机制为区域合作提供资金保障，利益分配机制、利益补偿机制、评价激励机制、行为约束机制则是维系各城市稳定关系的利益保障，尤其是在鼓励中心城市将部分制造业项目转移到周边城市方面，各城市之间要围绕自己的利益诉求进行协商，在协商中进行利益整合，最终达成合

作共识,形成合作的新动力,对于合作项目、转移项目的各项经济指标,如招商引资、固定资产投入、工业增加值、产值、税收、土地经营收入等可按照协商的比例进行共享。 同时,要鼓励以企业为主体开展产业合作,着眼于培养一批具有地方特色的大公司、大企业、大集团。 当然,这种超级企业集团不是行政的捏合,而是要遵循市场规律,结合现代企业制度建设,在一些实力雄厚、创新能力强、产业链上下游拉动作用强的企业里进行试点,在政府引导与市场主导的共同作用下,鼓励企业跨地区联合与兼并,逐步建立跨地区、跨行业的企业集团,再通过联合、控股的形式与区域内的上下游配套企业关联,进而形成由市场力量推动的区域合作格局。 对此,政府部门要做好"扫路"和"铺路"的工作,可对城市之间企业异地办厂方面实行市场准入政策,鼓励民营企业跨地区投资。

第四节　开放:撬动"一带一路"活力,塑造全新开放格局

"一带一路"倡议是我国主动应对全球形势变化、统筹国际国内大局而提出的合作倡议,其对推进新一轮对外开放、扩大全方位国际合作、构建更为有利的地缘格局和区域架构意义重大,为中国城市重新审视和界定自身功能和发展目标提供了千载难逢的机遇。 以往城市定位所依凭的要素体系和产业体系,在新的开放战略格局下呈现出崭新的态势。 一段时间以来,丝路起点城市、沿线城市、节点城市、枢纽城市、门户城市等定位口号此伏彼起,显现出各城市主动融入国家战略的发展抱负。 开放是永恒不变的主题,我国城市应进一步撬动"一带一路"活力,充分发挥数字经济背景下服务业的普惠机制,提升我国城市在"一带一路"沿线上的集聚辐射能力,并促进有条件的中国城市登顶世界城市。

一、面向"一带一路"实施"服务业创新+"行动

面向"一带一路"倡议,应鼓励城市创新服务资源全球化配置方式。也就是说,企业要灵活采用线上线下相结合的方式,推进服务贸易海外推

广平台、项目对接平台的建设，开拓"一带一路"沿线国家新兴市场。鼓励企业通过在"一带一路"沿线国家设立研发中心、分销中心、物流中心、展示中心等形式，构建跨境服务产业链。鼓励本土企业开展全球布点、跨国经营和海外并购活动，构建全球研发、制造、营销网络。鼓励本土具有优势的制造企业"走出去"从事研发活动，开展商业模式创新，向高能级总部升级，实现从产品制造商向产品、服务和整体解决方案综合服务商转型。积极在"一带一路"沿线国家布局海外仓，扩充国际转口贸易、国际物流、中转服务、研发、国际结算、分销、仓储等功能；全力推进全球电子商务平台的建设，逐步形成一套适应和引领全球跨境电商发展的管理制度和规则。此外，要鼓励从产品输出向文化输出提升，即结合城市自身产品优势及文化优势，针对"一带一路"沿线上的不同国家、不同民族、不同信仰、不同年龄的人群实施设计创意战略，满足不同消费群体需求，把传统制造产业如服装业、鞋帽业、丝绸业、茶叶业等提升为先进文化产业，探索"遗产＋时尚＋品牌"的服务业创新模式。

二、挖掘"一带一路"沿线国家新兴服务市场需求

挖掘新兴市场需求是服务业创新的重要方面，高效、准确、及时挖掘客户的潜在需求并实时响应，才能有效推动供给与需求的精准对接。中科院于 2015 年对"一带一路"沿线的 65 个国家进行了资源环境绩效评估。结果显示，大多数国家生态系统脆弱，并且由于经济较为落后，开发方式多为粗犷式，对环境的负面影响较大。环境保护的风险既是挑战又是机遇，这为我国传播生态文明理念和标准提供了新的平台。我国可以此为着力点，鼓励具有节能环保产业优势的城市创新服务模式，为沿线国家提供节能咨询、诊断、设计、融资、改造、托管等"一站式"合同能源管理综合服务；支持发展生态修复、环境风险与损害评价等服务；推动"走出去"创办园区的企业在工业园区污染集中处理等重点领域开展环境污染第三方治理活动，推广产业园区环境综合治理托管。此外，我国是服务外包大国，并拥有 31 个服务外包示范城市，信息服务领域的服务贸

易发展基础较好，但外包服务在"一带一路"沿线国家还属新兴市场领域，因此我国下一步可重点发展离岸软件开发、物联网服务、通信服务、数字安防等领域，引导信息服务商向综合解决方案和内容服务提供商升级；还可以双向开拓社会服务市场，一方面借鉴厦门大学在马来西亚设立分校的经验，推动我国城市优质教育资源、医疗资源、文化资源等"走出去"，另一方面针对"一带一路"沿线上的发达经济体展开精准对接，吸引这些经济体的优质社会服务资源为我国城市提供国际化医疗、教育、养老等服务。

三、搭建融入"一带一路"的服务创新平台

鉴于"一带一路"沿线国家的国情差异和企业"走出去"面临的各种难点痛点，政府应引导支持建立一批为企业服务的平台。 一是综合服务平台。 通过该平台，相关企业与智库、中介机构等专业机构合作，开展"一带一路"沿线国家和地区贸易便利化、互认机制、标准化体系及溯源机制的研究和应用活动；研究推进在沿线国家和地区设立"一带一路"技术贸易措施民间联络点，开展口岸措施、通关程序、技术法规、产品标准、优惠原产地规则等领域的国内、国际交流与合作；研究探索对接、互认途径，服务"一带一路"沿线国家和地区产业合作等。 二是金融创新平台。 通过该平台，支持和鼓励商业银行、保险机构为企业参与的"一带一路"基础设施和投资项目提供资金支持和风险保障，并逐步构建起对沿线主要投资国家投融资担保的服务保障体系；推动企业积极申请金砖国家开发银行、丝路基金、亚洲基础设施投资银行等专门针对"一带一路"的多个金融机构的项目资金。 三是国际会展平台。 通过该平台，扩大与国内外办展机构的交流合作，加大力度开拓沿线新兴市场，策划举办一批面向沿线国家的会展活动，统筹谋划设立"一带一路"沿线国家的海外会展平台；扶持一批行业协会、商会等机构，或在重点国家设立商业代表处，出面与沿线国家对应机构联合举办"一带一路"经贸投资论坛和各类展销会等定期机制化的大型活动，帮助双方企业对接。 四是民间服务平台。 通过该平台，积极为中国企业"走出去"寻求社会民意层面的"软保

护"，多与国外的研究机构、行业组织、中介服务机构、非政府组织、媒体等加强合作，与当地浙商、华人名人、中国留学生、访问学者加强联系，利用其在当地的人脉和国际联系，解决企业经营中的实际问题，也促进相互之间的文化交流。

参考文献

[1] 阿马蒂亚·森，2001.作为能力剥夺的贫困［A］.视界（第四辑），李春波，译.石家庄：河北教育出版社.

[2] 陈凯，2005.服务业在经济发展中的地位和作用：国外理论述评［J］.经济学家（4）：112-118.

[3] 陈维民，马学广，窦鹏，2017.世界城市发展趋势及未来中国的网络结构分析［J］.区域经济评论（2）：78-85.

[4] 陈宪，黄建锋，2004.分工、互动与融合：服务业与制造业关系演进的实证研究［J］.中国软科学（10）：65-76，79.

[5] 陈宪，殷凤，韩太祥，2011.服务经济与贸易［M］.北京：清华大学出版社.

[6] 陈永正，2013.论当代活劳动形式［J］.南京政治学院学报（6）：4-10.

[7] 陈永正，2013.信息时代的劳动之我见——兼评非物质劳动思想［J］.桂海论丛，29（5）：48-53.

[8] 程大中，2004.论服务业在国民经济中的"黏合剂"作用［J］.财贸经济（2）：68-73.

[9] 董芹芹，张心怡，沈克印，2018.健康中国背景下"互联网＋体育产业"发展的领域、趋势及策略［J］.体育文化导刊（5）：74-78.

[10] 高传胜，汪德华，李善同，2008.经济服务化的世界趋势与中国悖论：基于 WDI 数据的现代实证研究［J］.财贸经济（3）：110-116.

［11］ 葛天任，2018.国外学者对世界城市理论的研究述评［J］.国外社会科学（5）：35-44.

［12］ 顾乃华，2008.生产性服务业发展趋势及其内在机制——基于典型国家数据的实证分析［J］.财经论丛（3）：15-21.

［13］ 国家信息中心，中经社，支付宝，2019.2019 中国移动支付发展报告——移动支付提升城市未来竞争力［R］.

［14］ 国家制造强国建设战略咨询委员会，中国工程院战略咨询中心，2016.服务型制造［M］.北京：电子工业出版社.

［15］ 何卫华，熊正德，2019.数字创意产业的跨界融合：内外动因与作用机制［J］.湖南社会科学（6）:95-102.

［16］ 贺少军，夏杰长，2020.促进数字贸易高质量发展的着力点［J］.开放导报（2）：79-83.

［17］ 黄少军，2000.服务业与经济增长［M］.北京：经济科学出版社.

［18］ 黄维兵，2003.现代服务经济理论与中国服务业发展［M］.成都：西南财经大学出版社.

［19］ 霍利斯·钱纳里，1989.工业化和经济增长的比较研究［M］.吴奇，等，译.上海：上海三联出版社.

［20］ 贾根良，1999.劳动分工、制度变迁与经济发展［M］.天津：南开大学出版社.

［21］ 江小涓，2011.服务业增长:真实含义、多重影响和发展趋势［J］.经济研究（4）：4-14，79.

［22］ 江小涓，2017.高度联通社会中的资源重组与服务业增长［J］.经济研究（3）：4-17.

［23］ 江小涓，2018.网络时代的服务型经济：中国迈进发展新阶段［M］.北京：中国社会科学出版社.

［24］ 江小涓，罗立彬，2019.网络时代的服务全球化——新引擎、加速度和大国竞争力［J］.中国社会科学（2）：68-91，205-206.

［25］ 姜义茂，2009.论服务经济社会的实质及中国经济发展战略［J］.国际贸易（5）：21-26.

［26］李程骅，2012.服务业推动城市转型的"中国路径"［J］.经济学动态（4）：73-79.

［27］李江帆，1990.第三产业经济学［M］.广州：广东人民出版社.

［28］李江帆，1994.第三产业的产业性质、评估依据和衡量指标［J］.华南师范大学学报（社会科学版）（3）：1-9，13.

［29］李江帆，2004.新型工业化与第三产业的发展［J］.经济学动态（1）：39-42，86.

［30］李军鹏，2008.深化行政管理体制改革若干重要问题解析［M］.北京：中共党史出版社.

［31］李俊，许迪，2017.国际化城市的理论研究、评价指标与经验启示［J］.智能城市，3（4）：43-47.

［32］李燕，2019.工业互联网平台发展的制约因素与推进策略［J］.改革（10）：35-44.

［33］刘茂松，2009.论新型工业化的中国特色——农业小部门化时期的中国农业工业化［J］.湖南师范大学社会科学学报（5）：97-101.

［34］刘明宇，芮明杰，姚凯，2010.生产性服务价值链嵌入与制造业升级的协同演进关系研究［J］.中国工业经济（8）：66-75.

［35］刘书翰，2005.新熊彼特服务创新研究：服务经济理论的新发展［J］.经济社会体制比较（4）：137-140.

［36］刘曙华，2012.生产性服务业集聚对区域空间重构的作用途径和机理研究［D］.上海：华东师范大学.

［37］刘素姣，2013.发达国家公共服务业的演变趋势及启示［J］.经济问题（7）：96-99.

［38］刘奕，夏杰长，2016.共享经济理论与政策研究动态［J］.理论参考（9）：34-40.

［39］刘奕，夏杰长，2018.推动中国服务业高质量发展：主要任务与政策建议［J］.国际贸易（8）：53-59.

［40］刘志彪，2006.论现代生产者服务业发展的基本规律［J］.中国经

济问题（1）：3-9.

[41] 罗建强，王嘉琳，2014.服务型制造的研究现状探析与未来展望
     [J].工业技术经济（6）：153-160.

[42] 罗小龙，韦雪霁，张京祥，2011.中国城市国际化的历程、特征与
     展望[J].规划师，27（2）：38-41，52.

[43] 罗玉婷，陈林华，徐晋妍，2019.大型体育赛事助力上海城市国际
     化历程、经验及启示[J].体育文化导刊（12）：37-43.

[44] 庞晶，叶裕民，2008.城市群形成与发展机制研究[J].生态经济
     （2）：97-99.

[45] 裴长洪，倪江飞，李越，2018.数字经济的政治经济学分析[J].
     财贸经济，39（9）：5-22.

[46] 乔章凤，李青原，李丛珊，2016.国际化城市产业发展模式与特征
     分析[J].国际经济合作（11）：76-79.

[47] 萨斯基娅·萨森，宁越敏，徐建，等，2019.中国城市的全球定
     位——世界城市的问题域和生长点[J].探索与争鸣（3）：4-
     33，141.

[48] 沈丽珍，2010.流动空间[M].南京：东南大学出版社.

[49] 沈丽珍，顾朝林，2009.区域流动空间整合与世界城市网络构建
     [J].地理科学（6）：787-793.

[50] 盛维，陈恭，江育恒，2018.世界城市核心功能演变及其对上海的
     启示[J].科学发展（5）：46-53.

[51] 师博，2020.数字经济促进城市经济高质量发展的机制与路径
     [J].西安财经学院学报，33（2）:10-14.

[52] 数字经济智库，2018.中国新零售之城竞争力报告[R/OL·].
     http://www.100ec.cn/detail-6495635.html.

[53] 苏宁，屠启宇，2018.世界城市吸引力、竞争力、创造力的内涵与
     互动特点[J].同济大学学报（社会科学版），29（5）:115-124.

[54] 隋璐怡，2020.YouTube社交平台网红传播力分析——兼论李子柒
     海外走红的案例启示[J].国际传播（1）：78-87.

［55］屠启宇，2012.国际城市发展报告 2012［M］.北京：社会科学文献出版社.

［56］屠启宇，2018.21 世纪世界城市理论与实践的迭代［J］.城市规划学刊（1）：41-49.

［57］汪瑾，冷锴，陆慧，2020."互联网＋"视域下智慧医疗服务模式创新研究［J］.南京医科大学学报(社会科学版)（1）：84-87.

［58］王宝义，2019."新零售"演化和迭代的态势分析与趋势研判［J］.中国流通经济，33（10）：13-21.

［59］王博，张刚，2018.中国数字创意产业发展研究——基于产业链视角［J］.中国物价（3）：25-27.

［60］王慧敏，2007.旅游产业的新发展观：5C 模式［J］.中国工业经济（6）：13-20.

［61］王文，孙早，2017.产业结构转型升级意味着去工业化吗［J］.经济学家（3）:55-62.

［62］王耀中，张阳，王治，2008.西方服务业发展研究新进展［J］.经济学动态（12）：106-111.

［63］王玉辉，原毅军，2016.服务型制造带动制造业转型升级的阶段性特征及其效应［J］.经济学家（11）:37-44.

［64］魏颖，2020.新时代我国国际消费中心城市建设思考［J］.产业创新研究（1）:14-19.

［65］魏作磊，2007.服务业将成为新一轮中国经济增长的发动机［J］.华南理工大学学报（社会科学版）（2）：31-36.

［66］魏作磊，胡霞，2005.发达国家服务业需求结构的变动对中国的启示——一项基于投入产出表的比较分析［J］.统计研究（5）：32-36.

［67］夏杰长，2010.迎接服务经济时代来临——中国服务业发展趋势、动力与路径研究［M］.北京：经济管理出版社.

［68］夏杰长，2019.新中国服务经济研究 70 年：演进、借鉴与创新发展［J］.财贸经济，40（10）:17-33.

［69］徐振鑫，莫长炜，陈其林，2016.制造业服务化：我国制造业升级的一个现实性选择［J］.经济学家（9）：59-67.

［70］杨衍江，2010.论区域经济增长中消费者服务业的角色定位与发展对策［J］.商业时代（7）：13-15.

［71］杨占生，杨颜僮，2001.模式变易：数字经济运行［M］.北京：中国经济出版社.

［72］易斌，于涛，翟国方，2013.城市国际化水平综合评价体系构建与实证研究［J］.经济地理，33（9）：37-42.

［73］余佳，丁金宏，2007.全球化、新国际劳动分工与世界城市的崛起［J］.华东师范大学学报（哲学社会版）（5）：98-104.

［74］余丽燕，李捷，2019.陆海新通道多式联运智慧物流体系构建探究——以无车承运人平台为核心的视角［J］.新财经（18）：114-117.

［75］张磊，刘长庚，2017.供给侧改革背景下服务业新业态与消费升级［J］.经济学家（11）:37-46.

［76］张夏恒，李豆豆，2020.数字经济、跨境电商与数字贸易耦合发展研究——兼论区块链技术在三者中的应用［J］.理论探讨（1）：115-121.

［77］张祥，2012.转型与崛起：全球视野下的中国服务经济［M］.北京：社会科学文献出版社.

［78］赵影，2019.中国发展国际医疗旅游的机遇和挑战分析［J］.对外经贸实务（8）：80-83.

［79］郑凯捷，2008.分工与产业结构发展——从制造经济到服务经济［M］.上海：复旦大学出版社.

［80］中国社会科学院，联合国人居署，2018.世界城市竞争力报告2018—2019——全球产业链：塑造群网化城市星球［R］.

［81］中国物流与采购联合会，中国物流信息中心，2018.全国重点城市物流绩效第三方评价报告（2018年）［R/OL］.http://www.cn156.com/article-95045-1.html.

［82］中国信息化百人会课题组，2018.数字经济：迈向从量变到质变的
        新阶段［M］.北京：电子工业出版社.

［83］中央党校（国家行政学院）电子政务研究中心，2020.省级政府和
        重点城市网上政务服务能力（政务服务"好差评"）调查评估报告
        （2020）［R］.

［84］钟韵，2007.区域中心城市与生产性服务业发展［M］.北京：商务
        印书馆.

［85］周大鹏，2010.制造业服务化研究、成因、机理与效应［D］.上
        海：上海社会科学院.

［86］周振华，2009.城市转型与服务经济发展［M］.上海：格致出版
        社，上海人民出版社.

［87］周振华，陈向明，黄建富，2004.世界城市——国际经验与上海发
        展［M］.上海：上海社会科学院出版社.

［88］《会议》杂志，2019.2018 ICCA 国际会议数据分析报告［R/
        OL］.http：//www.hweelink.com/articles/1323.html.

［89］21 世纪经济研究院，2020.2020 中国步行街智能化发展报告［R/
        OL］.http：//www.199it.com/archives/1063415.html.

［90］让·盖雷，法伊兹·加卢，2012.服务业的生产率、创新与知
        识——新经济与社会经济方法［M］.李辉，王朝阳，姜爱华，译.
        上海：格致出版社，上海人民出版社.

［91］让-克洛德·德劳内，让·盖雷，2011.服务经济思想史：三个世纪
        的争论［M］.江小涓，译.上海：格致出版社，上海人民出版社.

［92］丹尼尔·贝尔，1997.后工业社会的来临——对社会预测的一项探
        索［M］.高铦，王宏周，魏章玲，等，译.北京：新华出版社.

［93］赫伯特·C.格鲁伯，迈克尔·A.沃克，1993.服务业的增长：原因
        与影响［M］.陈彪如，译.上海：生活·读书·新知三联书店上海
        分店.

［94］萨伦·佐金，菲利普·卡辛尼兹，陈向明，2016.世界城市地方商
        街：从纽约到上海的日常多样性［M］.张伊娜，杨紫蔷，译.上

海：同济大学出版社.

［95］ 维克托·R.富克斯，1987.服务经济学［M］.许微云，万慧芳，孙光德，译.北京：商务印书馆.

［96］ 西蒙·库兹涅茨，1985.各国的经济增长——总产值和生产结构［M］.北京：商务印书馆.

［97］ 西蒙·库兹涅茨，1989.现代经济增长［M］.北京：北京经济学院出版社.

［98］ 格雷格·克拉克，2018.世界城市简史［M］.于洋，陈静，焦永利，译.北京：中国人民大学出版社.

［99］ 亚当·斯密，1983.国民财富的性质和原因的研究（上卷）［M］.北京：商务印书馆.

［100］ ANDREA S, 2003. Tertiaization of manufactring industry in the new economy: experience of hungarian company［D］. Hungarian Academy of Science working papers.

［101］ ANDY N, 2007. The servitization of manufacturing: an analysis of global trends［EB/OL］. http://www. ifm. eng. cam. ac. uk/ssme/references/Neely_ref_cambridgessme07.

［102］ BARRAS R, 1986. Towards a theory of innovation in services［J］. Research policy,15(4): 161-173.

［103］ BAUMOL W J, 1967. Macroeconomics of unbalanced growth: the anatomy of an urban crisis［J］. The American economic review, 57 (3): 415-426.

［104］ BOSWORTH D, MASSINI S, NAKAYAMA M, 2005. Quality change and productivity improvement in the Japanese economy［J］. Japan and the world economy, 17 (1): 1-23.

［105］ CAMAGNI R P, 1993. From city hierarchy to city network: reflections about an emerging paradigm［M］. Berlin: Springer Berlin Heidelberg.

［106］ DEN H P, 2000. Knowledge-intensive business services as co-producers of innovation [J]. International journal innovation management (4): 491-528.

[107] GRILICHES Z, 1994. Productivity, R&D, and the data constraint [J]. Economic impact of knowledge, 84 (1): 1-23.

[108] HILL P, 1999. Tangibles, intangibles and services: a new taxonomy for the classification of output [J]. Canadian journal of economics, 32 (2): 426-446.

[109] HILL T P, 1977. On goods and services [J]. Review of income and wealth, 23 (4): 315-338.

[110] HOEKMAN B, SHEPHERD B, 2017. Service productivity, trade policy and manufacturing exports [J]. World economy, 40 (3): 499-516.

[111] IVANKA V K, BART V L, 2013. Servitization: disentangling the impact of service business model innovation on manufacturing firm performance [J]. Journal of operations management, 31 (4): 169-180.

[112] JESUS L T, JOSEPH P, 2016. Redfinning gloabal cities: the seven types of gloabal metro economies [R]. The Brookings Institution.

[113] MOULAERT F, 1998. La production des services et sa geographie, numero special de la revue cahiers lillois d'economie et de sociologie [M]. Universite De Lille I.

[114] OULTON N, 2001. Must the growth rate decline? baumol's unbalanced growth revisited [J]. Oxford economic papers, 53 (4): 605-627.

[115] PUGNO M, 2006. The service paradox and endogenous economic growth [J]. Structural change and economic dynamics, 17 (1): 99-115.

[116] RICHARD P. APPELBAUM, WILLIAM I. Robinson, 2005. Critical

globalization studies: 1st Edition [M]. London: Routledge.

[117] RIDDLE D I, 1986. Service-led growth: the role of the service sector in world development [J]. The international executive, 28 (1): 21-28.

[118] SASSEN S, 2001. The global city: New York, London, Tokyo [M]. New Tersey: Princeton University Press.

[119] SASSEN S, 2002. Locating cities on global circuits [J]. Environment and urbanization, 14 (1): 13-30.

[120] SHELP R, 1984. The role of service technology in development, in Service industries and economic development: case studies in technology transfer [M]. California: Praeger Publishers.

[121] SHUGAN S M, 1994. Explanations for the growth of services [M]//RUST R T, OLIVER R L. Service quality: new directions in theory and practice. London: Sage Publications.

[122] STIGLER G J, 1956. Trend in employment in the service industries [M]. New Jersey: Princeton University Press.

[123] TAYLOR P J, CATALANO G, WALKER D R F, 2002. Exploratory analysis of the world city network [J]. Urban Studies, 39 (13): 2377-2394.

[124] TOFFEL M W, 2002. Contracting for servicing [D]. Colifornai: Hass School of Business University of California, Berkely.

[125] VANDERMERWE S, RADA J, 1988. Servitization of business: adding value by adding services [J]. European Management Journal, 6 (4): 314-324.

后　记

　　本书的写作，起源于笔者 2014 年的博士论文《服务业影响下的内陆城市发展道路研究》。来到沿海城市工作生活多年，亲身感受到时代的飞速变化，尤其是数字技术带来的经济社会变革，引发了笔者对数字经济时代产业端和城市端如何演变的思考，故由博士论文拓展成此书。

　　本书也是杭州市哲学社会科学重点研究基地——杭州城市国际化研究中心资助项目。成书过程中，杭州市社会科学院的领导与同事倾力相助，为我提供了埋头搞科研的持续动力。恩师四川大学教授陈永正给予我持续的指导和鼓励。好友高洁、朱红亚在文献整理、数据收集、文稿编辑方面提供了较大帮助。杭州之江经济信息研究院的研究团队提供了大量的研究素材与数据。家人们更是给予我无限的关心与支持。在此一并深表感谢！

　　本书内容参考了大量专著、学术期刊及网络资料，参考文献难免挂一漏万，在此对所有本书参考过、引用过的作品及作者表示真诚的敬意及谢意！

　　数字经济时代正在加速到来，服务业与制造业的争论也从未停止，城市国际化在世界大变局中充满挑战，这注定是一个长久的话题，值得我们持续思考。受到时间、能力等方面的局限，文中难免疏漏和缺憾，期盼各位读者给予批评指正。

汪欢欢

2020 年 9 月